魂 技
型 响
体

民法研究指引

专业论文撰写必携

〔日〕大村敦志
道垣内弘人
森田宏树
山本敬三 著

徐浩
朱晔
其木提
周江洪
解亘 译

渠涛 审校

北京大学出版社
PEKING UNIVERSITY PRESS

著作权合同登记号　图字：01－2017－2357

图书在版编目（CIP）数据

民法研究指引：专业论文撰写必携／（日）大村敦志等著；徐浩等译.—北京：北京大学出版社，2018.12

ISBN 978－7－301－30186－9

Ⅰ.①民… Ⅱ.①大… ②徐… Ⅲ.①法学—论文—写作 Ⅳ.①H052

中国版本图书馆 CIP 数据核字（2019）第 001162 号

MINPOU KENKYU HANDBOOK
Copyright © 2000 Atsushi Omura, Hiroto Dogauchi, Hiroki Morita, Keizo Yamamoto
Chinese translation rights in simplified characters aranged with YUHIKAKU PUBLI-SHING CO. LTD.
Through Japan UNI Agency, Inc, Tokyo

书　　　　名	民法研究指引：专业论文撰写必携 MINFA YANJIU ZHIYIN: ZHUANYE LUNWEN ZHUANXIE BIXIE
著作责任者	〔日〕大村敦志　〔日〕道垣内弘人　〔日〕森田宏树 〔日〕山本敬三　著 徐　浩　朱　晔　其木提　周江洪　解　亘　译
责 任 编 辑	陆建华　王欣彤
标 准 书 号	ISBN 978－7－301－30186－9
出 版 发 行	北京大学出版社
地　　　　址	北京市海淀区成府路 205 号　100871
网　　　　址	http：//www.pup.cn　http：//www.yandayuanzhao.com
电 子 信 箱	yandayuanzhao@163.com
新 浪 微 博	@北京大学出版社　@北大出版社燕大元照法律图书
电　　　　话	邮购部 010-62752015　发行部 010-62750672　编辑部 010-62117788
印 刷 者	北京中科印刷有限公司
经 销 者	新华书店
	880 毫米×1230 毫米　A5　9.375 印张　300 千字 2018 年 12 月第 1 版　2021 年 11 月第 3 次印刷
定　　　　价	49.00 元

未经许可，不得以任何方式复制或抄袭本书之部分或全部内容。
版权所有，侵权必究
举报电话：010-62752024　电子信箱：fd@pup.pku.edu.cn
图书如有印装质量问题，请与出版部联系，电话：010-62756370

代译者序

本书原文名为《民法研究ハンドブック》，出版于跨世纪的 2000 年。

作者是当年日本民法学界年富力强且出类拔萃的四位学者，其写作目的在"原版序言"中已有明示，不再赘言。

五位译者均为早年留学日本，师从著名民法学学者研习民法专业，并在日本知名学府取得硕士或博士学位后回国从事教育研究工作的佼佼者。

原书成稿用了 5 年左右的时间，而本书初译则耗时近 7 年。各位译者在回国后巨大的工作压力下，利用业余时间分译、统稿，可谓甘苦备尝，交到我这里已是 2016 年底。本人接稿后理应最优先安排并以最快的速度完成校对工作，但无奈人逢花甲面临退休，工作身份的变更、家里家外的纷繁琐事都消耗着大量精力。当然，这些都不应该成为我对这项工作造成拖延结果的理由，为此，我要向作者和译者，更要向读者致以深深的歉意！

本书翻译工作分担情况如下：

徐浩：绪论和第一章；朱晔：第二章和第三章第二节；其木提：第三章第一节；周江洪：第四章；解亘：第五章和补论；统稿：徐浩。

关于本书的翻译，在技术层面有如下两点说明。

第一，近代以来——尤其是第二次世界大战之后——日本随着欧化进程的加速，外来语在日常生活和各类文章中的使用不断增多。例如：本书的书名原文《民法研究ハンドブック》中的"ハンドブック"即为英文"hand book"；第五章题目中的"インパクト"即为"impact"等。

英文因为整体词汇量少，故每个词的含义比较广。对于这类使用外来语的原文词，我们大致作了如下两种处理。

例如，"hand book"，其基本意思就是"手册"，延伸意思还有"向导""必携""引导"等。从原著序言以及文中的整体表述看，其中似蕴含有作者谦逊的"手册"，即"小册子"之意。但是，从原著序言对书名的解释上又可以理解到，本书设想的读者对象应该为"初涉以及有志于民法乃至法学研究的人"。经过译者共同研究认为,"指引"似更能表现本书设定的初心和期待的价值,故决定选此译名。

再如,"impact",大致有"刺激""影响""回响""共鸣"等意,而在本书中所要表达的则是"影响力"。为避免繁琐和译者理解的偏误,故不再依译者对各种使用场景的分析而分别译出不同的汉语。仅用"impact",请读者自行判断。

第二,本书的翻译工作以最大程度忠实于原文的"意译"为基本原则,同时为使读者能够最大程度自主理解,在一些比较晦涩的用词上附加了译者注释。此外,为便于读者查找原文,将原著页码附注于页侧。

本书以"魂""型""体""技""响"五条主线,为读者揭示了撰写民法乃至法学学术论文需要注意的各方面问题。我们认为:这是年富力强的成功学者对多年指导学术论文写作和自己撰写学术论文过程中领悟到的、有共通性的经验的总结,其全面性和权威性不容置疑。这里之所以强调"年富力强"和"成功"的道理在于:首先,作者在写作本书时都是 40 岁出头,正值"年富力强";其次,他们当年是民法学界公认的"出类拔萃"的年轻学者,因之,必定是在精力旺盛的基础上又积累了"成功"的经验;最后,更值得注意的是,这种学者既严于律己更严于待人,特别是"严于待文"。从这几层意义上可以不夸张地说,如果能掌握本书之要义,则所写作的硕士论文得到通过肯定不成问题;而如果要进一步从事法学研究领域的工作,则更应该将其作为"必携"之"手册"以为时常翻阅之"工具",方不失其进步"指引"之意。

作为译者,虽经过长时间努力译就了本书,但深感书中之内容看似深入浅出利于读者理解,然终究在两国语言转换中存在诸多难以处理的技术性问题,加之译者和审校者水平有限,误解文义、文字不够统一等瑕疵在所难免,敬请各位前辈、同仁和后学给予宝贵意见。

本译著如能为我国学人在法律方面的论文写作中起到些许作用,实感欣慰之至。

渠 涛 谨识
2018 年 4 月吉日

中文版序言

我们几人将此书公开出版是 16 年前的事。当时，多少次讨论稿件至深夜，而时年都是在 40 岁上下的我们丝毫没有感到过疲惫，留下的只有快乐的回忆。

关于我们写作本书的意图已经在原作中表明，不再赘述。在此，仅就此书引起的反响做简单介绍。

首先，是我们也曾想到而又果然出现了的批评，即"欲将本应以自由发挥展开的研究方法硬塞进一个固定的框架之中"。然而，我们认为，本书并非意欲此为，读者一览便可明了。本书所批判的正是对自己研究的意义不作思考而写出的"论文"，并没有否定在对象、手法、体例上形式各异的论文所具有的价值。各执笔者本身也认为不能理解这一点的论文，不能说是好论文。

其次，学界的"潮流"这个词好像遭到了误解，即将本书的立场作如下理解："潮流"即为"流行"，而最好的方法是，抓取多数论文撰写的对象，采用多数论文采取的手法。然而，我们则认为，这种理解也不过是一种误解，读者一览便可明了。本书所言"潮流"指的是学界的"梗阻感"，即对某一问题进一步探讨时大家都感到需要突破这样一种状况。这种"梗阻感"有些在学界具有共同性，即对于某一问题需要进行更深入的研究这种认识已经达成共识。当然，有时也会有乍看上去不会让人感到"梗阻感"的问题，却在某一论文中揭示出这是应该被认识到的"梗阻"问题。进言之，我们要追求的正是这种突破"梗阻"的论文。

本书公开出版后，计算机使用的普及自不待言，包括外国法在内，可在互联网上获取的信息巨量增加，而本书中却没有涉及。但是，应该打破"梗阻"，应该扎扎实实地进行研究，这一点至今没有变化。因此，我们认为本书仍然有一定的意义。

本书即将面向中国读者。它与内含日本法最新信息的专著和论文不同，不能给中国的学界带来最新的比较法信息。即便如此，我们还是要向翻译本书的各位表示衷心的感谢！

不言而喻的是，各国的情况有诸多不同。但是身处于学界的人扎扎实实进行研究的必要性，在中国也应该是一样的。本书如能对中国学界有所助力，幸甚之至！

大村敦志、道垣内弘人、山本敬三、森田宏树

2016 年 10 月

原版序言

近年来，社会科学领域介绍如何写论文的书开始日渐增多。这种现象的出现并非没有原因。研究生培养制度的多样化，以及导师们随之日渐繁忙，在此背景下，"偷师"这种师徒式的指导方法逐渐不能通用了。

本书聚焦于民法学，介绍法学研究的方法和论文的写法。本书的理念将在绪论部分详细说明。在此值得一提的是，《民法研究指引》这个书名多少会给人一种不够庄重的感觉。对此需要说明的是，我们写这本书的目的在于，希望以一定高度的学术认知，作出一定高度的学术贡献；而且，本书的指导意义不仅限于民法学领域，对于意欲在法学其他领域开始研究生活的各位，以及并非以专业研究为职业目标而只想写一些相关论文和报告的各位而言，均会有所助益。

本书的构思产生于5年多以前。此后各位执笔人将各自的草稿集中起来反复讨论、修改，再讨论、再修改。其间得到了有斐阁书籍编辑第一部的酒井久雄先生和佐藤文子女士的大力协助。我们几个人常常沉迷于讨论而把定稿的事情忘在脑后，他们两位非常耐心地陪伴着我们完成了这本书的写作。衷心地谢谢他们。

大村敦志、道垣内弘人、森田宏树、山本敬三
2000年2月

目 录

绪论 / 001

1. 为谁写？——本书的读者 / 002
   1-1 为年轻学者 / 002
   1-2 从"学习"到"研究" / 003
   1-3 第一篇论文的撰写 / 004
   1-4 年轻学者指的是谁？ / 005

2. 为啥写？——本书的目的 / 007
   2-1 "研究"的"指引"可能吗？/ 007
   2-2 "研究"的目的与方法 / 007
   2-3 "研究"的"方法论" / 009
   2-4 "指引"的必要性 / 011

3. 怎么写？——本书的结构 / 012
   3-1 论文写作的过程和环境 / 012
   3-2 "判例评析的写法"的定位 / 015
   3-3 本书在写作上的特色 / 016

第一章 "魂"——论文的构思 / 019

第一节 "游"——主题的摸索 / 020

1. 主题的形成 / 020
1-1 某篇论文的开头 / 020
1-2 濑川论文的分析 / 022
1-3 真正的理由：论文成功的预测 / 024

2. 找到主题 / 026
2-1 好好学习 / 026
2-2 找寻漏洞 / 027
2-3 类推、应用及借用 / 031
2-4 要更具野心 / 032

3. 摸索主题 / 034
3-1 方法与题材的匹配 / 034
3-2 论文的阅读方法 / 035
3-3 在演习课、研究会上的态度 / 035
3-4 论文的结构（所谓的 plan）要反复修改 / 036

第二节 "想"——主题的确定 / 038

1. 确定主题的前提条件 / 038
1-1 确定主题（theme）是什么意思？ / 038
1-2 可构成论文的主题——"确定题目"的要件 / 039
1-3 有价值的"资料型论文"与无价值的"资料型论文" / 041

2. 确定主题时需要考虑的因素 / 043
2-1 大问题没有必要一次性解决 / 043
2-2 不同种类的学位论文之间是否有区别 / 044
2-3 是否蕴含可显示作为学者基础能力的要素？ / 045
2-4 民法解释学中是否含有固有的方法？ / 047
2-5 与现在的民法学研究有什么关系？ / 048

2-6 是否是可供扩展自己今后研究的基础性研究？/ 049

3. 制约主题确定的因素 / 050

3-1 手中的素材是否足以论证论文的结论？/ 050

3-2 仅靠手中的素材就可以论证的立论是什么？/ 051

3-3 不要简单地放弃 / 052

Column① 导师 / 053

第二章 "型" ——论文的体例 / 055

1. "型"的重要性 / 056

1-1 论文要有"型" / 056

1-2 "型"的含义 / 057

2. 决定"型"的要素一——具体操作 / 058

2-1 决定"型"的要素是什么 / 058

2-2 具体操作的类型 / 058

2-3 与作业对应的"型"及其并用 / 060

3. 决定"型"的要素二——素材 / 060

3-1 使用什么素材 / 060

3-2 通过材料的组合构成"型" / 062

4. 决定"型"的要素三——论法 / 064

4-1 实质论据与形式论据 / 064

4-2 基于实体法的论法 / 065

4-3 基于历史的论法 / 066

4-4 基于外国法的论法 / 068

4-5 基于实际状态的论法 / 070

4-6 基于形式论据的论法所存在的问题 / 071

4-7 关于获得启示型论文 / 071

5. 第一篇论文的基本型与关键点 / 074

5-1 "型"与内容的搭配 / 074

5-2 第一篇论文的基本型／074

5-3 外国法介绍型论文需要注意的地方／075

5-4 "法—日本法+外国法—现在"型需要注意的地方／076

5-5 "法—日本法+外国法—过去"型需要注意的地方／080

5-6 "法—日本法+外国法—过去+现在"型需要注意的地方／086

6. 超越"型"／087

6-1 "型"与原创／087

6-2 不要担心模仿／088

6-3 从"型"到"响"／089

Column② 笔记的记法／089

第三章 "体"——手法的运用（praxis）／091

第一节 "练"——素材的分析／092

第1款 学说／092

1. 学说分析须知／092

1-1 素材分析／092

1-2 分析学说的必要性／092

1-3 谦虚地理解／093

1-4 内在地理解／094

1-5 内在理解之要点／096

2. 论文分析方法／097

2-1 论文分析与学说分析／097

2-2 阅读论文的方法／097

2-3 准备工作：知识预备／097

2-4 分析正文／099

2-5 理解论文内容／100

3. 当代学说分析方法／102

3-1 分析学说的方法／102

3-2 按照学说见解加以分析的必要性 / 102

3-3 体系化的必要性 / 103

3-4 学说之定位 / 105

4. 学说史的分析方法 / 106

4-1 确认发表时间 / 106

4-2 分析学说相互影响关系 / 107

4-3 梳理学说历史发展 / 108

第2款　判例与案例 / 110

1. 判例与案例的作用及其分析方法 / 110

1-1 日本最高裁判所判决与下级裁判所判决 / 110

1-2 将下级裁判所判决作为一个整体考察时 / 111

1-3 为何能成为论据？/ 113

1-4 将下级裁判所判决作为个体考察时 / 114

2. 注意事项 / 114

2-1 下级裁判所判决的局限性 / 114

2-2 事实认定的变数 / 115

3. 研读判决的技巧 / 116

3-1 阅读《最高裁判所判例集》的方法 / 116

3-2 阅读法律事实及其理由部分 / 117

3-3 二审与终审判决的不同 / 119

3-4 阅读《判例时报》《判例时刊》等刊物的方法 / 119

3-5 其他注意事项 / 120

第3款　外国法 / 121

1. 外国法研究的有用性 / 121

1-1 外国法研究现状 / 121

1-2 外国法研究的作用 / 121

1-3 外国法研究今后是否也有用？/ 122

1-4 已无可学之处？/ 123

1-5 第一篇论文中的外国法研究 / 124

1-6 外国法之借鉴与日本法的独特性 / 125

2. 外国法研究的前提 / 126

2-1 研究目的 / 126

2-2 作为研究对象的外国法 / 127

2-3 研究内容 / 129

3. 研究外国法的盲点 / 130

3-1 欠缺常识 / 130

3-2 日本法的投影 / 130

4. 外国法的分析技巧 / 131

4-1 提高学习效率 / 131

4-2 确认法律渊源 / 131

4-3 注意法律渊源之间的关系 / 132

4-4 充分利用二手资料 / 133

4-5 把握发展动向 / 134

4-6 关注立法与判例理论 / 135

4-7 注重立法背景 / 135

5. 分析视角 / 136

5-1 研究视角的必要性 / 136

5-2 广度：功能性比较 / 137

5-3 深度：关联性比较 / 137

第二节 "塑"——论文的结构 / 139

1. 结构的重要性 / 139

1-1 从研究笔记到论文 / 139

1-2 千万要注意结构 / 140

1-3 你是无名的新人 / 143

2. 绪论的结构 / 143

2-1 绪论应包含的各种要素 / 143

2-2 课题设定的方法 / 145
2-3 与先行研究的关系——问题状况 / 146
2-4 问题的定式化 / 147
2-5 材料的选择及其理由 / 148
2-6 分析视角的设定——路径 / 148
2-7 课题的限定 / 149
2-8 绪论中应该回避的事项 / 150

3. 论述部分的结构 / 151
3-1 论述部分的结构的含义 / 151
3-2 与材料利用方法的关系——论证过程中各个部分的作用 / 152
3-3 不同国家的探讨顺序 / 153
3-4 不同时代的探讨顺序 / 154
3-5 不同问题的探讨顺序 / 155
3-6 与提出结论的次序的关系 / 156

4. 结论的结构 / 157
4-1 结论的提出 / 157
4-2 根据论文的型而得出的结论的类型 / 159
4-3 "尚未解决的问题" / 159
Column③ 与友人的交往方式 / 160

第四章 "技"——写作的技巧 / 161

第一节 "索"——资料的检索 / 162

1. 日本 / 162
1-1 检索的重要性 / 162
1-2 法令 / 163
1-3 判例、裁判例 / 165
1-4 学说·其一——概说书 / 166
1-5 学说·其二——论文 / 167

1-6 论文等的检索 / 169

1-7 实际状况 / 170

2. 德国 / 171

2-1 外国法的检索方法 / 171

2-2 法令、判例 / 172

2-3 法律评注 / 175

2-4 概说书 / 176

2-5 著作、论文 / 181

2-6 其他的一般性资料 / 183

2-7 译文资料 / 184

3. 法国 / 185

3-1 关于文献检索导引的书籍 / 185

3-2 法令集 / 185

3-3 概说书 / 187

3-4 法律全书等 / 193

3-5 法律杂志、判例集 / 194

3-6 其他出版物 / 195

3-7 日本国内关于法国法的文献 / 196

4. 英美 / 197

4-1 教科书 / 197

4-2 论文、专著 / 198

4-3 判决 / 199

4-4 法令 / 200

4-5 其他 / 201

第二节 "磨"——文字的推敲 / 203

1. 形成结构 / 203

1-1 逻辑结构 / 203

1-2 层次须鲜明 / 203

1-3 清晰的理解是一切的基础 / 205

2. 形成文句 / 206

2-1 最重要的是清晰明了 / 206

2-2 短,还要短 / 207

2-3 注意"が"这个接续词 / 208

2-4 论文中常见的毛病 / 210

2-5 外文的处理 / 212

2-6 句子间的关系 / 214

3. 形成内容 / 215

3-1 论文写作中随意贴标签的功与过 / 215

3-2 批判要直接 / 217

3-3 加注的方法・其一 / 218

3-4 加注的方法・其二 / 221

3-5 引用要正确 / 221

3-6 关于敬称和职称 / 223

4. 还有几点 / 224

4-1 推敲、推敲、再推敲 / 224

4-2 细微之处却是重要之处 / 224

4-3 为完成最重要的事,最要紧的是什么? / 225

Column④ 电脑 / 226

第五章 "响"——产生的影响(impact) / 229

1. 什么叫"有意思"? / 230

1-1 为什么呢? / 230

1-2 "有意思"与"没意思" / 231

2. 孕育"趣味" / 232

2-1 "定位"决定"趣味" / 232

2-2 潮流的追踪、对潮流的影响、潮流的创制 / 234

2-3 "断片"很难"有意思" / 236

2-4 "解释论"不担保"趣味" / 237

3. 培育"趣味" / 239
3-1 小"趣味"与大"趣味" / 239
3-2 从小"趣味"迈向大"趣味" / 240
Column⑤ 抽印本的寄送方法 / 241

补论 判例评析的写法 / 243

1. 判例评析的意义和目的 / 244
1-1 倡导设立"判民"的末弘博士的"判例"研究方法 / 244
1-2 "判民型"与"民商型" / 245
1-3 "判民型"方法的一般化 / 247
1-4 培养、训练研究者过程中的判例评析、判例研究 / 248

2. 判例研究的诸多样态 / 249
2-1 仅作判例评析并非判例研究 / 249
2-2 判例评析 / 250
2-3 以判例理由中之法律论为素材的研究 / 251
2-4 以对判决的"深化理解"为目的的研究 / 252
2-5 对裁判例中所呈现的纷争形态的研究 / 253
2-6 探究判决给某一纷争所带来影响的研究 / 254

3. 作为先例性规范的"判例" / 254
3-1 作为裁判规范的先例 / 254
3-2 由判例与学说(法律家共同体)的协同形成判例法 / 255
3-3 对判例之"理解"的修正、变更 / 256
3-4 判例评析中所期待的学说作用 / 256
3-5 易犯的错误 / 258

4. 先例性规范的提取方法·其一——基于案情与结论的对应关系的方法 / 259
4-1 法律家共同体通用的规则 / 259

4-2 为何以与案情的对应关系限定先例？/ 260

4-3 定型化事实与定型化结论的提取及其关联结合 / 261

4-4 事实的抽象化程度及其样态 / 262

5. 先例性规范的提取方法·其二——解读判旨文本的方法 / 263

5-1 解读判旨文本的重要性 / 263

5-2 构成判决理由之各部分的含义 / 264

5-3 判决的类型——"原理判决"与"事例判决" / 265

6. 先例性规范的提取方法·其三——对判例法整体作整合性理解的方法（共时的看法）/ 265

6-1 对被视为所评析对象判决之先例的判例作整合性的解释 / 265

6-2 应作为探讨对象的判决 / 267

6-3 "判例理论"——将先例性规范作为一个体系重构的做法 / 267

7. 先例性规范的提取方法·其四——其他 / 268

7-1 基于"判例的演变"的方法（历时的看法）/ 268

7-2 与当事人所主张之方法的关系——负责法律审的日本最高裁判所 / 269

7-3 与原审判决所作判断的对比 / 270

7-4 对调查官解说的利用 / 270

7-5 对以前下级裁判所案例、学说之影响的考虑 / 271

8. 判例评析的结构 / 271

8-1 判例评析的"型"/ 271

8-2 绪论 / 272

8-3 该判决在判例法上的定位 / 272

8-4 对判旨的评价 / 273

8-5 判旨的射程 / 273

8-6 未解决的问题 / 274

8-7 判旨结论自身的妥当性 / 274

Column⑥ 研究报告 / 275

后记 始于"指引"，超越"指引" / 277

绪 论

1. 为谁写？——本书的读者

1−1 为年轻学者

■作为"研究"的"指引"

正如《民法研究指引》这一书名所示，本书是为从事"民法""研究"的人编写的"指引"。

具有多年研究经验的学者，不论其是否明确地意识到，都应该已经确立了自己的研究方法。这些专业的研究人员不需要"指引"。需要"指引"，即"辅导"类书籍——不只是放在手边参照，而是能拉着自己的手往前走——的人，是刚刚开始研究工作，正在摸索研究方法的年轻学者。本书设想的情景是，本科毕业，考上研究生（或助手[1]），刚刚开始研究生活的学者（下称"年轻学者"。"年轻人""年轻"的意思仅为"经验少"。）第一次写论文（下称"第一篇论文"）时，正好有这样一本为他们准备好的"指引"（以下称"你""年轻人"就是基于这样的设想）。

当然，你在本科阶段已经通过各种形式学习了民法。上过民法的大课，参加过民法的讨论课。有的人可能已经看过教材之类的书，读过一些论文。有些人在学习民法过程中觉得民法有些地方很有意思，产生研究民法的想法。从这个意义上说，年轻的学者既知道"民法"，也对民法有了兴趣。不过，尽管如此，研究的"指引"你还是需要的。这是因为，对你来说，研究民法而非学习民法，是你的初次体验。

---

[1] 本书所称"助手"是指，在日本一部分大学法学部中特有的制度，即从法学本科毕业生中挑选优秀学生，以"助手"的身份入职法学院。其主要工作是协助教授工作，并在其指导下经过二至三年的时间提交助手论文。其后，一般会作为副教授到适当的学校就职。——译者注

1–2 从"学习"到"研究"

■ **学习=本科、研究=研究生？**

"研究"究竟是什么？与以前的"学习"有什么不同？本科阶段所做的是"学习"，研究生阶段所做的就是"研究"吗？法学院的本科生中，如果有人这样跟他们讲，大概很多人不会有违和感。因为他们会说："我们为了成为法律人，或者为了在行政机关或企业从事法务工作而学习法律，不是研究法律。"与其他人文学科相比，法学实用色彩浓厚，技能学习所占的比重比较大，与德国、法国等国相同，在日本，学生本科阶段主要是获取既有的知识以及接受适用法律的初步训练。关于这一点，日本法学类的院系大多不要求撰写毕业论文，也可以从一个侧面作为佐证。

然而，对于致力于"研究"而考上研究生或成为助手的人来说，上述说法则未必行得通。因为，可能有很多人会想："本科阶段我们也在学习各种学说，留意着它们之间的优劣以及是否妥当。也正是想继续这样的学习，才成了学者。"确实，本科阶段的学习并非没有"研究"的一面。特别是讨论课，可以说也做了一些"研究"性质的工作。现实中，就有不少院系或任课教师要求上讨论课的学生提交论文。

■ **需要的是探究新的认知，而非既有的知识**

尽管如此，至少法学类的院系，在本科阶段的"研究"近似于"学习"，很难说它是真正意义上的"研究"。这是因为本科阶段的中心任务是学习既有的知识，而批判性的探讨、新思想的孕育仅仅是附随性质的活动。如果用图式方法加以说明，本科生写的"论文"，大部分是对既有知识的整理，即使是只占论文很小比例的作者探讨部分，也不过是重复已经存在的观点——有时也会进行一些取舍，或做一些改动而已。

当然，能够做这种类型的整理是做"研究"所必备的基础能力。但是，它并不是研究本身，而是研究的前置阶段，或者说构成研究的一部分。正如本书正文部分所述，"研究"的核心部分是"新颖性"。在正确理解既有知识的基础上，对既有知识做一些批判性的探讨，产生出某种意义上有价值的思想，这才是"研究"。没有"什么新东西"就不能说是"研究"。既然要寻求新的东西，那就得踏入前人未到之地，而走哪条路能到达哪里，基本上要靠学者个人的判断。换一个比喻的说法就是，真正的研究，不是拿着别人给的食材，根据食谱烹制食物，而是全部由自己决定用什么食材、如何烹制，去制作全新的菜肴。

本科毕业后的年轻学者将告别"学习"的世界，踏入这样的"研究"世界。你现在就站在二者的分界处。再说一遍，你以后努力的目标是前人未到之地。

1-3 第一篇论文的撰写

本科毕业以后的年轻学者必须要写的是学位论文（硕士论文、博士论文）或与此相当的论文（助手论文）。首次花费数年时间撰写论文（第一篇论文）是年轻学者最大的难题。除此之外，还可能要写判例评析或书评。不过，对年轻的学者来说，这些恐怕也只能定位为了写论文而进行的热身训练。这是因为分析判例、学说的能力是写"论文"不可或缺的。既然如此，那撰写"第一篇论文"到底又意味着什么呢？

■第一篇论文之于学者

从学者个人的角度看，民法学者的主要工作是作与民法有关的研究。多数情况是以撰写发表于各种杂志的"论文"的形式进行。前述的判例评析、书评可以定位为特殊类型的论文。此外，也可能出版专著。专著可能是由已经发表的论文组成的，也可能是全新写就的，这与撰写发表在杂志上的论文并没有本质的区别。不管怎么说，作为一个合格的学者，必须具有研究能力，即写"论文"的能力。

因此，年轻的学者必须努力去掌握写论文的能力。培养研究能力的方法就是写（让其写）论文，通过论文的实际写作培养作为学者的能力。而且，不论是研究生还是助手，不可能永远以研究生或助手的身份继续研究工作。要成为职业学者，就需要获得大学的院系或研究所等研究机构的职位。为此，需要向这些研究机构证明自己具有优秀的研究能力。学位论文就是证明研究能力的手段。也就是说，对于学者个人来说，写第一篇论文，既是自我教育的手段，同时也是证明能力的手段。

■第一篇论文之于学界

接下来从学界的视角来看一看。很难严谨缜密地作出"学界"的定义，这里姑且以"设想由研究某个共同领域的学者组成的世界"作为其定义。日本国语辞典更是简单地将其解释为"学者的社会""学问的世界",但"学者的社会"与"学问的世界"之间存在着微妙的区别,而且这个区别很重要,即"学界"并非单纯指学者的集合(学者的社会),而是含有存在某种共同的约定或前提的含义。民法学界是指"研究民法的学者形成的世界",他们共有着民法有关的各种知识,对于民法研究的方法也有着共通的理解。关于这一点将在下一段略加介绍。

单个的学者在日常研究活动中产生出来的"论文"将成为学界的共有财产。正如本书正文部分所介绍的那样,学者尝试做新的研究的时候,需要搜索既有的研究,搞清楚哪些领域是已知的,哪些领域是未知的,并以此作为研究的出发点。不能无视既有研究的意义就在于,既有研究成果(论文)的存在是一种制约条件;同时,如果从既有研究可以作为研究线索这层意义上说,它又可以成为开展新研究的助力。正是因为这些关系的存在,"论文"才得以在学界积累起来。这些道理对于年轻学者所写的第一篇论文也不例外。

然而,第一篇论文并非没有特殊性。对于这一点,将在正文部分加以说明,但从第一篇论文的性质看,它作为基础性研究这一点具有重大意义。如果仅有不知何方神圣于何地所表达的个人意见或见解,是没有说服力的。因此,第一篇论文中为论证而提出的基础数据具有重要的意义。而且,从前述的自我教育、证明能力的观点看,这也是很自然的事情。如果是这样,对学界来说,第一篇论文就具有积累基础研究的意义。因此,年轻学者越多,基础研究的积累也就会越丰富。

1-4 年轻学者指的是谁?

如前所述,本书设想的读者是指"本科毕业后考上研究生或成为助手,刚开始研究生活的学者",称这样的人为"年轻学者"。其中具有以下三层含义:①本科阶段的教育已经结束;②制度上仍隶属于大学;③考虑将来继续从事研究。本书所设想的典型的读者就是这种类型的人。

■广义的年轻学者

不过,没有必要严格解释"年轻学者"这个概念。①即便还是本科生在读，对研究感兴趣的人（未来的年轻学者）也很有可能阅读本书。②我们也并不想把不隶属于某个大学而通过自学开展研究的人（平行的年轻学者）排除在本书的读者之外，反倒是更欢迎这些人阅读本书。③特别是并非持续从事"研究"工作的研究生（非职业的年轻学者）——具体想到的是20世纪90年代以后多所大学设置的职业人课程[1]（被称为专修课程、实务硕士课程等）的研究生——更希望他们能够阅读本书。

为了帮助从①至③类型的读者（姑且统称为"广义的年轻学者"）——特别是人数较多（估计今后还会继续增加）的③类型的读者——阅读本书，在此要补充说明的是：你如果是这种广义的年轻学者中的一员，你所写的论文也未必准备公开发表，那么，你的研究成果理应不会成为学界的共有财产。此外，你如果不准备成为职业学者，也就没有必要向学界证明你的研究能力，即写论文的能力。

■ 论文写作能力的重要性

尽管如此，通过写论文来获取研究能力，对你依然很重要。这是因为，培养以论文的形式提出学界（更广义地说是法律人共同体）尚不知晓的新思想的能力，对于你今后的职业生活，特别是作为（广义的）法律人的职业生活，具有重要的意义。尽管你写的研究论文可能不会向学界公开，是在线下写的，但是，既然你准备写"论文"，就需要以一种"这篇论文的研究成果要接受学界评判"的心态去写。如果不这样做，你就无法获得写作"论文"的能力。

换个说法或许更好。本书想要介绍的无非是（本科阶段以后）更高级的学习法学的方法。不管论文是否发表，是否成为职业学者，今后社会对于具备此种能力的法律人的需求会不断增加。对于（一定水平以上的）法律人，写论文的能力无疑是社会所要求具备的共通能力。希望你作为广义的年轻学者，认清这样的社会发展潮流，挑战研究论文（的写作——译者注）。

---

[1] 近似于我国的法律硕士。面向已经工作的人，以培养实务工作能力为目的。学生毕业后一般不会成为职业学者。——译者注

2. 为啥写？ ——本书的目的

2-1 "研究"的"指引"可能吗？

■可能存在的疑问和不同意见

正如 1-1 所述，本书是作为年轻学者"研究"的"指引"而作。从"学习"的领域进入"研究"的领域，寻找"某种新东西"，写成"论文"，为这双重意义上挑战未知领域的你提供导引的丝线，这就是本书的目的。这么说，肯定马上会有人提出疑问：你说是研究的"指引"，现在的民法学中有没有成为"指引"对象的已经确立下来的研究目的或方法？也可能遭到反驳：如果"研究"就是寻找"某种新东西"的工作，其目的和方法岂不是必须不能拘泥于现有的东西吗？总之，"指引"是不可能的，甚至是有害的。还可能有人认为：即使"指引"是可能的且是有益的，但也不可能以"指引"的形式，由作者向读者作单向的、定型化的说教来实现。

可以想象，作为本书读者的年轻学者本身会抱有以上的各种疑问（不能论、有害论、无用论）。进而，指导年轻学者写论文的导师们，以及在更广泛的范围内接触到本书的民法学界部分学人，也肯定会提出同样的异议。这些异议有些也是有道理的。为此，下面要探讨一下是否有可能为民法研究写出"指引"以及为什么需要"指引"。

2-2 "研究"的目的与方法

首先，从是否存在民法研究的目的和方法这个问题开始。对此，持否定态度的观点中又存在积极（说明性）的观点和消极（规范性）的观点。

积极的观点认为，有可能存在已经确立的民法研究的目的和方法，然而事实是现阶段很难说已经确立，不论是民法研究的目的还是民法研究的方法，都同时存在着多种类型。这种观点——姑且称为"方法的多元主义"——其本身应该是符合事实的。

■作为研究目的的"解释论"具有多义性

稍微学过一点民法的人都知道，学者对于某个制度或规范在"解释论"

上存在分歧的问题的"意见"被称为"学说"。从这个词可以看出，民法学者的研究活动大多围绕"解释论"展开。而且，不可否认的是，回顾日本民法学100多年的历史，或进一步回顾法国、德国等欧洲（大陆）各国民法学的历史，与"解释论"相关的工作占据了民法学者的大部分时间。因此，简单地将"提出解释论"归结为民法学的目的，这种观点也是可能存在的。

然而"解释论"这个词具有多种含义。如前所述，将某个制度、规范的内容明确化确实可以称为"解释论"（《日本民法典》第177条所称"第三人"是指什么人之类的讨论）。不过，与此不同，也有可能是就某种定型化的问题展开"解释论"（比如法律行为撤销后出现的第三人保护的要件是什么之类的探讨）。或者，在个别具体的事例中，讨论某人是否应当受到保护之类的问题——常见于判例评析中——这种类型的探讨也经常称为"解释论"。有时也把解释多个制度相互之间的关系的探讨称为"解释论"。例如，被称为××论的探讨，比如物权变动论、侵权行为论、法律行为论等都属此类。这些探讨，比如物权变动，就是尝试统一解释涉及物权变动各种问题的探讨。"解释论"中也包含这样的体系＝原理指向性的探讨。

以上内容如果归纳一下，虽然都称为"解释论"，以制度指向的解释论（基本层次或中观层次的解释论）为中心，既存在更加具体的问题指向或案例指向的解释论（微观层次的解释论），也存在更加抽象的体系＝原理指向的解释论（宏观层次的解释论）。因此，即使说"解释论的提出"是民法研究的目的，也不能认为目的只有一个。

■ "解释论"应该是研究的目的吗？

也可能有关于"解释论"定位的不同观点。作为"解释论"，学者研究的目标到底是具体的结论，还是发现得出结论的论据？"解释论"到底是民法研究的目的还是民法研究的一个结果？结论指向的观点与基础指向的观点在以上几点上相互对立。或者，"解释论"是民法研究的全部目的，还是重要目的中的一个？关于这一点，一方面认为立法论、立法研究具有同等的重要性，同时强调非实定法的辅助研究（历史的、比较法的研究或社会学的研究等）的必要性。本来，"解释论的提出"就不能简单地归结为民法研究的全部目的。

■ 研究方法的多义性

既然民法研究的目的是多样的，与之相伴随的研究方法也就不可能一样。比如，根据解释论层次的不同，研究所要考虑的要素也会产生区别。如果是基本层次的解释论，判例、学说所展开的一般论很重要，探究制度相关的立法者的本意，以及历史的、比较法的探讨也是有益的。如果是宏观层次上的解释论，则除此之外，还需要考虑与民法内外所存在的其他制度的关系，努力发现贯穿多个制度的思考方式、基本思想的态度也不可或缺。反过来，微观层次的解释论则需要对相互对立的各种利益作精密的分析，还要关注利益背后的社会现实以及当事人的心理。再进一步，不作解释论，而是作立法论、立法研究，则不仅需要作现行制度的经济分析、新立法的费用收益分析，还必须探讨立法过程中形成合意的方法、构成立法前提的法律现实、法意识，立法所产生的影响、评价。此外，历史的、比较法的研究和社会学的研究等辅助性研究也分别具有各自特有的方法。

2-3 "研究"的"方法论"

■超越方法的无政府主义

如上所述，民法研究并不存在已经确立的唯一目的、唯一方法。我们也承认这一点，本书的目的也不在于确立并普及唯一的研究目的和方法。但是承认方法多元主义并不能推导出研究目的和方法的选择是学者个人的问题、不容他人多嘴这样的强硬主张——姑且称之为"方法的无政府主义"。本书对于研究的目的和方法，承认多元主义，但不赞成无政府主义。为此，就需要区分"方法"（含目的）与"方法论"，换个角度看就是需要区分学者"个人"与学者"共同体"（民法学界）。

的确，民法研究的目的和方法多种多样。定什么样的目标、做哪些工作，完全由学者个人加以选择。但并不能因此说，研究目的和方法的选择是只属于学者个人的事情。学界是学者的共同体，其中存在着各种各样已经被尝试过的方法。在此，姑且参照"技术"（technique）与"技术论，即工程学"（technology）的对比，将上述各种方法的总体以及将方法加以整理的尝试称为"方法论"（methodology）。如果按照这样的表述，则可以说民法学界不存在民法学（民法研究）的单一方法，而是存在"各种方法"的总体以及整理这些方法的"方法论"。

民法研究的目的、方法不是只有一个，但也不是说公认的目的、方法一个都没有。在"学者"共同体的"学界",还是存在一定数量的被认为具有一定意义的目的、方法。不同的学者,自己选择使用符合自己兴趣的方法,并对结果负责。当然,学者个人也留有超越既有方法的余地。然而,如果不能充分了解已有的方法,就不能产生出新的方法。没有遵从学术知识传统的"模仿"就不可能有自由的"创造"。如果按照以上的思路,就必须排除方法的无政府主义。年轻学者需要一本循序渐进的"指引"。如果不这么理解,年轻学者的培养——除了具备作研究的物质、资金环境——一定是不可能的。

■方法论的存在意义

再具体说明一下。

某位学者发表的研究成果中是否含有"什么新东西"?作为研究是否成立?这需要根据包括"方法论"在内的民法学的"研究状况"加以判断。就该研究来说,在认为其就某一对象、按照一定的目的、使用一定的方法进行了研究时,如果不去判断是否存在与之相类似的研究,则无法判断该研究是否为新。也就是说"新颖性"的有无是按照学界知识的储备来判断的。并且,即使该研究提出了以前并不存在的目的、方法,如果根据"方法论"判断该研究对于民法研究完全没有意义,就不会承认其为研究。

当然,有些研究,按照现在的"方法论",可能非常的荒诞无稽,但在将来被评价为具有独创性的研究,这种可能性并非不存在。即便如此,判断是否值得称之为"研究",依然存在着不易随着时代变化而变化的最低限度的标准。这里应该注意的是,表面看起来荒诞无稽的研究背后,实际上存在着坚实的知识传统。很难举出一个恰当的例子,关于所有权转移时间的"崩塌式转移(阶段转移)说"或许是一个不错的例子,这个学说决不是简单的一时之想。

"方法论"并非只是作为一种简单的制约而起作用。尝试新研究的学者,首先考虑现在的研究状况——这是由研究方法的目录(方法论)与研究领域的地图(问题群)组合而成——发现能够使用现有方法加以分析的未开发领域。或者从现有的方法出发,一步步改良、改善现有的方法。即便是引入全新的方法,现有的方法也并非不能成为线索。比如法经济学分析法就是将相邻学科的知识应用于法学。而且"法经济学"这个问题的提出有助于发现"法社会学""法政治学"等视角。这方面的问题与研究的构思方法有关联,将在本书相关章节(第一章第一节)详细介绍。

2－4 "指引"的必要性

■**个别指导的局限**

尽管以上作了一些阐述，但依然存在以下疑问。对年轻学者的"指引"应当由各自的导师个别进行，而不应当由单方面传授定型化的内容的"指引"来完成。导师指导的重要性自不必说。针对不同的年轻学者所直接面对的问题，并结合不同的个性，进行细心的指导，当然最好不过。

然而，现在的状况是仅仅依靠个别指导并未（无法）实现充分"指引"的情形越来越多。导师让学生观察自己的工作（有时让学生帮忙），于无形中教授论文的写作方法这样一种学徒式的师徒关系、研究生与导师就自己论文的构思进行长时间的交谈这样一种牧歌式的师徒关系早已经成为过去。笔者是这样认为的，其理由可求证于教、学的内容以及教学的相对人（学习的主体）两个方面。

■**研究水平提高所伴随的困难**

就教、学的内容来看，民法学研究水平的提高——这本来是件好事情——增加了传统方法教学的困难。经过多年研究的积累，写第一篇论文所需要参考、探讨的材料急剧增多。随之而来的是妥善处理大量的材料所需要的技术日趋复杂，不易通过观察、模仿学到这些技术。而且许多新的研究方法不断得到开发，通过多种路径写出的论文不断发表出来。单个的导师即使知道这些方法，也未必全部使用过，自然通过观察导师日常工作学习到的研究方法也就非常有限了。

■**研究生大众化所伴随的困难**

关于教学的相对人（学习的主体），研究生大众化成为重要的社会现象。从20世纪90年代开始出现重视研究生教育的导向，尽管存在程度的差异，但法学类研究生入学的大门逐渐敞开。正如前面已经提到的，多所大学的研究生院开设了面向在职人员的研究生课程班，招收了数倍于以前的研究生入学。不增加教师数量，只增加学生数量，一个导师指导的学生必然增多。假如一个教师能够用于指导研究的时间是固定的，用于指导一名学生的时间自然也就减少了。

此外，大学入学的研究生也开始多样化。以前的研究生培养是以动机明确的少数学生为对象，培养职业学者。研究方法的摸索本身就是必要的分娩式的痛苦，老师对学生给予最低限度的关注即可，其他的完全依靠学生的自主学习，这样的指导方法并非不可能。但是现在专门培养学者的研究生班里也有不少学生没有明确的目标。而面向在职人员的研究生课程班上的学生的入学目标本来就不是要成为职业学者，已经不能指望学生主动去摸索研究方法了。

15
■教材的必要性

不得不说现在已经不能单靠导师个别指导去引导学生做研究了。当然，我们也不认为仅靠"指引"就能够实现"引导"。研究引导依然主要依靠导师个别指导，"指引"只能起到弥补导师个别指导不足的辅助作用。不过，我们认为，大众化的研究生教育需要一本关于"研究"的教材作为个别指导的补充，为此构思了这本"指引"。

这本"指引"也可供（作为学者的）教师作为辅助教材使用。正如本章一开始所述，老练的民法学者应该自有一定的方法论。不过，这些方法论往往是一种默契，常常难以用语言表达。不论是否赞同本书的内容，本书依然可以作为一种基础材料，帮助教师在指导学生时将自己的方法论明确化。

3. 怎么写？——本书的结构

3-1 论文写作的过程和环境

本书所要传授的"方法论"究竟是什么呢？本书后面的本论部分即是对这个问题的回答。在此先说明一下本论部分内容的顺序，提前介绍一下大概的内容。

如前所述，"研究"，即写论文，基本上是学者个人的工作，但是从工作的性质上看，如果对作为学者共同体的学界所共有的"研究状况"缺乏一定的了解，这个工作就无法完成。考虑到这一点，广义的写论文，应该通过在学界这种"论文写作的环境（或场域）"中由学者个人以"论文写作的过程"这样的模式加以把握。

■学者个人的工作过程

观察学者个人写作论文的过程,可以将其大致分为构思阶段和实行阶段。二者以论文写作的中间点"构思的完成"为界。在构思阶段,各种想法时而浮现、时而被否定,如此多次反复。本书将在第一章"'魂'——论文的构思"中讨论这个阶段的问题。具体地说,就是尝试提取一些有用的技术去整理这些想法。这个阶段又可以具体地分为涉猎各种资料、摸索主题、确定构思(第一节"游"——主题的摸索),以及探讨论文如何展开(第二节"想"——主题的确定)两个阶段。

实行阶段则是根据所获得、所确立的构思实际撰写论文的阶段。这个阶段需要使用各种各样的技术,本书第四章"'技'——写作的技巧"将介绍一些主要的技术。仔细观察一下就会发现,这个阶段可以再细分为无遗漏地迅速查找论证观点所需资料的阶段(第一节"索"——资料的检索),以及实际写作论文阶段(第二节"磨"——文字的推敲)。

上述两个阶段的分界线是"构思的完成",而这本身又可以作为一个阶段加以把握。本书将这个中间阶段独立出来作为第三章"'体'——手法的运用",单独加以阐述。这样做是考虑到这个部分难度比较大。具体地说,就是细分为分析、探讨所收集资料的阶段(第一节"练"——素材的分析),以及在此基础上展开具体论述(第二节"塑"——论文的结构)的阶段,对其中的关键点加以解说。当然,实际论文写作中很多时候可能同时横跨几个阶段,或反复来往于几个阶段。不过以上这几个论文写作阶段的区分可以用作将论文写作过程结构化的一种样板。

■学者共同体

论文就是这样从构思到完成的。那么论文的构思是在什么条件下进行的?论文写好后能得到什么样的评价?思考这些问题就需要将视角转向学者共同体。学者个人与学者共同体的接触——也可以说是学界大环境对学者产生的影响——是在论文构思确立之前以及论文写好之后这两个时点发生的。

单个学者并非是完全依靠自己的力量确定论文的构思。在确定构思之前的阶段,采用什么样的形式去写论文具有重要的意义,但论文的形式并非是从零创造出来的,大多是从既有的材料中选择和利用而来。思考论文主旨的时候自不必说,摸索论文主题的时候,已有论文的形式能够成为有力的线索。因此，需要知道学界积累下来的论文都有哪些形式。本书第二章"'型'——论文的体例"将为读者提供有关的示意图。当然，已有的论文形式并非不可变更，可以根据需要尝试修改（甚至是创造）形式。"型"毕竟只是一个出发点而已。

论文写好之后，学者的注意力就要转到学界如何评价自己的论文这方面了。学者个体的研究将作为学界的共有财产获得其应有的位置。这里的评价和定位究竟是如何进行的呢？一言以蔽之，就是根据论文所产生成果的大小去评价论文。已经重复说过多次了，论文必须包含"一些新见解"。这些新见解所产生的影响的大小决定了论文的价值。那影响的大小又是如何判断的呢？本书的第五章"'响'——产生的影响"将尝试提取这些判断标准。实际对论文做出评价自然是在论文发表之后，但需要在论文构思的阶段作一些预测，看看自己将要写的论文能得到什么样的评价。完全脱离学界既有研究的天才论文并非完全不可能写出来，但完全无视已有研究去写作论文，其结果只能是自以为是的自说自话。

如上所述，本书在编排上以学者个人"写作论文的过程"为中心（第一章、第三章、第四章），以学者共同体形成的"论文写作的环境"为参照（第二章、第五章）。不过本书各部分在叙述的性质上并非是均质的。从以上的叙述可以看出，本书既包括能够相对客观地加以说明的硬质部分（第二章、第四章），也包括无法避免的本书作者个人思想比较突出的软质部分（第一章、第五章），为了慎重起见，提醒各位读者注意这一点。最后，列出概念图，显示以上所叙述的内容。

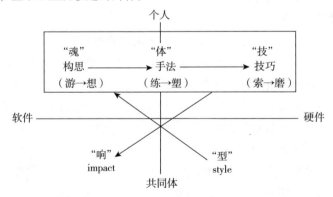

3-2 "判例评析的写法"的定位

■**对于年轻学者的判例评析、书评**

本书后文附上了题为"判例评析的写法"的补论。

如前所述,年轻学者中不少人除了撰写第一篇论文,还有机会撰写判例评析或书评。越来越多的大学开始发行名为纪要的刊物,因此写判例评析或书评的机会不断增多。撰写了第一篇论文并以此获得职业学者的职位之后,商业杂志(《法学家》[1]《法律时报》《判例时报》《判例时刊》[2]《金融法务事情》《NBL》等)的约稿也会随之而来。

在判例评析、书评中,有不少需要介绍相关问题的专家分析或权威人士的意见。判例评析对判例法的形成也会产生不少影响,尖锐的书评引起的争论也在增多。

不过对于年轻学者来说,撰写判例评析或书评的同时也是教育或自我教育的过程。撰写判例评析或书评:①可以积累一些撰写完整的文章的经验;②可以学习一些基本技巧,以后在论文中分析判例和学说的时候使用。在这两个意义上,撰写判例评析或书评是为撰写第一篇论文进行的预备训练、基础训练。

■**作为独立类型的判例评析**

上面的①和②其实是表里一体,但同时①和②又具有一些微妙的区别。如果重视②的作用,在本书中,可以将判例评析、书评的写法还原成论文的写法而加以说明。而如果强调①的作用,则把判例评析的写法与书评的写法分别独立加以说明可能更好。因此本书只把"判例评析的写法"以"补论"的形式作为独立章节。

首先,作为单独的一种类型,判例评析的独立度、特殊性要更高一些。其次,年轻学者写判例评析的机会更多一些。最后,考虑到判例研究方法需要说明的地方很多,如果将判例评析编入本论部分,会使本书的体系失去平衡。基于以上的考虑,本书将有关判例评析写法的部分作为补论独立出来。

---

〔1〕 原文为《ジュリスト》。——译者注
〔2〕 原文为《判例タイムズ》。——译者注

3-3　本书在写作上的特色

上面介绍了本书的结构,这里就本书的编写方法作一些说明。想说明两点。

■追求实用性

本书是作为"民法研究"的"指引"而编写的。

首先,本书的写作对象是"民法研究",更严密地说是民法研究的"方法论",于是产生了以下问题。笔者认为民法研究存在"方法论",但并非所有的方法都是以能够观察到的形式存在的。在多种多样的研究方法中,有的方法已经感知到,有些尚未被感知到,这一点特别重要。已经感知到的方法容易说清楚,而对于未被感知到的方法——默认的方法——感知其存在本身就很困难,即便注意到了,用语言明确表达出来更加困难。尽管知道存在这种局限,但笔者仍然努力将平时无意识中使用的方法尽可能感知到并用语言表达出来。为此进行的头脑风暴花费了大量时间。

其次,本书是"指引",这就要求作为本书读者的各种类型的年轻学者不借助导师的帮助——已经反复多次强调过了,得到导师的建议当然最好——单独阅读本书,也能够理解本书的内容。为此,本书尽量避免抽象的论述方法,尽可能举出具体的例子加以说明。当然,主观的努力并不能保证产生客观的结果。本书的实用性如何最终还是要由读者加以评判。

■没有分别执笔的共著

本书由"骨干学者"共同完成。

首先,笔者写作时四个人都在40岁左右,属于同一时代的学者。这或许包含两层含义。第一,撰写第一篇论文的时间并不久远,尚能清楚地回忆起写作论文的经验。这也是本书的一个优势。第二,本书名为"指引",注重实用性,其背后却可能无意识地贯穿了一个时代的"民法研究"观。笔者认为,四名执笔人虽然是朋友,学风却并不相同。不过依然很难避免同一时代的倾向性。这可能成为本书的劣势,如果有读者意识到本书可能存在的偏差,或许可以将此作为本书的一个特色。

其次,本书由四名执笔人共同完成。本书分为几个部分,由不同的执笔者分别撰写而成,这一点与其他多人完成的作品并无区别。不过,无论是在本书确定结构、内容的阶段（构思的阶段），还是确定分工的阶段（实行的阶段），都反复多次面对面交换、深化意见。前述默认方法的语言化、说明的具体化如能在某种程度上得到实现，则是这些意见交换工作取得的成果。不过各个部分并非完全不存在执笔者个人的色彩。与笔者共事的学者中说不定会有人能猜测出来，比如"绪论"是谁写的。但是本书的每个部分都是基于笔者共同的理解而写成，彼此之间都认可这些观点。从这个意义上，可以说本书是没有分别执笔的共著。

第一章 "魂"

——论文的构思

第一节 "游"——主题的摸索
第二节 "想"——主题的确定

第一节

"游"——主题的摸索

1. 主题的形成

1–1 某篇论文的开头

■四宫博士的论文

绪论中介绍过,论文之所以为论文,必须具有某种意义上的"新颖性"。既然说是"研究了",就必须对之前的研究添加些什么。怎样才能写成能够对之前的研究添加有意义的东西的论文呢?——为了回答这个问题,需要对"新颖性"的含义做一些思考。

先引用一篇论文的开头部分,稍微有点长。

X 的金钱被盗,或 X 的金钱基于错误交付他人或被他人骗走,或一般情况下没有所有人名义(为了 X 的利益)的受托人将其受托之金钱通过背信行为处分给第三人。在这几种情形下,X 对于此金钱能否主张所有者一般拥有的权利(向第三人的追及权、返还义务人破产时的取回权、债权人强制执行时的异议权)?如果认为一般可以主张此类权利,那么该金钱,比如,与他人的金钱发生混同,应如何处理?或者金钱存入银行,又如何处理?——这个问题,直接地看就是,对于金钱这样一种特殊的在经济上具有重要作用的财物,究竟以什么样的形式承认所有物返还之诉(rei vindicatio,以下简称"r. v.")?这是一个在理论和实践上都很重要的问题。

以上这个问题,表面上看起来已经得到解决,判例屈从于学说的批判,采用将金钱作为价值的主张("价值"说),取代原来将金钱同样作为物("物"说)的主张。不过,笔者认为,立足于"物"说的判例未必都不妥当,立足于"价值"说的判例未必都很妥当。这表明仅仅依靠"物"说或"价值"说都不能得出妥当的结论。

既然如此,学界的学说又如何呢?从日本近年来的学说发展可以看到,有些学说立足于"价值"说,却并未完全无条件地贯彻这种思想,而是尝试探寻在功能上、实质上更加细分的解决方案。这些学说已经超越传统的学说,但我们对此并不满足。

既然日本的判例、学说未能充分解决这个问题,那应该朝哪个方向寻找解决之道呢?英美法系、德国的部分学说既采用了"价值"说的思想,又与"物"说一样,采取尊重物之归属分配的态度,这能否值得参考呢?

本文的目的在于,关于金钱的 r. v. 的问题,以对于日本相关判例、学说的不满及由此得到的启发为出发点,参照英美法系的解决方案及德国的学说,为开头所述的具体问题提供一些解答。

以上是四宫和夫博士论文《物权的价值返还请求权》[1](载《四宫和夫民法论集》第97页以下,弘文堂1990年版。首次发表于《我妻荣追悼"私法学的新展开"》,有斐阁1975年版)的开头部分。这是一个论文开头的范例。

■ **论文开头的魔法**

这里完整地说出了论文开头必需的三个要素:①作者选择的题目很重要;②但既有的研究并不充分;③为了改善这些不充分之处,作者的研究方向很合适。由于这个例子太过合适了,会产生一些说明不足的缺憾。可能需要再具体解释一下"过去判例的立场""现在判例的立场",最好点明:"采用'价值'说思想的同时,参考与'物'说同样尊重物权的归属分配的立场",因为这样能够扬弃"过去判例的立场"("物"说)与"现在判例的立场"("价值"说)。不过这短短的叙述,已经在相当程度上,成功地让人觉得这是一篇"为之前的研究添加有意义的内容""具有新颖性的论文"。

读者看了这样开头的论文,可能会觉得论文所讨论问题之所在、问题的重要性、研究方向必然地被确定下来。这样的话,有人产生下面的想法也就不奇怪了。即,"谁都理解了论文问题的重要性,谁都明白之前研究不够充

---

[1] 原文为《物権の価値返還請求権について》。——译者注

分。既然如此，所要做的研究方向自然确定下来，只要能够填补其中的缺陷，肯定能够获得一定的'新颖性'，而并非是作者有多厉害。既然是这样，剩下的工作只要找出问题即可，那就好好读读司法考试用的论点汇编，找找问题好了"。

然而，这完全是误解。论文的"主题"，如果用做菜来比喻，需要食材与烹饪方法组合起来才能做好菜，这种组合是厨师"完成"的。使用同样的食材，烹饪方法不同，会做出完全不同的菜肴。有的烹饪方法能做出非常美味的菜肴，而有的烹饪方法会做出非常难吃的菜肴。

1-2 濑川论文的分析

■濑川论文的结构

分析一篇"好论文"，就可以简单明确地说明这个道理。在此，为便于读者自己阅读、确认这个道理，选一篇较新且较短的论文为素材：濑川信久教授的论文《利用风险收益比较进行过失判断——从德里教授到汉德公式与大阪烧碱事件》[1]［载《星野英一先生古稀祝贺：日本民法学的形成与课题（下）》，第809页以下，有斐阁1996年版］。

濑川教授的这篇论文采用以下的结构。

· 问题之所在

大阪烧碱事件（日本大正5年，即1916年）提出了"判断侵权行为成立与否，是否应该考虑加害行为的有用性或规避损害所需费用"这个问题，"有时需要考虑这些因素，否定或限制侵权责任。现在对此已经没有异议"。不过，对是原则上应该考虑这些因素还是原则上不应该考虑这些因素，依然没有搞清楚，具体的考虑标准也不明确，因此需要对此进行探讨。

· 之前的研究并不充分

如上所述，之前的研究没有明确以哪个为原则，也没有确定具体的考虑标准。而且，近年来，受到美国相关研究的启发，出现了一些学说，认为对于《日本民法典》第709条规定的过失，应该将该行为发生侵害的盖然性、

---

［1］ 原文为《危険便益比較による過失判断——テリー教授から，ハンドの定式と大阪アルカリ事件まで》。——译者注

被侵害利益的大小与制止侵害而被牺牲的利益进行比较后加以判断。但是，对于美国在这些领域的相关研究，包括其成立过程在内，都没有做过充分的探讨。在美国，上述过失判断的方法以"汉德公式"的方式确立于20世纪40年代，而日本的大阪烧碱事件却发生在日本大正5年（1916年），有鉴于此，"汉德公式"确立之前的美国法的观点有可能对日本产生影响，而对于这一点并没有人做过相关研究。

・研究方法

"在美国，判断侵权行为成立与否，必须考虑加害行为的有用性以及规避损害所需要的费用（风险收益方式）"，本文将探讨这种方式是如何成立、确立的，以及在其成立、确立的过程中对于日本的侵权行为法产生了怎样的影响，并整理思考风险收益方式时的视角。

■主动选择

对于"判断侵权行为是否成立，是否应该考虑加害行为的有用性或规避损害所需费用"这个问题，任何一本教科书中都会有说明。也就是说，主要的食材，谁都知道。然而看看手里的教科书就会发现，有关这个问题，之前主要讨论的是以下两点。

第一，"应当考虑"的观点，有时候可能是为保障企业因生产而给他人造成损害的自由，偏向于产业保护，而不是保护被害者。

第二，在侵权行为的构成要件上，加害行为的有用性或规避损害的费用，应当是在"是否存在违法性"中加以定位，而不是在判断"是否存在过失"时应当考虑的因素。

原则上，应该考虑加害行为的有用性及规避损害所需费用还是不应该考虑？具体的考虑标准是什么？相对于之前学界的探讨，濑川论文提出这些问题本身就已经使论文具有了一定的"新颖性"。而这在"论点集"里不可能有。也就是说，即使确定了主要的食材，具体用其中哪一部分去做菜，需要首先做出选择。

当然，这类研究并非完全没有人做过。关键是对于上述的问题采用何种路径。濑川教授做出了自己的选择，即研究美国法。

实际上，研究美国法并非是探讨这个问题的唯一路径。比如，大量搜集日本的判例，通过分析判例得出实务上的判断标准之类的路径等，有很多很多。虽然是研究美国法,濑川教授却并没有选择分析美国近年的判例,而是选择研究风险收益方式在 1940 年以"汉德公式"的形式确立下来的过程。这也是一个主动选择的结果。

■ **选择并非必然**

那么濑川教授是如何进行选择的呢?这里要探讨的问题不是濑川教授的心理过程,而是以下问题:这个路径为何重要?为何能为之前的研究添加有意义的东西?

濑川教授的说明是这样写的:"之所以研究美国法,是因为相较于法国法、德国法,甚至是英国法,美国法很早就展开讨论,学说积累丰富。而且,近年来,受到美国相关研究的启发,出现了一些学说,认为对于《日本民法典》第 709 条规定的过失,应该通过该行为发生侵害的盖然性、被侵害利益的大小与制止侵害而被牺牲的利益进行比较后加以判断。"

濑川教授在这里提到两个理由。看起来这些理由清晰明确,完全没有可供质疑的余地,但实际上并非如此。

围绕日本侵权行为法的母法是哪国法存在着争议,但规定侵权行为是否成立的《日本民法典》第 709 条,其母法要么是法国法要么是德国法。这样的话,应该也可以将研究法国法、德国法加以正当化。比如,可以这样写:"关于这个问题的研究,美国法很早开始就积累了很多学说。但是,法国法和德国法不仅对《日本民法典》第 709 条的立法,还对立法之后的讨论产生了很大的影响,有鉴于此,首先应该研究的是法国和德国的民法。在这两国,判断侵权行为是否成立时,是否应当考虑加害行为的有用性和规避损害所需要的费用?在与民法条文结构的关系上如何进行说明所得出的结论?在法、德两国,近年来针对这些问题,在研究美国法的基础上提出了一些主张,这对目前日本法解释论的研究也将提供重要的启示。"

也就是说,濑川教授做出的选择并非是对于该食材做出的必然选择。

1-3 真正的理由:论文成功的预测

■ **选择的真正理由**

仅根据以上介绍应该可以理解以下问题:①论文的主题是组合而成的,不是从论点汇编中找来的;②即使提起了"判断侵权行为是否成立,是否应该考虑加害行为的有用性或规避损害所需费用"这个问题，依然不能就说论文的主题已经确定。

但是，濑川论文的分析并没有就此结束。如前所述，濑川教授论文的题目是在多个选项中选择的结果。问题是他为什么要做出这样的选择？用一句话说就是，濑川教授断定这样选择能写出有意思的论文，作为论文能够成功。

濑川论文阐明了美国法中以"汉德公式"形式确立下来的风险收益方式最初是由法学家德里提出来并被判例法采纳的过程。看了濑川论文的这个部分，笔者觉得非常有意思。具体来说有以下两点（还有其他"有意思"之处，这里只谈两点）。

第一，德里的思想影响了大阪烧碱事件判决的可能性很大。德里到明治末年一直在东京帝国大学讲授英美法，参与大阪烧碱事件的律师、法官中有多人曾经上过德里的课。

第二，德里本人对于风险收益方式适用的范围持限定的态度。

濑川教授并没有急着得出结论。不过，由于"第一"点，德里的思想以及以此为基础的美国法的态度与日本的解释论有可能存在直接的关系，这种关系支撑着探讨德里学说的重要性。而由"第二"点，可以得到这样的启示，即作为日本的解释论也应该重新探讨风险收益方式适用的范围。如此一来，论文就可以通过探讨德里的学说得到"有意思"的结论。正因为如此，濑川教授决定将研究重点集中在20世纪40年代德里学说作为"德里公式"确立的过程，展开对美国法的研究。

■ **有一定的胜算**

看了上面的介绍，大家可能会觉得濑川教授论文的成功是偶然的。"反正就是研究了一下美国判例法的形成过程，于是就有了'有意思'的结果。然后把这个研究化装成是必然要做的研究，再写成论文。"然而事实并非如此。濑川教授应该是预测到，通过追溯构成美国判例法基础的学说来探讨美国判例的形成过程就能得到"有意思"的结果。本来就存在"论文成功的可能性"，并非无目标地开始学习美国法。濑川教授是专业的"厨师"，对于主要的食材，从哪里动刀，使用什么方法烹制，就能做出"有意思"的菜肴，相信他有一定的预估。

那么，专业的厨师是如何发现具有"胜算"的"食材和烹饪方法的组合"的呢？以下将讨论这个问题。

2. 找到主题

2-1　好好学习

■只给了选题也不行

川岛武宜博士在《一个法学学者的轨迹》[1]（有斐阁1978年版，第28页）中写到，刚开始研究生活的时候，导师我妻荣博士这样跟我说："什么样的问题都可以，研究你自己喜欢的题目，如果把我想到的问题说出来供你参考，'请求权竞合'这个问题是民法学界（不只是日本，还有很多国家）一直在研究的一个有趣的问题，不妨选择研究一下这个问题。"

川岛博士最终撰写了有关请求权竞合的论文。

看到这里，或许有人觉得"真让人羡慕"，因为导师帮忙确定了论文的选题。但读者应该已经明白，这点建议不至于让写论文变得轻松。对于"请求权竞合"的问题，关键在于通过什么样的路径去研究，通过这样的路径能为既有的研究添加什么有意义的内容。

那怎样才能找到能为既有的研究添加有意义内容的研究路径呢？对于这个疑问的终极回答就是"好好学习"。

要想选择研究路径，就必须知晓可能有哪些路径，这就需要具备判断这些可能的路径适合于什么样的素材的能力。为了培养这种能力，就只有反反复复仔细阅读优秀的论文，分析作者如何发现问题、采用何种路径，除此之外别无他法。

此外，还要具有丰富的知识。就濑川论文来看，读美国的文献碰到"Henry T. Terry"这个人名的时候，如果不能意识到"就是那个受雇来到日本的外国人"，就会失去这个难得的机会。阅读以德国侵权行为法为素材，探讨日本法解释论的论文的时候，要想能够意识到"这篇论文的前提是基于

---

〔1〕 原文为《ある法学者の軌跡》。——译者注

德国侵权行为法条文结构的特殊理论",就需要对德国侵权行为法与日本侵权行为法之间的差异具备一定的基础知识。要想做到看了最近的判例能够想到"这好像与既有的判例矛盾",就必须理解既有判例的态度。要想做到看了某个解释论,能够想到"按照这个解释论,现实的消费者遭受损害时得不到救济",就必须了解消费者遭受侵害的现实情况。

不过,还是有一些技巧。

2－2 找寻漏洞

■利用对照关系

首先,撰写"能为既有的研究添加有意义的内容"的论文,必须寻找既有研究中存在的漏洞。这里的"漏洞"是指"迄今为止的研究中存在的不足之处"这种广义上的不足。因此,即使已经有了各种各样的关于抵销的研究,如果还没有关于英美法中抵销的研究,这就是这里所说的"漏洞"。

那怎么才能找出"迄今为止的研究中存在的不足之处",然后弥补这些"漏洞"呢?其中最简单的办法就是,当存在两种相对立的方法时,如果已经存在利用其中一种方法的研究,那就可以使用另外一种方法进行研究。举几个例子吧。

①**重视理论** vs. **重视结论** 首先需要决定迄今为止最理想的解决方法(这里的"理想的"也容易引发"对谁来说"的问题)是什么,而针对与其相应的法解释长期得到正面主张的领域中的问题,进一步从理论的角度出发进行研究,采用这种方法写出来的论文具有填补漏洞的意义。比如,星野英一教授的《存款担保借贷的法律问题——与法律解释方法论相关联》[1](载《民法论集第七卷》第 167 页以下,有斐阁 1989 年版。论文首次发表于《金融法研究》第 3 号,1987 年)就是这样的论文。星野教授在论文中写到,"存款担保借贷"的问题,"从结论及其正当化角度进行研究的比较多,而从合乎现实情况的法律结构、法律的规定,或从民法'一般理论'角度进行探讨的则比较少见"。星野教授就是从民法"一般理论"的角度作了探讨。

---

[1] 原文为《いわゆる"預金担保貸付"の法律問題——法律解釈方法論と関連させつつ》。——译者注

34 　　反过来也是可能的。对于之前从理论观点集中讨论的问题，其理想的解决方法是什么，从这个角度重新加以探讨。镰田薰教授的论文《抵押权人对于租金债权的物上代位》[1]（《石田喜久夫、西原道雄、高木多喜男还历（下）"金融法的理论与展开》，第25页以下，日本评论社1990年版）就是一个很好的例子。镰田教授是这样阐述的："关于物上代位的解释论，通俗的说就是，对于物上代位的本质，普遍流行的观点是，采取价值权说，或采取物权（特权）说，就会自然得出各自的结论"，"然而近年来，以金融领域的实务界人士为中心，对于租金债权的物上代位的兴趣日益浓厚，其背景是以大城市为中心的不动产租金的显著提高。因此，这里的问题是，需要从作为担保物不动产租金债权定位的角度，或者从围绕不动产租金债权、出租人的不同债权人之间权利调整方式的角度加以考察"。

　　②**一元化 vs. 分情形**　假定对于某个条文或制度，迄今为止作为一个东西作一元化的解释。而以该条文或制度为对象的场面多种多样，这时就有可能提出必须对这些情形分别加以考察的主张。星野英一教授关于时效的论文就是这样一个典型例子（《关于时效的备忘录——以其存在的理由为中心》[2]，载《民法论集第四卷》，有斐阁1978年版，首次发表于《法学协会杂志》第86卷第6期至第90卷第6期，1969—1973年）。该论文阐述道："（日本民法关于时效的）各种规定来源于不同的、确切地说相反的思想，并有若不立足于不同的观点就无法理解的条文同时存在。因此，将这些条文理解为贯穿了一个原理的统一体并不正确。故此，必须直面这个事实，在此基础上展开对于时效规定的解释。即使勉强地使用一个原理加以说明，或根据一个原理进行解释，也会产生破绽。……我认为这是既有学说存在的一个根本的弱点。"

　　此类划分情形的分析方法也适用于概念，平井宜雄教授有关"相当因果关系"的探讨就是一个典型例子。平井教授认为，迄今为止被认为是"相当因果关系"的问题中包含了三个要素，应区分为"事实的因果关系""保护范围"和"损害的金钱评价"等要素或者阶段加以讨论（载《损害赔偿

---

〔1〕 原文为《賃料債権に対する抵当権者の物上代位》。——译者注
〔2〕 原文为《時効に関する覚書——その存在理由を中心として》。——译者注

法的理论》，东京大学出版会 1971 年版）。

与之相反的是，主张应该对一个条文或制度探索一贯性的说明的观点也可能存在，有些领域甚至就应该如此。因此，对于以前区分不同情形加以探讨的问题，去摸索贯彻其中的一元化的原理、解释就是一种撰写"能够为之前的研究添加有意义内容的论文"的手法。比如桥本佳幸的论文，对于由一个条文规定的过失抵销制度，扩展其射程，围绕制度适用的各种情形的现状，探讨了以下问题：损害赔偿法在成立要件论的基础上，设置过失抵销制度，广义地说就是减额论，整体上要如何调整利害关系？这种损害分配依据什么样的思想、原理？尽管符合成立要件，只要被害人符合过失抵销的要件，则加害人的责任可以得到减轻，或被害人也要承担一部分损害的理由又是什么？（《过失抵销法理的构造与射程（1）～（5·完）——围绕无责任能力者的"过失"与因素之斟酌》[1]，载《法学论丛》1995—1996 年第 137 卷第 2 期—第 139 卷第 3 期。）

③**独立化 vs. 关联其他**　以上介绍的是涉及一个条文或制度的论文的写法，对于多个条文、制度，也存在同样的写法。对多个条文、制度分别加以论述的方法，与让多个条文、制度相互关联加以论述的方法之间是一种对照关系。关于这一点，围绕"履行辅助人的过失所引起的责任"引发的研究是一个很好的例子。

落合诚一教授认为，关于履行辅助人的问题，各国发展过程中的差异"主要是因为侵权行为责任中雇主责任有效性方面存在差异"，"日本履行辅助人过失引起的责任的法理必须与日本雇主责任规定的有效性关联起来加以分析"（落合诚一：《运送责任的基础理论》[2]，弘文堂 1979 年版）。本来是分别加以讨论的两个制度在此进行了关联。

然而，近年来出现了一种新的观点，试图将履行辅助人过失所引起的责任问题在违约责任的归责结构中重新加以定位。该观点最早出现在潮见佳男的论文《履行辅助人责任的归责结构（1）～（2·完）》[3]（载《民商法杂

---

〔1〕 原文为《過失相殺法理の構造と射程（1）～（5・完）——責任無能力者の『過失』と素因の斟酌をめぐって》。——译者注

〔2〕 原文为《運送責任の基礎理論》。——译者注

〔3〕 原文为《履行補助者責任の帰責構造（1）～（2・完）》。——译者注

志》1987年第96卷第2期、第3期，收录于潮见佳男：《契约责任的体系》第235页以下，有斐阁2000年版）中。这可以评价为是要进一步弱化履行辅助人与雇主责任的关联。当然，即使落合教授的论文不存在，并且学界也一直是将履行辅助人责任与雇主责任分开讨论，潮见教授的论文依然具有一定的意义。这是因为即使有关违约责任的研究并没有将履行辅助人的责任加以特别对待，而是要在一般层面上给其定位，这种做法本身就是在进行"关联化"。不过，可以说在学界广泛接受落合教授观点的情况下，"独立化"的功绩显得非常伟大。

④**沿革 vs. 现状**　如果既有的研究是将注意力集中在如何解决现在的纠纷，需要直面实务的要求或问题，或现在只是进行了法律条文细节的文义解释，那么回溯相关条文的历史沿革，指出制度本来的旨趣，这样的研究就能成为填补研究漏洞的有力手段。很多论文使用这种方法。濑川信久著《不动产附合法的研究》[1]（有斐阁1981年版）、池田真朗著《债权转让的研究（增补版）》[2]（弘文堂1997年版）是这类论文中的模范。

反过来，如果目前的研究都是忠实地围绕着制度的沿革，则可能提出诸如"历史沿革搞清楚了，那实际情况又是什么样的呢""不过条文可是这样的"之类的反驳。当然，仅仅说"条文是这样的"无法形成论文，还需要诸如"不仅条文是这样规定的，这也与国外近年来的趋势相吻合"之类的补强内容。

⑤**日本法 vs. 外国法**　如果目前只有对日本民法的研究，研究其他国家如何处理相同的问题也是一种最基本的能够填补既有研究漏洞的方法。日本民法学界很早以前就广泛开展了对外国法的研究，各个领域都积累了大量的外国法的研究成果。但是，实务主导型（研究——译者注）存在的问题是，几乎没有关于外国法的介绍。中田裕康教授有关持续性买卖的研究就是其中的典型（《持续性买卖的解除》[3]，有斐阁1994年版）。内田贵教授对于有关短期租赁的德国法、英国法的研究也属于这一类型（《抵押权与利用权》[4]，有

---

〔1〕 原文为《不動産附合法の研究》。——译者注
〔2〕 原文为《債権譲渡の研究》。——译者注
〔3〕 原文为《継続的売買の解消》。——译者注
〔4〕 原文为《抵当権と利用権》。——译者注

斐阁 1983 年版）。

与此相对应，有些领域只有对于外国法的介绍，而没有结合日本民法加以探讨。在这种情况下，通过正面研究日本法也能够填补既有研究的空白。当然，如果不能添加实务调查等有特色的内容，则很难写成论文，典型例子就是米仓明著《所有权保留的实证研究》[1]（商事法务研究会 1977 年版）。

毋庸赘言，外国法的研究中，通常只有对德国法的研究，而没有对法国法的研究。此时，通过研究法国法也能填补此前研究的漏洞。如果只有关于日本民法起草时的法国法的研究，那么通过追溯法国的古代法，摸清日本民法起草时的法国法形成于何种历史基础之上，或者反过来研究法国法近年来的发展，这些都有可能填补法学研究的不足。

以上介绍了几种处于对照关系的研究方法，这当然没有网罗尽全部的方法。本书将在第二章探讨论文的"型"的时候进一步作补充说明。不过，只要脑子里有了这些方法，探索"漏洞"就变得很容易了。

2-3　类推、应用及借用

■适用于其他的素材

还有一种重要的寻找"漏洞"的技巧，就是看适用于某个素材的方法能否适用于别的素材。这种方法与从对照关系中寻找"漏洞"的方法之间并非是非此即彼的关系。近年来对沿革的研究很是兴盛，其中就包含了很多利用这种方法所做的研究。具体地说，某个人通过研究某个制度、条文的沿革，写出了具有"新颖性"的论文，其他人也对其他的制度、条文采用了追溯其沿革的方法。这种做法并不应该被批评，因为所有的论文都或多或少地借用了用于其他素材的方法来分析另外的素材。

比如，已经举例过的星野英一教授的论文《关于时效的备忘录》中采用的案例分析方法（特别是一览表的做法），与内田贵教授的著作《抵押权与利用权》中的判例分析方法比较一下就清楚了。可以看出后者深受前者的影响。内田教授的论文虽然深受影响，但确立了自己的特色。关于模仿与独创共存的问题将在后面加以介绍（第二章 6-2）。

---

[1]　原文为《所有権留保の実証的研究》。——译者注

也有可能受到适用于某个素材的方法的启示后，构想出与之不同的方法。比如"法经济学"方法，概略地说就是，利用以聚焦于均衡理论的微观经济学为中心的现代经济学理论分析、研究某个法律制度的方法。假定有一篇论文使用这种方法分析各国的担保制度的变迁，既然能够使用经济学的方法分析，那么使用政治学、行政学的方法也应该能够分析，因此可以从政治学、行政学的角度尝试分析各国的担保制度的立法过程。

2-4　要更具野心

■没有全新的方法

前面探讨了使用现有的、但尚未用于某个素材的方法去填补既有研究存在的"漏洞"。不过最后部分谈到了"受到适用于某个素材的方法的启示，构想出与之不同的方法"，这样做其实是创立新的方法。显然，如果能够成功创立新的方法，优秀的论文也就能够写出来了。

不过这里需要注意的是"没有全新的方法"。我们能做的是对现有方法的修改，而且多数情况下，通过与现有的其他方法相结合的方式加以修改。"法经济学"在法学研究引进经济学的手段这一点上具有"新颖性"，但其实这不过是将经济学这样一个构成我们知识传统组成部分的学问所使用的手段与法学中的一定的方法加以组合而已。

探索新的方法不能采取消极的态度。从这个意义上说，应该有点野心。但是不应该轻视知识传统。我妻荣教授这段话同样适用于研究方法的探索："论文动手写了，才发现疑问一个一个不断出现。于是带着疑问再去品味鸠山先生和末弘先生的著作，经常发现相关问题已经得到了一定的解决，敬佩之情油然而生。很多时候觉得社会发展了，不能满足于前人的学说，应该创立新的学说，于是看了外国新出版的书刊，发现了持同样观点的学说，心里挺得意，同时又觉得很受打击。虽然早就知道，登顶前辈学者构筑起来的学问之塔，百尺竿头，只要能够前进一步，作为学徒的任务就算完成了。然而，如今已经六十岁了，再次深切感受到这个真理。"[我妻荣：《债权各论中卷一（民法讲义 V_2）》序，岩波书店 1957 年版]。

在此多说一句，硕士、博士论文和助手论文的作者往往认为自己的论文具有"新颖性"，其实很多时候仅仅是因为作者学习不足而产生的误解而已。

■ **研究更深入**

还有一点需要强调的是，所谓"填补漏洞"还包括"以前曾经有人研究过，但研究得不够充分，需要重新加以研究"。比如，以前曾经有人做过德国法的研究，但是现在做更深入的研究。

思考一下"更深入的研究"的具体含义就会明白上述道理。比如，假定对于"德国法有关合同缔结过失的判例"，以前的研究都是以分析单个判例所提出理论的分析为中心。现在，分析这些判例的案情，或者关注判例与学说发展动向的关系，都有可能成为填补漏洞的论文。这是在德国法、而且是在德国法判例的范围内，试图扩大研究视野，因此可以定性为一种"扩大化"的手法。这只是说，从同样的切入点研究同样的对象，多数情况下是不行的，但并非是说绝对不能研究同一对象。比如，河上正二教授的《条款规制的法理》[1]（有斐阁1988年版）就是研究德国法格式条款规制这样一个热门的、也就是说已经有好几篇论文研究过的课题。不过，由于分析视角的敏锐程度以及概括性的不同，还是"为既有的研究添加了有意义的内容"（还可参照第三章第二节3-5）。

相较于研究前人未曾涉足的领域，上述这类研究虽然容易找到抓手，但是很难写出具有"新颖性"的论文。不过，"虽然之前很多学者已经研究过了，如果我再去研究，应该能提出新的见解"，要有点这样的野心。

■ **偏偏走右边的路**

"野心"变大之后，对于做过很好的研究、已经形成了共识的一些领域，自然就会产生怀疑——"真的如此吗"？于是产生试图重新探讨的想法。这一点极其重要。近年来此类研究成功的例子当属森田修的《强制履行的法学结构》[2]（东京大学出版会1995年版）。甚至，对于看起来已经确立下来的制度、理论，尝试追溯其本源来探索其本质也很重要。比如，可以从海老原明夫的《19世纪德国普通法学的物权移转理论》[3]（载《法学协会杂志》1989年第106卷1期）学到很多东西。

左边有条路，右边也有条路，如果看到右边的路有人通行，或者虽然看

---

[1] 原文为《約款規制の法理》。——译者注
[2] 原文为《强制履行の法学の構造》。——译者注
[3] 原文为《19世紀ドイツ普通法学の物件移転理論》。——译者注

不到人，但能看到有人通过的痕迹，那么走左边的路会有更多发现。不过，也不能失去偏偏去走右边的路、尝试寻找漏洞的"野心"。

3. 摸索主题

3-1 方法与题材的匹配

■选用适合于素材和目的的方法

为了能够"填补漏洞"，前面介绍了发现漏洞的技巧。不过，不论你把前面的介绍看多少遍，并非就能发现何种研究中存在何种缺陷。为了实际去发现漏洞，首先需要认真阅读之前学者写的论文。

阅读已有论文的好处并不只限于能够发现漏洞。

仅从上面的介绍中也可以了解到，素材的分析方法各种各样。使用以前没有人用过的方法也是填补漏洞。比如，对于抵销制度，还没有对俄国法的研究（猜想），因此《俄国法的抵销制度》这样的论文也是填补之前研究的空白。但问题是研究俄国法的抵销制度有什么意义。如果研究的目的是"理解日本民法抵销制度"，那研究俄国法的抵销制度恐怕就没有太大的意义（当然并非无意义。任何外国法的研究都有助于本国法的相对化。或者研究目的是"国际交易实务的处理"，那么理解俄国法的抵销制度就具有重要意义）。仅仅填补漏洞并不重要，重要的是采用适合于素材和目的的方法。

■阅读好论文的益处

阅读已有的论文的好处在于可以慢慢了解对于哪种素材使用哪种方法才能写出"好论文"。

厨师学习很多已有的菜品，熟知（用舌头？）"食材 $A \times$ 做法 $b \rightarrow$ 味道 γ"的组合。通过不断的学习积累，即使是没有做过的菜，什么样的食材，采用什么样的做法，做出什么样的味道，厨师能够事先作出判断。因此拿到某种食材就能够判断出哪种做法最合适。

与此相同，初次写论文的人也需要多读已有的论文，知道很多"素材 $A \times$ 手法 $b \rightarrow$ 结果 γ"的组合。当然，本书第二章也会作一些介绍。不过，要想充分理解第二章的内容，还是需要自己多看论文。

3-2 论文的阅读方法

■看论文时需要注意哪里

为了实现以上的目的，怎样去看已有的论文才好呢？需要注意以下三点。

第一，作者如何从已有的研究中发现漏洞，为了填补漏洞，使用了什么方法，为什么选择这个方法？

第二，所选择的方法产生了什么样的成果？

第三，成功或失败的原因在哪里？

建议大家参考前面分析过的濑川论文或第二章及本书整体的叙述，同时从一开始要做好笔记，仔细分析各种论文。

在这个过程中看什么题目的论文都可以。不要觉得自己想写有关短期租赁的论文，那就仔细阅读短期租赁有关的论文吧，其实反倒是最好不要限定所看论文的题目范围。重要的是选择各种题目中深受好评的论文，多看，认真看。不限定论文的题目范围，才能够自然地掌握论文题目与方法的适配（哪种素材对应哪种方法）。这样做不仅能够提高自己整体的知识面，还能够从更广泛的视角研究自己选择的题目。

那具体要看哪些论文才好呢？本章之前举例说明的论文都是深受好评的论文，而且看了各种各样的论文之后，就能够自己发现那些经常被引用并成为之后论文基础的重要论文。不过刚开始还是不要去看过于古老的论文。当然，古老的论文中有不少至今仍有很高的价值，这样的经典论文以后一定要仔细阅读。不过，刚处于学者准备阶段的人，很多时候并不能完全知道有哪些经典论文。多看最近受到好评的论文，自然就会逐渐明白哪些是经典论文。

3-3 在演习课、研究会上的态度

■眼光要敏锐

以上内容同样适用于演习课和研究会。参加此类活动的时候应该注意的是，报告人采用何种手法对素材进行剖析？对此，在座各位的意见又是怎样的？对所报告持批评态度的人认为什么样的方法要以什么样的理由才合适？

还有，报告中是否存在漏洞？如果参加这类活动只是为了获取知识（当然这也很重要），一味地拼命记笔记的话，只能说这是浪费了难得的机会。

即使自己的研究题目已经确定，"今天的报告人采用的方法如果用于自己研究的问题会怎么样呢""报告人对于之前的研究所采用的方法持批评态度，但是这个方法如果用于自己的研究，又会怎么样呢"等，值得思考的问题很多很多。

"随时保持敏锐的眼光"，这很重要。

■ 好好利用自己作报告的机会

如果获得了作研究报告或判例评析的机会，就要尽可能地扩大学习的范围，这一点很重要。比如做案例评析，对于该判决所涉及的问题，如果能够稍微研究一下外国法是如何处理的，有时候能够发掘出很有意思的问题。而且，难得有机会负责案例评析，研究适用民法×××条的案例，那就把该条文的起草过程也好好研究一下。这并不意味着一定需要把条文的起草过程作为判例评析报告的一部分。外国法也学了，法条的起草过程也学了，虽然在报告或执笔阶段可能完全不会触及（不应该触及）这些内容，但应该好好利用作报告的机会。

你或许会认为，"如果说接触外国法的机会，看看与自己负责的判例评析无关的德国教材不也可以吗？而关于起草过程，对于具有重要意义的条文，一个不落地好好看看梅谦次郎的《民法要义》或《法典调查会民法议事速记录》就够了，没有必要再去看与偶然安排给自己的判决相关的条文吧。"不过，当你就具体事件进行考察的时候，你对于该条文、制度、纠纷类型的敏感度会高于平时。平时可能随便看过去、不太注意的地方，此时可能成为带有现实感和拓展性（应用可能性）的研究对象。

实际上，现在学术界活跃的学者中很多人的博士论文或助手论文的题目，其实就是由当初分配给自己的判例评析的题目进化而来。

3-4 论文的结构（所谓的 plan）要反复修改

■ 没有"idea"就写不出论文

如后所述，主题确定下来之后，论文的结构也就确定了。因为问题设定与结论的方向性确定之后，论文整体的论证过程也就自然确定下来。

因此，如果对某个主题（对象和方法）具有一定的兴趣，那就试着制作一下论文的目录。论文的组成各个部分，将以什么样的目的或视角分析、探讨什么？一种有益的做法是把这些问题先总结成小短文。茫茫然中准备论文方案，很难清晰地总结出论文主要观点。倒不如通过撰写论文的结构，将自己试图论证的主要观点以有形的方式展现出来。这样做能使自己明白，论文结论的论证中欠缺什么素材，哪一部分对论证无用应该删除，也就知道这样的选题能不能写出论文。论文完成前需要反复做这种工作，但是在论文写作早期就开始做的话，有早做的好处。

即使面对同样的素材，或者按照同样的顺序研究同样的素材，不同的人可以从中读出不同的东西。面对同样的素材，有时甚至可能引导出不同的论证。哪种结论更有说服力取决于对待素材的眼光。为了能以更好的眼光对待素材，就需要对手中的素材能够设定什么问题形成一定的构想或假设。从这个意义上说，不论是什么情形，没有"idea"就写不出论文。

追踪德国的学说史时，若仅是按照顺序排列，则只要具备一定的能力就能做到。但是这样做不能成为优秀的论文。比如，看起来好像不同学者都是在研究未来债权的转让问题，但是我们研究的时候要想到，这不正是在不同年代的物权行为概念，或者不同学者作为研究前提的物权行为概念里所规定的吗？需要基于这样的"idea"进行分析，才能取得某种收获。

反复制作论文目录的工作对于激发出"idea"非常重要。当然，"idea"不会从无到有，前面已经说过，应该充分进行素材与分析方法相结合的基础性训练，多读好的论文。

第二节

"想"——主题的确定

1. 确定主题的前提条件

1-1 确定主题（theme）是什么意思？

■仅是确定问题范围的阶段

看了第一节的读者，都已经明白，"论文的题目确定为《抵押权中的物上代位》"这种程度，还不能说论文的主题已经确定下来。即便将研究对象稍作限定，改为《法国法的物上代位》，也是如此。

当然，论文主题最终确定的过程中，确实有一个"确定了特定的问题范围作为主题的对象"的阶段。上述"论文的题目确定为《抵押权中的物上代位》"就属于这个阶段。但是并不能到此就安心了。如果在现阶段无法确证这个题目作为论文的主题是否能够成立，那么只能说是暂时确定了问题的范围，可能随时需要调整。

■试挖掘工作的必要性

为了确认在这个问题范围内能否写出论文，还需要做一些工作。首先，需要分析与该问题范围有关的日本的先行研究，找出"漏洞"。然后聚焦于所找到的"漏洞"，同时进行试挖掘工作。如果是日本民法典也有的问题，一般会尝试追溯制度的沿革，多数情况下还会再对相应的外国法作一定的调查。

这样的试挖掘工作是为了确定该问题范围中核心的切入对象，选择切入的方法。然而，自己刚开始的时候很难搞清楚所确定、选择的对象、方法是否合适，能否培育成论文。前面已经介绍过，为了能够一开始就搞清楚这些问题，需要认真阅读已有的论文，学习素材与方法的组合。下面介绍几个作出判断的关键点。

1-2 可构成论文的主题——"确定题目"的要件

■研究论文最低限度的成立条件

要想能够判断就某个主题能否写成论文,需要再一次重新考虑"论文到底是什么"这个问题。本书预设的读者是研究生或助手,他们写出的论文能被称为"研究论文"所需要的最低限度的要件是:具有一定的问题意识并在此基础之上设定课题,提出了"一定的主张"作为结论,有构成"一定的主张"之基础的论证过程。

■缺少充分论证的"个人观点"

研究论文需要有"一定的主张",并非一定与提出"个人观点"同义。比如在论文最后的结论部分,附上"个人观点——××说"这样的小标题,以"作为结论,我认为应该解释为……"这样的形式提出特定的观点,或表明支持特定的观点,但这未必就能够被评价为研究论文提出了"一定的主张"。关键在于论文的主要部分有没有做过一定的分析作为支撑这样的一定的主张的论据。比如以"个人观点"的形式提出了一定的结论,如果相关论证不是非常充分,这样的论文就不配称为"研究论文"。

已经在学界获得好评的学者或成为学界大家的学者,利用发表论文的机会提出或诠释自己的想法,即使没有多少论证,也完全可能被认为具有一定的意义。但这是因为,这个人在以往的研究成果中已经提出了一定的观点,或就别的问题提出的观点在与其以前所提出的观点的关系上,引起其他学者或实务界人士的学术关注,或者此人迄今为止所提出的观点比较妥当,得到大家的信任,因此大家只关心结论。然而正准备着手写第一篇论文的研究生、助手,其研究成果尚未得到学界的评价,其观点也未被学界确认为"权威"。这类人的"个人观点"没有人会感兴趣,"没有权威的学说已经死亡"(法国民法学者马洛里的名言)。没有权威的人想要胜出,依靠的不是结论,而是得出结论的论证过程。为了论证一定的结论,需要收集一定数量的相关素材、数据并进行恰当的分析,其论证过程是否具有说服力,才是决定论文价值的最重要的关键点。缺少充分论证的"个人观点"没有任何意义,对这一点应该铭记于心。

■ **研究论文中的"一定的主张"**

论文需要有"一定的主张"作为结论，但这里所说的结论并不限于如"某种类型的纠纷应该以何种形式保护谁"这样的结论，或"对于某个规定的解释采纳××学说"这样的结论。即使是对于某个法律制度提出不同于以前的理解或指出一定的问题，也可以成为很好的研究论文的主张。分析与某个民法典规定相关的判例法理，你可以不同于之前学说提出的观点，而是去论证判例重视某种特定的因素，这样做也是可以的；或者，证明对日本的学说产生重大影响的外国学说其实并非学界传统上所理解的那样。当然，如果想要提高论文的完成度，需要再进一步研究这样的发现具有什么意义、如果确实如此又会怎么样。这样做的话，就需要在更高水平上设定问题。不过，即使达不到这样的水平，作为研究论文还是能够成立的。

如上所述，研究论文的最低限度需要包含某个问题设定以及作者对此的一定的主张。当然，所设定的问题的重要性程度会有所不同。怎么都可以的细节问题，即使对此有新的发现，民法学上的意义也很小。不过，即便如此，这还是要比缺少任何论证的"个人观点"好得多。

■ **确定论文主题的标准**

研究论文应该在结论部分主张什么？把上面的内容倒过来看就可以明白。结论必须经过论证，因此结论由"使用一定的方法、分析手中的素材，能够论证什么"加以确定。因此，归结于"自己确定、选择的对象、方法是否合适，能否培育出论文"，或者"应该如何确定对象、方法""使用这个方法分析这个对象，能否得出可以论证的结论"，这就是确定论文主题的基准。

如果自己在一定程度上能够确信论文的主题比较合适，就可以制作简单的能够显示论文框架的报告交给论文指导老师，以期获得导师的认可。此时，你要尝试说服导师，让自己的问题意识、课题的设定以及研究路径等获得导师的认同。如果因此能够让导师对论文产生一定的期望，"挺有意思的，写写看"，这一步就成功了。到了这一步才可以说是真正意义上的"主题确定下来了"。

下面将对论文主题确定的基准做更具体的说明。在此之前只说一句，希望大家注意，即"资料型论文"是否符合论文要求的问题。

1-3　有价值的"资料型论文"与无价值的"资料型论文"

■有价值的"资料型论文"

再次引用川岛武宜的《某法学者的轨迹》（有斐阁1978年版）。

"就法学而言，在日本好像有一种氛围，把谁怎么说、他这么说，加以旁征博引，最后稍微加一点自己的看法，这种类型的文章也可以成为'论文'。我觉得这表明日本法学很落后。"

"常有人会这样说，年轻时的工作其价值就在于资料的处理，不要想着去写什么独创性的东西，忠实地把材料消化好写出来就可以了，或者说就应该写这样的论文。这种观点经常出现。我不能无条件地赞成这种观点。这其实只是说，没能力的人，你就这样写吧。我认为既然是'学术论文'，这些内容应该是绪论，绪论之后必须要自己展开探讨。"

与此相对应，本书在绪论部分是这样说明的："从论文的性质看，第一篇论文作为基础性研究这一点具有重大意义。如果仅有不知何方神圣所表达的个人意见、预测，则没有说服力。因此，第一篇论文中为论证而提出的基础数据具有重要的意义。"

川岛教授的叙述与我们的观点表面上看好像是对立的，然而并非如此。对于"并非如此"的理解直接关系到对于硕士论文、博士论文"应该是什么样子"的理解。

已经反复说明过，比如，《日本民法典》第177条规定的关于"第三人"是否包含扣押债权人这个问题，首次写论文的研究生、助手写道："个人观点认为不包含扣押债权人"，这样写了也没有任何意义。有意义的是，在得出结论的过程中，查阅外国法、调查法律条文的历史、逐个分析判例等部分。这些部分的"基础数据"将作为学界的共有财产被继受。

这样做出来的"基础数据"不是那种"旁征博引谁怎么说，他这么说"能够做到的。如果以为只要调查英国法，翻译一下英国的教科书就可以，那就大错特错了。若要针对《日本民法典》第177条规定的"第三人"是否包含扣押债权人这个问题去调查、整理可供借鉴的外国法，那就意味着：比如在英国法中，仅仅得出扣押债权人并不属于这样的"第三人"的结论是不够的，而是必须做到，对于英国法的公示体系、理念，强制执行的系统、理念、实际状况，第三者保护的一般思想等，通过追溯其历史加以探讨，搞清楚"为什么英国法中扣押债权人不该当这样的第三人"。然后，还必须分析产生与日本结论上的差异的原因。

这样做，就是把"英国法中，由于存在各种制度的历史、理念、实际状况，因此扣押债权人不属于'第三人'"这个结论，采用历史资料、各种制度的比较分析等方法加以论证而写成的论文。"忠实、认真地消化材料后写成的""具有资料价值"的论文是"具有独创性"的论文。川岛教授并没有说这样的论文"不过是绪论而已"。

■**没有价值的"资料型论文"**

川岛教授所批判的论文类型确实很多。这样的论文可以分为两类。

第一类论文对于外国法没有任何有意识的分析视角，只是把那个国家有代表性的教科书上所写的东西按照原文的顺序加以介绍。懂外语的人很多，那些看了教科书就明白的东西，写了也没有什么意义。不能对外国法做广泛、深入的研究，解释清楚外国法为什么是这样而做出来的东西甚至算不上是"基础性的数据"。

第二类论文比较麻烦。表面上看采取了论文的形式，也展开了一定的论证，而实际上并不是真正的论证。作者本人却经常过高评价自己的论文。

这类论文确实做到了：①在绪论中揭示日本近年来研究存在的问题；②在论文主体部分，与该问题相对应的外国法与日本判例、学说都按照一定的逻辑顺序排列好；③在结语部分也提出了一定的解释论作为"个人观点"。然而，看了论文的内容，就发现②和③之间缺少明确的联系，也就是说，②的分析、探讨中的哪一部分支撑着③所提出的论点，二者之间的对应关系不明确。而且，如果结论部分采用"姑且作为结语"的形式结束论文，更会导致搞不清楚论文的主体部分到底有没有得出结论。

为什么会写出这种类型的论文？多数情况下是因为，确定论文研究对象之后，就去学习与之相对应的外国法的素材，但没有作充分的分析、探讨，以至于无法从中得出什么结论。也有可能是作者自己在还没有确定能否得出什么样的结论之前，就仓促汇总成论文的形态。

以上这种论文，表面上看起来作为"资料型论文"，具有一定的价值，实际上并没有什么价值。研究的课题一旦明确，就要对其中的问题点作深入的分析；而这种论文缺少这样的分析，对外国法的研究仅停留在表面性的介绍上。真正有价值的"资料型论文"，是把一定的资料按一定的方法加以分析、论证并得出一定的结论的论文。

2. 确定主题时需要考虑的因素

2-1 大问题没有必要一次性解决

■设定可以充分论证的题目

论文可以设定的题目，可以说是由手中持有可以论证结论的素材与题目存在的相关关系决定的。即使提出了迄今为止尚未得到完全论证的设想或者宏大的理论，如果无法作出论证，则充其量不过是说大话（题目为《××的再构成》《××的统一理论》之类的论文多属这种类型）。大量列举没有权威的学说，即使能够自我满足，但不会得到别人的好评，只能成为他人冷笑的对象。

基于相同的理由，不能设定太大的题目。比如《法律行为中意思的作用》《合同的第三人效力》之类的题目太大，不适合第一篇论文（当然，在法国博士论文中选择这样的题目比较多。不过，法国与日本民法学的传统和方法不同，日本缺少这种传统，作为第一篇论文通常超出了作者的能力）。如果在这个层次上提出一定的主张，需要分析、探讨的论点过多，实在无法在一篇论文中全部解决。缺少必要分析——或者根本没有意识到需要这样的分析——简单地提出"大理论"，完全没有意义，不能迫近问题的本质。

■大题目与第一篇论文

当然，对于这种大题目感兴趣是件好事，但不应该直接将其作为第一篇论文的主题。尽管大题目具有进一步拓展的可能性，但还是应该把更加限定的范围作为初期研究的候选题目。大的问题不必一次解决，迈出与之相关的坚实的一步，从中获得的东西其实更多。

比如，《法国大革命时期的农地租赁》就是一篇大论文（原田纯孝《近代土地租赁法的研究》[1]，东京大学出版会1980年版）。在有限的时间内，不应该试图去建立土地所有权、使用权的一般理论，而是要对"小的课题"作仔细、彻底的研究。不过，"小的课题"不应该结束于"无聊的课题"。虽然直接研究的题目是《法国大革命时期的农地租赁权》，但是只有带着"建立土地所有权、使用权的一般理论"的希望去研究，才能够成为具有拓展性的题目。其具体含义将在后文中作详细介绍。

2-2 不同种类的学位论文之间是否有区别

■适合博士论文的题目

论文所研究课题的大小因学位论文种类的不同而不同。

博士论文（或助手论文）要求论文具有一定的完成度。这样一来，博士论文研究的应该是一定程度的概括性的对象，论文的规模自然也就达到相当的分量。

因此，在博士论文中，需要对某个对象进行论证，是否包含了从各种观点进行的分析和探讨就是要注意的问题。首先，与论文设定的课题相对应的日本的判例、学说的发展要准确把握，这是任何论文题目都必不可少的要素。其次，如果《日本民法典》中有相应的规定，很多时候还需要研究制度的沿革。最后，论文中还要包含对外国法的完整的分析和探讨。这是因为博士论文要求作者所提出的结论或主张需要经过多角度、细致的论证。

■适合硕士论文的题目

与博士论文不同，硕士论文不要追求全面开花，而只要追求一点绽放主义，即对于某个对象，只要从某个特定的观点聚焦研究就可以了。与博士论文、助手论文相比，硕士论文从确定研究对象到开始写论文通常没有多少时间，多数情况下对于研究对象没有进行很深入的考察。在这个阶段，如果什么都想写的话，最终写出来的只能是没有充分分析素材、仅仅停留在表面的论文。本科生的书面报告达到这个程度就够了，但是不会有什么内容能够被认定为研究成果。

与其这样，不如选择关注于某个特定的点并进行深入挖掘的论文。比

---

[1] 原文为《近代土地賃貸借法の研究》。——译者注

如，对于某个对象，只对与之相对应的外国法进行分析、探讨，这样的论文就可以。这种情况下的外国法研究，可以是追踪外国法的判例、学说的发展，也可以是探讨作者认为应当关注的特定学说。尽管是小篇幅的论文，通过坚实、锐利的分析、探讨，也能反映出作者的实力。应该力争写出这样的论文。在研究过程中，如果发现这是一个很好的题目，则可以将硕士论文作为一个台阶，进一步发展成博士论文。

撰写这种一点绽放的论文，有几点需要注意。具体将在第三章第二节详细说明，这里只介绍一个大概。

第一，在论文的绪论部分，需要清楚表明作者的问题意识。比如，即便是分析外国法，如果作者不能清楚表明为什么要分析外国法、从什么样的视角分析外国法这样的问题意识，那就会沦为研究意义不明的单纯的资料。

第二，需要说明，现在论文所做的对素材的探讨，在与作者今后所要做的研究整体的关系上，处于何种位置。具体地说，就是要在论文的结论部分说明，这篇论文搞清楚了什么问题，还剩下哪些问题没有搞清楚，后续研究准备做什么等。

第三，结论部分所提出的一定的主张，不要超出论文的研究所能够得出结论的范围，不要过多涉及一般论，或急于说明"个人观点"。必须要懂得，虽说是结论，毕竟只是从有限的探讨中得出的暂定性的东西。

为了更好地理解上述内容，值得一读的绝好的硕士论文是五十川直行的《关于所谓的"事实契约关系理论"》[1]（载《法学协会杂志》1983年第100卷第6期）（建议一起看看矶村保：《民法学之路》[2]，载《法律时报》1984年第56卷第6期）。

2-3 是否蕴含可显示作为学者基础能力的要素？

■第一篇论文的重要性

本书探讨的是，撰写学位论文（博士论文、硕士论文）以及等同于学位论文的助手论文时，需要有不同于一般研究论文的考虑之处。这就是，第

---

[1] 原文为《いわゆる"事実的契約関係理論"について》。——译者注
[2] 原文为《民法学のあゆみ》。——译者注

一篇论文是为了获得研究机构职位、成为职业学者，证明其作者具有学者所应具有的基础研究能力的手段。

与此同时，第一篇论文还有一层意义，就是年轻学者在广义上的、由学者构成的学界获得认可的"出道论文"。在此之后作者发表的研究论文，能否获得"这个作者搞的研究值得信任"这样的评价，就看这第一篇论文了。换句话说，第一篇论文必须能够表明，作者的研究能力达到一定水准之上的优秀层级。

基于这样的观点，下面介绍一个小故事来说明第一篇论文是多么重要吧。某年轻学者本科毕业后刚开始读研的时候，被导师叫到办公室，挨了顿训："要说第一篇论文有多重要？只要想一想如果第一篇论文失败了，而失败之后又会怎样，就能明白了。这就是，假如其后论文的写作不畅，迟迟不能发表出来，人家就会说'这蠢货在玩儿呢'。反过来，即便是在不停地写论文，又会被说成是'这蠢货又在制造垃圾文章'。不管怎么说，未来都会是灰暗的。而与此相反，如果第一篇论文写得很好，以后即使没发表论文，也会被认为是在'酝酿大作呢'。"

这段训诫稍微有点夸张，需要打点折扣去听。不过这位导师想说的是，应该充分认识到第一篇论文的重要性，即开始准备第一篇论文时的心理准备。

■研究外国法的必要性

鉴于第一篇论文所具有的重要意义，可以说第一篇论文最好含有研究外国法的内容。这是因为，日本传统认为在一般的法学研究中学者应具备研究外国法的能力。因此在写作第一篇论文的过程中，必须考虑做真正的外国法研究。

当然，作为日本民法学者为什么必须具备研究外国法的能力也是一个值得思考的问题。在欧美等国家，并没有把外国法或比较法的研究作为论文必需的要素。既然如此，日本为什么要研究外国法？去欧美国家留学的时候，大家或多或少都会直面这样的疑问。日本法的年轻学者（不是一般的学生）为什么要去而且是长时间地去海外做访问学者？日本也存在很多法律问题，不去留学，把用于留学的时间专注研究日本法，岂不是更能取得成果？有这种想法并不奇怪。本书第三章第一节第3款1将对这个疑问作出解答。此外，第二章4-4将会就论文的"型"再提及这个问题。

2-4 民法解释学中是否含有固有的方法？

■法学固有的研究方法

关于第一篇论文主题的选择，还有一个问题：是否应把使用传统民法解释学所固有的方法进行解释学的研究作为努力的目标。

如果只考虑一般意义上的学术"方法论"，可以说研究的方法或目的只不过是应由个人决定的问题。然而，还是需要在此就第一篇论文的重要意义作一些思考。

如果想成为民法解释学的学者，需要掌握法律学科固有的研究方法，这是应该具备的基础能力。如果第一篇论文选择的题目所研究的对象与此没有直接的关联，就必须自己另行努力掌握这种能力。现在采用多种研究方法、广泛活跃于学界的中坚学者中有不少人在写第一篇论文的时候，经过正统的解释学研究，熟练掌握了这种研究方法，这自然有他的道理。

此外，写第一篇论文这段时间可以把一天当中几乎所有可利用的时间都用于写论文。而成为大学等研究机构的研究人员开始工作之后，不仅有教学工作，还有学校的行政事务以及校外的公务等各种工作。尽管存在一些个体差异，但能够用于研究的时间难免碎片化。在研究生、助手阶段能够充分认识到这个现实的人不会很多。但是回过头来再看，就会真切地感受到研究生、助手这个阶段是一个在制度上保证你能够专心写论文的"幸福时期"，这样的时期一生只有一次。

考虑到这样的研究条件，第一篇论文所采用的应该是适合于花上足够的时间进行研究的研究路径。比如，追溯《日本民法典》的起草过程或其母法的族谱式研究，或者追溯外国民法典渊源的历史性研究，或者细心地追溯围绕民法基础概念的学说史发展历程的研究等采用正统手法的研究路径。这些研究中不论是哪种研究，都是适合于这个时期的研究类型。如果是采用这类方法进行的研究，如前所述，即便问题的设定进展不顺利，但肯定会留下一些东西。

■利用"新素材"

第一篇论文采用法律学科固有的方法以外的方法进行研究当然也是可能

的。将经济学、社会学、心理学、哲学等邻接学科的成果应用于法律学科的研究就是其中的典型。比如，对缔约过程中不当中断磋商问题，尝试运用博弈理论加以分析，可以说就是这种类型的研究。

即使是"新素材"的利用，如果能够成功地以传统民法学没有的新观点描绘出问题来，这样做当然可以。不过，这种类型的研究手法随时伴随着风险，也是事实。而且，作为民法学者，不可能一生只采用这样一种方法做研究，为了避免只产生"一次成果"，还是需要另外熟练掌握正统的研究方法。这一点再重复一遍。

2-5 与现在的民法学研究有什么关系？

■"展望未来"的考量

前文介绍了论文主题确定之后，在决定论文的主要内容方面必须具备的最低限度的各种条件，最后，介绍一下确定论文主题时应当考虑的另外一点。作者要事先考虑好，自己所要写的论文能够对未来作出什么样的展望。这里的"展望未来"具有两方面的含义：一是指对于现在的民法学研究的展望，二是指对于自己将来研究的展望。

■对于"民法的潮流"的认识

某篇研究论文将会得到什么样的评价，是由该论文在民法学上所具有的意义来决定的。也就是说，这篇论文论证了什么（或者想要论证什么），这样的论证在民法学上具有什么样的意义。

论文的影响力受论文中所作的论证对于民法学的意义所左右。对民法学界的影响力大是指这样的意义重大的论文：论文的论证得出的一定的主张，如果能够对民法学界很感兴趣的"更加根源性的问题"产生深远的影响，则该论文会被评价为具有影响力。因此，从这一点上看，设定论文所要讨论的问题时，重要的是要了解现在民法学界多数人都在关注的问题是什么，换句话说，需要知道"民法学的潮流"。

说到"潮流"，大家可能认为是"流行的东西"，其实并非如此。佐伯胖著《认知科学的方法（认知科学选书10）》（东京大学出版会1986年版，第25—26页）对此作了很好的说明："对时代精神敏感并不是指对'现在人们流行研究什么题目'敏感。""对时代精神敏感是指，感知到过去时代精神的停滞，痛感脱胎换骨的必要性，只要是能够提供脱胎换骨线索的事情，什么都愿意去做。"

为了能够了解这种意义上的"民法学的潮流"，就需要平时好好学习，不要局限于特定的领域，保持广泛的兴趣。民法解释学的能力来源于综合能力。题目选得好不好，其实是由综合能力决定的。

■"论文思想"的重要性

这样看来，确定论文的主题与结构（plan）的时候，作者按照上面的观点，试着自己把自己的论文在民法学中加以定位是一件非常重要的事情。假定作者准备研究某个法律制度，此时，就是要问自己"因为什么样的理由，现在要选××来写论文""想通过研究外国法论证什么""在与民法学先行研究的关系上，这篇论文具有什么意义"等问题。然后，需要认真记住这些问题，在自己的论文中加以展示。这就是"论文的思想"。

或许你会觉得当然应该这样做，可实际动笔之后，常常写着写着就搞不清"自己搞的研究究竟是什么目的、要论证什么"这些论文的思想了。而且这也绝不是什么奇妙的事情。如前文介绍的那样，论文中的问题设定，并非是在着手的时候就完全确定下来，在试挖掘的过程中，会不断获得反馈，依凭手中的素材不断地以可论证的形式修正论文问题的设定。

但是，不能搞不清原因就放任不管。作者自己都不清楚自己的论文有什么意义，别人（读者）就更不会明白。还有，即使迷失了自己研究的定位，也绝对不要想糊弄过关。比如，"本文对法国法的研究还很不充分，但依然可以说对于日本民法具有一定的启示"，这种类型的论文总结也是可能的。表面上看，好像是显示了作者谦虚的态度；然而实际上，这不过是要求作者说明"一定的启示"到底是什么样的启示，但作者自己无法说明而写出来的敷衍的文字。这种情况是作者没有达到能把自己的思想提炼到能够将自己论文的意义用语言表达出来的程度，试图蒙混过关。

2-6 是否是可供扩展自己今后研究的基础性研究？

■具有广度和深度的基础性题目

确定论文主题的时候，还有一点应该考虑，就是前述（2-5）后者意义上的"对未来的展望"，即这样的主题对于自己将来的研究活动有什么意义。

从这个观点来看，通过这个研究，能够看清楚各种各样的问题的位相和关系的主题，才是第一篇论文的好主题。

一般来说，研究某个特定问题的时候，不只需要与该问题有关的知识，还需要很多其周边的相关知识。要获得这样的知识，需要相当程度的初期投资。比如，为了分析、探讨安全保障义务，不只需要契约责任的知识，很多还需要包括侵权行为责任在内的民事责任一般知识；如果要分析、探讨债权人代位权，还必须考虑债权扣押等民事执行程序。同样地，研究外国法也是如此，只看安全考虑义务有关的文献或债权人代位权的文献是不够的，还需要探讨包括该国契约责任与侵权责任的界限确定问题，整个债权执行制度等直接、间接相关的法律制度。

不论是外国法还是日本法，刚开始研究的时候，就好像降落在完全陌生街头的游客，在完全不知道在哪里、有什么的状态下，开始读文献。对于日本法，你可能觉得自己是懂的，其实根本不是这样。不过，在开始研究之后，会自然形成一定程度的认识地图，陌生的街头也会逐渐变成适宜居住的城市。

可见，研究特定的题目，不只限于狭义上的这个题目，还会带给作者接触与该题目相关的各种问题的机会。第一篇论文尤其如此，因为第一篇论文的题目要花费大量的时间做充分的研究。于是，第一篇论文写好之后，作者会感觉到有很多问题可以作为后续论文的题目。正是基于这样的理由，第一篇论文选择的题目最好是能够引发作者后续研究的，具有一定深度和广度的基础性题目。

3. 制约主题确定的因素

3-1 手中的素材是否足以论证论文的结论？

■需要检查手中的素材

看着手中的素材，想想可以设定什么问题，然后产生某种想法（idea），并参照前文已经介绍过的内容，如果能够判断这个问题设定比较恰当，下一步就是考虑通过什么样的论证才能得出想要的结论。然后，就需要根据自己所要论证的对象，再度检查、筛选手中的素材。有时候，通过这样的检查，甚至可能必须修改论文设定的主题。如果依靠手中的素材论证不了，则不管结论看起来有多好，也是写不成论文的。

比如，对于"为第三人利益的合同"这个法律制度感兴趣，读了不少法国法的文献。假定在这个过程中产生以下的想法，即所谓"为第三人利益的合同"，其实应该作为用以承认合同外第三人也可以追究作为合同责任的损害赔偿责任的法律技术来重新把握。然而，如果从这个观点出发设定问题，则不仅需要分析、探讨"为第三人利益的合同"，还需要从更广泛的视角分析、探讨契约责任与侵权行为责任领域划分问题。或者，萌发了这样的想法，所谓"为第三人利益的合同"其固有的意义其实在于为合同外的第三人赋予契约上的履行请求权而采用的法律技术。这样一来，作为前提问题，又需要去分析、探讨一般意义上的有关合同当事人确定的问题。不论是哪种情形，只看与"为第三人利益的合同"直接相关的文献，不足以构成论文的主旨。

如此，等到问题设定的想法浮现出来，开始认真考虑能够展开什么样的论证的阶段，手中的素材如何使用也就确定下来。同时，手中素材的不足部分也清楚了。想要进行自己设想的论证，所需要的素材不一定都能够收集齐。因此，确定主题的时候，随时需要检查自己手中的素材是否够用。继续补充的试挖掘作业过程中，这样的主题设定是否可行也就再次变得明朗。

3-2 仅靠手中的素材就可以论证的立论是什么？

■因素材不够而修改、变更题目

有时候，由于时间等因素的限制，不得不考虑仅靠手中的素材能做什么。比如，针对《日本民法典》规定的某个制度，研究了外国法以后发现该外国法与日本民法确立的判例、通说完全处于对立关系。于是就预判能够通过研究该外国法获得一种批判的视角去重新审视日本的判例、通说。为了搞清楚该外国法的判例、学说的发展轨迹，开始仔细阅读相关资料。然而，在调查外国法的过程中发现该外国法的解决方案其实是起因于相关规定的沿革、结构上的制约等该外国法特有的国情，而且学说也对现行法展开了强烈的批判。这样一来，该外国法的解决方案就不能直接为日本法的解释提供参考。也就是说，后来才明白很难按照原先的设想展开自己的观点。这时候就需要作出决断，是寻找别的可以设定的观点，继续试挖掘作业，还是放弃原来的主题。

■ 题目很难转换方向的时候

不过，即使出现了这种情况，有时候在提交论文的期限前，作者已经没有时间去寻找别的主题了。这时候，就需要考虑仅靠手中的材料能展开什么样的论证，重新设定问题。能顺利地重新设定问题当然好。就上面的例子而言，应该放弃重新审视日本的判例和通说，改为从比较法的观点，对比日本法和外国法，明确日本法的判例、通说的解释论的特色，探讨其妥当性，据此重新凝练论文的主旨。

然而最坏的情况是，这样的方向转换也难以实现。有时候即使想去探讨外国法背后的国情，也因为存在社会制度、历史等各种因素的制约，时间上、资料上都难以完全搞清楚等。如此一来，虽然研究了外国法，但却发现由于制度背后的国情与日本法完全不同，基本上得不到什么启示，也只能忍受这种极端消极的结论。当然，这样的结论在对于防止他人再次遭遇同样的失败这一点上还是有一定意义的，如果作者对于外国法的分析、检讨本身能够证明作者具有学者的基础能力，也算是在一定程度上实现了目标。不必太过悲观，可寄希望于下一次。

3-3 不要简单地放弃

■ "作为学者的能力"与本人的努力

如果把上面的说明理解为"写得了就好好写，写不了就算了"这种消极建议那就错了。

是否能够碰到好的素材并不完全由偶然的因素决定。本章第一节已经讲过，能够搜集好的素材，设定合适的分析视角，很大程度上归结于学者的能力。而实际上，这样的能力多是靠作者本人平时的努力。好的厨师随时在市场上寻找好的食材，有了时间就学习各种烹饪方法。不要忘记，在水面上表演的花样游泳，水面下一定有浅打水的动作在支撑。

■有能力的学者不挑素材

说得更直接一点,真正有能力的学者不挑素材。不论什么样的素材,很多都可以作某种很有意思的问题设定。观察着同样的素材,通过与分析视角的协调总能提取出来素材的原味,有人能感觉到,有人却感觉不到。

比如,假定在导师的建议下,设定了一个有希望的问题,开始写论文,可是写下去却发现不尽如人意。作者本人可能觉得导师设定的问题不好;或者,导师觉得"挺有意思",同意学生去写的题目最后没能写出论文。这时可能有人认为"老师认为可行的题目,后面出了问题是导师的责任"。但是,即便是这种情况,基本上都应该是导师认为"如果是自己就这个问题写论文,应该能写出更有意思的论文""都进展到这种程度了,怎么着都能写出有意思的论文"。

因为各种原因,有时候可能没搜集到好的素材。可是不要一味地觉得素材不好,不满意。应该考虑的是如何通过提高烹调手艺去解决问题。最重要的是不放弃。

Column① 导师

如何跟导师打交道?这是一个难题。每个人都不一样,你需要自己去找答案。这样做可能也是一种指导方法,但是这样回答只能让人无所适从。下面提出三点建议,就作为最低限度的心理准备吧。

第一,好好观察导师。对于研究生、助手来说,学者的世界是未知的世界。学者到底在干什么?思维方法是怎么样的?这些问题刚开始完全不懂。导师是了解学者工作、生活方式、道德以及精神气质的最贴近的线索。这当然不是说要从一到十全部都模仿导师。首先是好好观察;是以导师为榜样,还是作为反面教材,则是下面的问题。

第二,姑且先相信导师。缺少信任,什么都无法开始,导师特意提出的建议、意见没有产生任何效果就结束了。导师是学术方面的专家,而且导师总是像父母一样想把你培养成像样的学者。导师说的话应该好好听。在发泄"导师不理解我"的牢骚之前,要扪心自问一下,自己真的没有问题吗?导师经常让学生帮自己做事,如果只是单纯地使唤学生,就不配称为导师。但是,多数情况是,通过让学生做事教会学生如何去做学者的工作。不理解导师的意图，工作敷衍塞责，结果什么都没有学到就结束了。"不信任导师，就什么都无法开始"，这句话就是这个意思。

第三，不要过分相信导师。认为导师什么都对很危险，应该扩展自己的见识，将导师相对化。特别是，不管跟着导师多少年，都不用自己的头脑去思考，总是想"导师会怎么说"，这看起来可能是一种"美好的师生关系"，却是很恐怖的事情。这样做只能是反复进行缩小再生产。向导师学习，超越导师，这样才是对导师最好的回报。

第二章 "型"

——论文的体例

1. "型" 的重要性

1-1 论文要有 "型"

■仅有 "idea"[1] 和技巧是不够的

论文的 idea 确定后，要做的只是如何撰写论文了。在充斥市面的写作技巧书上会看到，下一步是"如何搜集资料"或"如何执笔"，其中会详尽地介绍诸如阅读笔记的做法、信息收集的技巧、文章写作的秘诀、添加注释的方法等。不错，这些技巧在实际写论文中无疑是有作用的，本书在第四章也会涉及这类"技"巧。但遗憾的是，任凭"idea"和这层意义的技巧再多，仅依靠这些仍然写不出能够得到认可的论文。要想使论文得到认可，需要具备作为论文的形式。无论作者在撰写论文上投入了多少激情，只要不具备这种形式，也就是说未按照"型"来写，写出来的就只是简单的作文，或不过是随笔而已。从这个意义上说，写论文首要必备的就是"型"。本章会对此稍加详细地说明。

■契合论文内容的 "型"

论文是有"型"的。这么一说，大家可能会联想到我们熟知的起承转合模式，以及"绪论—本论—结论"的结构等这一类已被固定下来的"型"。但首先，学术论文是否能够采用起承转合模式很值得怀疑；其次，即便"绪论—本论—结论"结构的确具有一定的通用性，但说起来它也不过是论文结构中普通的"型"。

与此相对，这里说论文有"型"所考虑的是与论文内容更加契合的东

---

[1] 英文 "idea" 在日文中标示为 "アイディア"，与英文发音和意义基本相同，即 "主意" "构思" "创意" "选题" 之意。

西。具体说就是，当准备写民法某个方面内容的论文时是不是会有这样一种"型"，即或多或少会在构筑一种"型"的意义上，决定论文内容的框架，确定写作方向的"型"？这就是本章的出发点。

■ "型"与独创性

当然，这样过于强调"型"，会引起不少人皱眉头。对此，长辈大学者可能会怒喝："论文的'型'？就是因为有人这样说，才会有雷同的八股论文大量出现！学术是自由的，是具有创造性的，拘泥于'型'能写出好论文吗?!"实际上，的确存在着不少按照模式写出来的论文。雷同的八股论文这种批评确实刺耳。但是，提出批评的那些大学者的论文本身，却常常是按照正统的"型"来写的。论文要具有独创性这个问题，与论文要按照一定的"型"来写，是两个不同的问题。因为，既符合既有的"型"，又具有独创性的论文数不胜数。但遗憾的是，真正以突破"型"而成功的论文实在是屈指可数，大抵会被作为不地道的论文而一脚踢开。

1-2 "型"的含义

■ 对于读者的意义

这里所讲的"型"，稍微说得大点就是指，在学者共同体里冥冥中公认的一种——即论文应该采用这样的一种形式，亦即——理念上的型。论文的读者会依照这样的"型"去实际阅读论文并作出评价。因此，脱离了"型"的论文晦涩难读，往往会被评判为是自以为是、不知所云。反之，如果依照"型"来写，即便论文因论述详尽而变得冗长，但至少读者仍可以理解为什么有必要这样进行相关分析。此外，还可以对照"型"来判断论文的分析是否妥当，是否作了必要的分析。从这个意义上看，"型"起到了理解、评价论文之标杆的作用。

此外，论文写得再多，如果根本没有人来看，或没被当回事儿，就没有意义。当然，通过写论文满足自己的求知欲本身也是有意义的。但如果只是这个意义，写个草稿放进抽屉就够了。既然要在公共媒体上发表，论文就应具有向学者共同体表达自己想法的社会意义。这样的话，就不能无视学者共同体所认同的"型"，反而应该好好加以利用。

■对于写作者的意义

实际上,"型"对于论文作者自己同样也能起到非常大的作用。因为,采用"型"的话,论文如何进行论证已经大致规定好了,论文的关键点在哪里在一定程度上也就变得清晰了。从这个意义上来讲,"型"起到了整理问题、论证问题之标杆的作用,其应该能成为论文作者强有力的领航员。

怎么样?现在应该可以明白论文中"型"的重要性了吧。但不清楚"型"的内在含义,当然无法说"是的,的确如此"。以下,就来了解一下论文的"型"具体是指什么。

2. 决定 "型" 的要素一——具体操作

2-1 决定"型"的要素是什么

■决定"型"的要素

一言以蔽之,"型"绝不是单一的,而是多种多样的。不同的"型"是由什么决定的呢?也就是说,究竟存在着哪些决定"型"的要素?这里首先需要考虑这一点。

概括来说,就是构思论文整体结构的时候,必须首先决定的关键点是什么。关键点不确定,论文根本就没法写。这里所说的关键点又是什么呢?

■材料、论证方法、具体操作

当然,这不是一个能够简单回答的问题。但至少可以认为"以什么为材料""根据怎么样的论证方法""做什么"是需要考虑的问题。这三点可以简称为材料、论证方法和作业,是决定论文"型"的重要因素。下面,暂且以此为前提,让我们来看一下各要素的内容。

首先,我们来看一下最后提及的作业这一要素。简言之,这就是指需要在论文中做什么,而这点恰恰是在把论文的"型"分为几个大的类型的关键。

2-2 具体操作的类型

■在论文中做什么

在论文中做什么?总是这么问,大家可能困惑不已。但如果不把这一点搞清楚，说是在写论文，可能会导致自己在干什么都不知道。这一点一定要弄明白。在论文中所要做的大致可分为两部分。

■介绍

首先是介绍。这其实就是将信息作为事实介绍给读者的行为。介绍最有意义的地方是在论文涉及的是多数读者不了解的信息的时候。但也不仅限于此，有时也会将既有的信息整理出来加以介绍，以作为论文后面论证的前提。只要是将信息作为事实传达给他人，就只能是一种介绍。

■考察

其次是考察，这其实就是对信息进行评价的行为。实际上，介绍绝不是对信息作报流水账似的描述，而是一种需要通过才智、脑力对信息进行整理的行为。在这个意义上，无法严格区分介绍与考察的界限，因为两者是具有连续性的。但毫无疑问，单纯的传达与主体性的评价之间存在差异。其实，根据我们日常的感觉，也能够理解纯粹介绍的论文不同于添加了某些考察的论文。正如后文所述，添加了考察的论文会含有介绍，以作为考察的前提。

严格地说，考察又可以进一步分为两个部分。

■分析

一个是分析。概括地说就是搞清楚作为考察对象的信息的含义的行为。当然，既然是考察，仅对表面含义的接触不是分析。需要做的是进入信息的深层部分，明确表面现象的含义，并对两者的异同作出具有整合性的说明。如有必要，还需对信息本身的含义作出替换。这才是这里所说的分析。尽管有可能并没有阐述自己的意见，但这同样是伴有评价的行为。只要很好地进行了上述深层次的分析，仅靠这样的分析就可以成为一篇相当出色的论文了。

■主张

另一个是主张。这其实就是针对某一事物阐述自己的意见。具体又可分为消极主张与积极主张。所谓消极主张就是对别人的意见提出不同的主张，这里姑且称之为"批判"。而积极主张，通常就是指阐述个人观点或个人的学说，这里姑且称之为"建议"。

2-3　与作业对应的"型"及其并用

■有必要意识到要做什么

如上所述，同样是撰写论文，根据所要做的事情的不同，可以联想到不同的"型"。论文是介绍"型"，也是考察"型"。如果是考察"型"，又要决定是分析"型"还是主张"型"；如果是主张"型"，又要决定是批判"型"还是建议"型"。"型"不同，论文的写法就不同。

比如，如果是介绍"型"，就需要正确并且客观地传达（这里的"客观地"具体指什么其实是个大问题，先跳过不谈）作为介绍对象的信息。如果是分析"型"，即便不是全部分析对象的信息，但至少必须对其主要部分的含义进行整合性的说明。如果是批判"型"，就需要指出成为批判对象的其他学说中所存在的内在矛盾，或是从别的观点来对批判对象的学说上的不合理性作出具有说服力的论述。如果是建议"型"，就需要积极地列出理由证明自己主张的合理性。不管怎么说，既然不同的"型"之间存在着这样的差异，就需要时刻注意自己的论文是哪种"型"，应该做什么。

■"型"的并用

不过，这里的"型"不是说一篇论文只需采用一种"型"。这一点不用说读者也应该明白。即使只采用一种"型"，也仅限于纯粹的介绍型。因为，要进行考察，就肯定需要以一定程度的介绍为前提。如果是提出主张，那么对既有研究的分析则必不可少。因此，多数情况下，在一篇论文中必须按照需要区分使用各种"型"。这里，希望大家好好理解这些"型"及其主要内容。

3. 决定"型"的要素二——素材

3-1　使用什么素材

■何谓素材

接下来分析第二个要素——素材。与上述的"作业"不同，"素材"应该比较容易理解。没有素材就无法撰写论文，那么从哪里才能获得相关素材呢？

关于素材的选取，仅就民法论文而言，至少有以下三种选择。

■**法与现实**

第一种选择，是以广义上的法为材料还是以社会现状为材料。前者以法律、判例、学说等为素材，后者以法的实际的状况为素材。

当今，与民法有关的论文中，压倒性多数是以前者为素材的论文。后者则往往被认为是由法社会学的论文加以研究。不过这种划分方式有些过于简单化了。搞清楚法的实际状况有利于立法以及对民法的理解。不仅如此，如果认为民法的解释最好能够尽可能符合法的实际状况，这种研究对民法的解释论就具有了直接的意义。因此，采用社会现实或法的现状为素材，对于民法的论文而言，是一个相当不错的选择。

■**日本法与外国法**

第二种选择，是以日本法为素材还是以外国法为素材。如果是针对日本法进行介绍、分析、主张，那就以日本法为素材。这是当然的。不过选择日本法为素材的同时，很多时候还会选择以外国法为素材。更确切地说，以后要在学界崭露头角的人所写的第一篇论文，通常都会选择外国法作为其中一种主要的素材。

为何选择外国法？选择哪国法？如何处理外国法？这些最让人头疼。第三个要素"论据"的选择直接影响外国法的选择，这一点对于确定第一篇论文的"型"非常重要，后面会作一些深入分析。

■**过去与现在**

第三种选择，是以过去还是以现在为材料。所谓以过去为材料是指解析历史，而这里所说的现在，严格意义上讲并不仅仅是指现在的状况。在某些情况下，可能会无视历史性，将过去与现在的状况置于同等位置进行考虑。从这个意义上来讲，这不仅仅是材料的问题，同样也是究竟侧重于体系与结构的历史性变化，还是侧重于仅考虑某个时段的体系与结构这个视角选择的问题。

其中，最为关键的问题在于，以过去为材料的意义何在？为何选择过去？究竟有何意义？其实这是根据论述的方法而发生变化的。稍后将会再次触及这个问题。

■ 组合的可能性

毫无疑问，上述三个选项分属不同层面，可以相互组合。此外，在各个选项中，未必只能选择其中一项，有时会涉及两项。

3-2 通过材料的组合构成"型"

实际上，论文的"型"是根据如何选择、如何组合来决定的。下面是一些可供参考的例子。

■ "现实—日本法—现在"型

这类论文主要研究日本现今社会实际状况。譬如，北川善太郎著《现代契约法Ⅰ·Ⅱ》（商事法务研究会 1973 年版、1976 年版），米仓明著《所有权保留的实证性研究》（商事法务研究会 1977 年版）等就是典型的例子（当然，它们并非只用了一种型）。

■ "现实—日本法—过去（+现在）"型

这一类型是从历史的角度对迄今为止的日本社会状态进行论证的论文，接近于社会史的研究。濑川信久著《日本的借地》（有斐阁 1995 年版）就是一个难得的成功例子。

■ "法—日本法—现在"型

这一类型是对日本现今的法律运用状况，也就是对法律、判例、学说进行论证的论文，也是一般性解释学论文的基本形态。如果论文完全忠实于介绍，则会成为面向学生的解说性论文，也可称作争议点型论文。然而，为了在学界崭露头角而撰写第一篇论文时，此类论文是不够的。与这种争议点型论文诀别，是由学生蜕变为研究人员的第一道门槛。

■ "法—日本法—过去（+现在）"型

这一类型就是对迄今为止日本的法律状况作出历史性分析的论文。有关起草、立法过程的研究，学说、判例史的研究就属于此类论文。自北川善太郎著《日本法学的历史与理论》（日本评论社 1968 年），星野英一著《法国民法对日本民法的影响》[1]（载《民法论集第一卷》，有斐阁 1970 年版，首次发表于《日法法学》1965 年第 3 号）出现之后，此类研究层出不穷。比

---

〔1〕 原文为《日本民法典に与えたフランス民法の影響》。——译者注

如，星野英一的编集代表作《民法讲座1—7，别卷1、2》（有斐阁1984—1990年版）以及广中俊雄、星野英一编著《民法典的百年 I-IV》（有斐阁1998年版）中的论文等就是典型的例子。

■ "法—外国法—现在"型

这一类型就是对现今外国法律状况作出分析的论文，而如果完全忠实于介绍，就成为了介绍外国法动向的论文。在日本明治与大正时期，这类论文非常之多（其中，存在着不少有可能作者尚未认识到外国法与日本法之间需要作区分的论文）。遇到问题时，如果日本的讨论不足或尚未成熟，那么相关的论文在储备知识和扩展视野方面提供了重大的参考意义。在日本制定产品质量责任法的过程中涌现出大量此类论文。

作为一种变形，还有一种不仅忠实于外国法的介绍，还以此为基础对日本法作出某些主张的类型。该类型会与前述的"法—日本法—现在"型组合后，形成"法—日本法＋外国法—现在"型，而现实中这种类型的论文相当之多。

■ "法—外国法—过去"型

这一类型是指对外国过去的法律状况进行历史性分析的论文。调查外国法的历史，其本身当然具有一定意义，但实际上多数场合会制定更高的目标。也就是说，在追溯日本法历史的过程中，由于在日本明治时期出现中断，需要在其起源也就是外国法中寻求解答。从这个意义上讲，此类型往往与"法—日本法—过去"型组合后，形成了"法—日本法＋外国法＋过去"型，这也就是所谓的变迁研究论文。比如，池田真朗著《债权让与的研究（增补版）》（弘文堂1997年版）等就是典型的例子。

除此之外，在虽不以近代法的讨论为目标，但涉及其形成过程的论文中，也常会使用这种"型"。比如，水本浩著《借地借家法的基础理论》（一粒社1966年版），甲斐道太郎著《土地所有权的近代化》（有斐阁1967年版），戒能通厚著《英国土地所有权法研究》（岩波书店1980年版），原田纯孝著《近代土地借贷法的研究》（东京大学出版会1980年版）等，可以说是典型的例子。

■ "法—日本法＋外国法—过去＋现在"型

这一类型是指针对日本与外国的过去以及现在的法律状况作出分析的论

文,此类论文可以说是分析极为全面的综合性论文,也被称为长篇巨作。在所谓的学术助手论文中常常可以见到它们的踪影。比如,濑川信久著《不动产附合法的研究》(有斐阁 1981 年版),内田贵著《抵押权与利用权》(有斐阁 1983 年版),大村敦志著《公序良俗与契约正义》(有斐阁 1995 年版),道垣内弘人著《买主破产时动产卖主的保护》[1](有斐阁 1997 年版),山本敬三著《补充性契约解释(1)~(5 完)》(载《法学论丛》1986 年第 119 卷第 2 号—第 120 卷第 3 号)等,此类论文不胜枚举。但由于各论文的写作以及论述方法不尽相同,使得各论文的风格迥异。因此,虽然可以笼统地说是分析全面的综合性论文,但仅靠这点却无法来确定"型"。与此相比,反而问题在于以下部分。

4. 决定 "型" 的要素三——论法

4-1 实质论据与形式论据

■论述方法与"型"

下面来看一下第三个要素——论法,这是指论文如何为了主张某个结论而寻求相关论据的问题。从这个问题的设定上可以看出,在上文第一要素中所提及的主张型论文,最能直接体现与论述方法相关的问题。再来看与此相对应的分析型、介绍型论文,在论文的论述过程中就已经针对应采用什么样的论述方法作了分析和介绍。从这个意义上讲,通过了解论述方法的"型",不仅可以夯实自身观点的基础,而且在展开分析与介绍时也是不可或缺的。

■实质论据与形式论据的含义

从应以什么为论据的角度考虑,论述方法可以分为通过实质论据形成的和通过形式论据形成的两种。如此区分,或许会使人联想到"真正的"论据与"表浅性"论据,或"有关具体利益的"论据与"有关抽象理论的"论据间的区别。然而,这里所说的实质论据与形式论据的区别在于是否与内

---

[1] 原文为《買主の倒産における動産売主の保護》。——译者注

容相关。也就是说，实质论据是指与内容相关联的论据，而形式论据就是指与内容无关的论据。

■ **以动机错误为例**

以上内容可能有些难以理解，下面就以是否应该考虑动机错误的问题为例稍作解析。

首先能够想到的实质论据是，尊重表意人的意思以及保护相对人的信赖或是交易安全。当契约出现问题并给表意人造成极大的不利时，在尊重其意思的同时，还需要考虑保护其财产及其他利益。从契约内容不均衡这个意义上来讲，这也可以看成是某种契约正义。此外，当在错误形成的过程中涉及相对人的原因时，归责性的基础原理同样也是需要考虑的。在上述任何一个事项中，对于到底采用什么样的论据就变得具有决定性意义了。这就是实质论据。

与此相对，所谓的形式论据就是指，比如像"民法立法者已决定不再考虑动机错误"这样的论据。其结果就是，想要主张不应继续考虑动机错误，就可将"必须尊重立法者所作的决定"作为其论据。在这里，立法者作了何种决定并不是问题的核心，而关键在于形式上立法者已作出了相关决定。像这样，推出其他权威来进行正当化就是基于形式论据的论述方法。

■ **形式论据的意义**

当仅仅通过实质论据就使两者都能说通的时候，形式论据可提供具有决定性的要素，这就是其魅力所在。当然，尽管有关实质论据的分析很可能会推翻由形式论据引导出的结论，但对正处于犹豫不决的人而言，形式论据可以推导出暂定性结论。下面，就来看一下有哪些基于形式论据的论述方法。

4-2 基于实体法的论法

第一类是，以实体法为形式论据并以此为基础展开论述的方法。以下是一些相关的例子。

■ **基于成文法的论法**

第一种是，按照成文法进行解释，并以此为论据的类型，也可称其为基于成文法的论述方法。当成文法本身具有争议时，这种方法无法起到决定性作用，只有当成文法本身含义明确时才能体现其威力。于此情形，仅按照这种论述方法撰写论文往往意义不大。比如，通说认为《日本民法典》第416条中损害赔偿的范围取决于相当因果关系，而这种通说性解释与成文法之间存在差异时，也可以通过这种论述方法来进行批判。然而，仅有这些分析仍不能成为论文，至少还需要通过其他论据来进行补充。

■基于判例的论法

第二种是，以判例中的解释为论据展开讨论的方法，可以称其为基于判例的论述方法。当然，什么是判例，如何对其进行确定是需要明确的问题。关于这点，将在补论中对判例研究的方法作出说明。

4-3 基于历史的论法

基于形式论据的论述方法中，第二类是基于历史的论述方法，我们可以列举以下的例子。

（1）基于立法过程的论法。

第一种是以在立法过程中已经明确的解释为论据的论述方法，可称其为基于立法过程的论述方法。此外，按照立法过程中的侧重点不同，还可以作进一步区分。

■基于立法者意思的论法

首先是根据立法者应有的解释进行论述的方法，这种方法可称为基于立法者意思的论法。立法者的意思可直接通过该项法律的制定计划、制定法律的议事记录以及其他的立法资料来确定。但是，仅有这些仍然不够，为了理解立法资料的含义，需要对其参考资料、前提以及立法当时的社会情况进行调查。

■基于起草者意思的论法

与基于立法者意思的论述方法紧密关联的是基于起草者意思的论述方法，这是根据法律起草人的意图进行解释的方法。《日本民法典》中，作为政府委员进行起草的人有穗积陈重、富井政章、梅谦次郎，因此，以起草者的意思作为考察对象具有重大的意义。在确定起草者意思的时候，仅有上述立法资料是不够的，还需对起草者的著作、论文进行分析。

■基于旧民法的论法

就民法而言，有时会出现按照其前身，即旧民法进行解释的情况。我们可以称其为基于旧民法的论述方法。这种论述方法，不仅可用于现行民法典完全继承旧民法之规定的情况，而且还可用于两者已超越了表面的迥异，在实质性价值判断的层面已达成一致的情况。

需要注意的是，上述论述方法中存在的强和弱的版本。所谓强的版本是指，只要立法者或起草者未进行明确的否定，即可认为现行民法典的规定是沿用旧民法典的。相对而言，弱的版本是指，需要对现行民法典规定沿用旧民法典规定作进一步的补充说明。尤其需要注意的是，如采用强的版本，那就需要对推定为强版本的理由作出某些说明。

■ **基于博瓦索纳德的论法**

基于旧民法的论述方法中还会出现不少涉及博瓦索纳德的情况，这是指按照博瓦索纳德的意图对旧民法乃至现行民法典进行解释的论述方法。此时，需要分析博瓦索纳德是基于何种思路起草了旧民法。因此，除了 Projet de Code civil pour l'Empire du Japon, accompagné d'un commentaire，其著作同样也是重要的参考资料。此外，当时影响博瓦索纳德的法国国内议论，也是理解博瓦索纳德意图的参考资料。

（2）基于发展方向的论法。

第二种是以按照历史的发展方向进行解释为论据的论述方法，可将此称为基于发展方向的论述方法。也就是说，"正因为是这样发展而来的，所以今后应该会成为这个样子"的论述方法，这里存在以下两点问题。

■ **基于历史解释而形成假说**

首先，按照这种论述方法，应对"这样发展而来的"进行揭示，然后需要对发展方向进行解读，而这恰恰是基于历史的假说而形成的。因此，首要问题在于如何进行论证。比如，有关契约问题，围绕"由身份到契约"，继而"由契约到关系"，以及"由契约自由到契约正义"等，其大前提是对此进行实证性的正当化说明，否则将会与借用发展方向之名来进行规范的主张变得相同。

但是关于这一点，有时会出现参照某种发展方向也就是法则的情况，比如，典型例子就是以马克思主义为基础的近代法论的主张。正因为该见解以一个固定的历史观为旁证，所以就变得非常具有说服力。但如果这种历史观未被共有，其就与单纯的规范性主张没有区别，也就不能称为法则了。因此，历史观本身这时是否已被正当化就成了决定性的要素。

85

■由预测到规范性提议

接下来需解决的问题是，即便是显示了发展方向，但为何能够提出"所以今后应该成为这个样子"呢？如果这仅仅是一种假设，那么，今后会成为这个样子的部分充其量只是一种预测，进言之，能否将规范性提议应该成为这样正当化就成了重大问题。当然，如果能将其称为法则，尚属较容易解决的问题，因为既然是法则就一定能够实现。正是由于现实中它尚未"达到"法则的程度，所以更便捷的做法是，以可以成为法则的标准去作解释。但即便如此，仍有必要针对为什么一定要在"现在""达到程度"进行论证，而该部分却恰恰是在基于发展方向进行论述时所必须注意的核心问题。

相关问题，可以在参考森田修著《私法学中的历史认识以及规范认识（1）~（2 完）》（载《社会科学研究》1995—1996 年第 47 卷第 4 号、第 6 号）后作进一步的思考。

4-4 基于外国法的论法

第三类是基于外国法的论述方法，以下的论述方法可作参考。

■基于范本的论法

第一，基于范本的论法就是指以特定的外国法为范本对其作出解释并以此为论据展开论述的方法。

过去，这种论述方法经常使用。学说继承期的德国法就是如此，而且，还会经常出现仅因德国法十分出色就将其当作范本的情况。举例而言，时而会出现将德国法看作是历史发展的必然法则，并将其作为范本来思考的情况。——这就与上述的基于发展方向的论述方法有了重叠。

然而，现今的共识却是，不能积极地利用基于范本的论述方法作出提议。既然历史、文化、社会不同，那么就难以把特定的国家当作典范看待。因此，这种基于范本的论述方法应该尽量少用。当既有的学说因采用了这种论述方法而受到批判时，这种论述方法反而成了一种所谓的消极形态。

■基于母法的论法

第二，对日本法的母法进行解释并以此为论据展开论述的方法，可称其为"基于母法的论述方法"。

依照这种论述方法，什么是日本法的母法就成了决定性因素，有时仅查阅《日本民法典》就可知答案，但例外的情况也有很多，而且有时还会出现虽然两者表面上相似，但实质上彼此的思考方法迥异的情况。因此，有必要对日本法的起草过程进行回顾。这种在甄别了母法的基础上，将讨论的重点转至母法本身的方法也是一种典型的"型"。

如此一来，上述方法不仅仅是基于外国法的论述方法，而且可以认为是一种与基于立法过程的论述方法相结合的方法。因此这里所说的母法并不是指所有的外国法，就时间而言，严格意义上讲应终止于受到日本法继承的时点。也就是说，该国之后的发展已超越了基于母法的论述方法的覆盖范围，因此不能即刻得出"随后在母法的国家中出现的讨论，日本也应参考"这一结论。这点似乎常常被误解，所以尤其需要引起注意。

■基于比较的论法

第三，按照比较法的趋势进行解释并以此为论据而展开论述的方法，可称其为"基于比较的论法"。

这种基于比较的论述方法，常常对概念构成层面的迥异进行割舍，而在事态的价值判断层面对彼此的异同作出比较，这就是所谓的功能性比较方法。比如，围绕损害赔偿中是否应该对被害人的自身因素进行斟酌这个问题，首先如何在概念构成中对此进行定位可暂且不论，我们可以认为既然很多国家出现了不对被害人自身因素进行斟酌的倾向（具体内容可参考洼田充见：《过失相抵的法理》，有斐阁1994年版），或许日本就应该按照这种解决思路作出考虑。

另外，基于比较的论述方法中，有时可以在更接近于概念构成的层面进行比较。比如，是否将瑕疵担保作为一种契约不履行进行考虑就是其中一例。以特定物的教条主义为前提的法定责任说曾盛行一时，但在比较法中该学说已经逐步孤立，因此就应按照世界趋势将其当作契约不履行进行考虑。（五十岚清：《瑕疵担保与比较法》，收录于《比较法学中的诸问题》，一粒社1976年版，首次发表于《民商法杂志》1959—1960年第41卷第3—6号）

■比较法的趋势

利用基于比较的论述方法时，不但以多国出现了同样倾向为理由是不够的，而且仅列举出隶属于同样法系的国家也很难说这已成为一种具有普遍性的趋势。因此，有必要超越不同的法系，对各国的共同倾向作出揭示，此时，相关问题的国际最新动向同样也是重要的参照物。比如，国际货物销售统一法公约（ULIS）、联合国国际货物销售合同公约（CISG）等国际条约，欧洲联盟（EU）的指令，国际私法统一学会（UNIDROIT）的动向（如1994年出台的国际商事契约原则），EU体系内面向统一而作出的行动（如欧洲契约法委员会制定的欧洲契约法原则），以及参考上述趋势后而出现的各国立法等，均可成为参考对象。（如，潮见佳男：《最近欧洲出现的契约责任，履行障碍法的进展》，载《契约责任体系》，有斐阁2000年版，首次发表于《阪大法学》1997年第47卷2号、第3号）

4-5 基于实际状态的论法

第四类是以实际状态为形式论据的论述方法。按照采用该论述方法的理由可以分为以下两类。

■**基于通用规范的论法**

第一，采用本论述方法的前提是实际状态已成为一种被确定下来的规范。也就是说，所谓的实际状态并不仅仅是指某种事实，而是指事实上它已成为一种通用规范。从这种意义上讲，可将其称为基于通用规范的论述方法。

在论述过程中，需要从现实中提取通用规范。此时，当存在诸如团体规则那样的已被明确化的规则时，则问题比较简单。但此时需要关注的是，是否能说已被写下的规则就是通用规范，尤其是如果原来没有这种规则，在哪里寻求线索就成为了一个重要问题。关于这点，有必要参考法社会学的研究方法。

■**基于追认现状的论法**

第二，鉴于按照这种方法进行解释，可以顺利解决现实中的问题，此时，问题的重点并不在于实际状态是否已经成为通用规范。也就是说，现实中已按照这种方法进行处理，所以只需延续该规范即可。出于无需改变现状的考虑，这里暂且称其为"基于追认现状的论述方法"。

采用这种论述方法时同样需要对现状如何进行整合性说明。如果其中矛盾重重，那就必须追问一下这样延续下去是否妥当这个问题。从某种意义上而言，这不仅是对事实进行追认，有时还能够形成某种合理说明现状的理论模式。

4－6 基于形式论据的论法所存在的问题

■论述方法本身的合理说明以及前提条件是否充分

以上是基于形式论据的论述方法。再次强调一下，该论述方法与内容本身不同，是基于其他权威性论据而对观点所作的合理说明。如果能够采用这种形式论据，那么论述将变得极具说服力。然而，问题在于很多情况下围绕为何其能成为形式论据会产生诸多争议。比如，有关上述内容，即基于立法者意思的论述方法、基于起草者意思的论述方法、基于旧民法的论述方法、基于博瓦索纳德的论述方法等，相关的合理说明并不是一句话就能厘清的。仔细想想，为何基于母法的论述方法、基于比较的论述方法就能作出如此说明，其实也是一个重大问题。即便承认它们具有形式论据的资格，如上所述，当采用各类论述方法时需要满足各项前提条件，倘若无法满足就不能将其当作论据。因此，采用基于形式论据的论述方法时，万万不可忘记需要按照一定的顺序来对其进行检验。

4－7 关于获得启示型论文

■什么是获得启示型论文

以上是将成文法、历史、外国法、实际状况当作形式论据进行使用的情形。但其实在某些论文中，会出现很多未将其当作严格意义上的形式论据，即"权威"进行利用的情况。也就是说，事实上这类论文中起决定性作用的是实质论据。而列举成文法、历史、外国法、实际状况，其实只是一个为了发现相关的实质论据而寻找启示的过程。这类论文可称为"获得启示型论文"。

这种类型大致由两个部分组成：第一部分是对能获得启示的材料进行介绍分析的部分；第二部分则是从材料获得启示并对现在所面临的问题——多数情况下是现今日本所面临的问题，进行应用的部分。前者可称为"获得启示的来源的检讨"，后者可称为"获得启示、启示应用部分"。

(1) 关于获得启示的来源的检讨

■**材料的正确介绍及客观分析**

在前半部分的讨论中,关于论述方法并不会产生什么重大问题,这里关键在于对材料进行正确地介绍、客观地分析。

■**应该注意的地方**

这种介绍和分析的目的在于获得启示,因此,需要对观点作出取舍、选择或重新理解。如果给人造成介绍不够正确或分析不够客观的印象,那么无论在之后的论述中获得了多么绝佳的启示都无法让人相信。

比如,若以判例为材料,则首先需要对案情和判旨作出正确的理解,不能脱离该前提而作一般性的分析或随意地捏造判例。

此外,若以外国法为材料则必须正确地阅读外语,正确传递相关内容,绝不允许作出无中生有的介绍或是将个人学说以及日本法观点强行融入其中进行理解。

若以历史为材料,不但不能捏造数据,而且必须抵制仅采纳对自己有利而排除无利于自身的学说的诱惑,更不允许仅凭对重要部分的推测而进行拼凑,敷衍了事。

尽管这都是些理所当然的常识,但必须将其铭记在心。

(2) 获得启示及应用部分

■**启示型和应用型**

在后半部分即获得启示、启示的应用部分,将展开论述通过获得的启示来解决所面临的问题。当然并非所有论文都是这样,事实上有不少是未对后者的应用部分进行论述,而仅仅是获得了启示而已。如果按照上述的方法进行分类,在获得启示后就已完成的论文可称为"启示型",而作出进一步应用的可称为"应用型"。

■**启示型**

其中启示型的典型是以外国法为材料的。举例而言,某学者围绕法国国内"公序良俗"的讨论展开分析。该论文首先将公序的内容归纳为政治性公序与经济性公序,并以此为基础对后者作出指导性公序与保护性公序的区分。政治性公序与指导性公序在有关整体性利益的公序这一点上具有共性,而保护性公序则属于保护弱者个体利益的公序。正因为存在以上不同,当违反公序时这种迥异会造成不同的法律效果。具体而言，前者是以全部无效为原则的，而后者则往往被认为是相对无效或是部分无效。在介绍了以上状况后，论文得出"当再次探讨日本公序良俗的类型化时能给予一定的启示"这一结论，这就是启示型的典型例子。

■启示型与介绍型、分析型的不同点

从上述示例可以得知，启示型论文与介绍型、分析型论文有着较大的重叠。因为实际上，介绍型、分析型论文中也会针对为何介绍分析材料进行探讨，并在多数场合对由此得到的启示进行分析。从这个意义上讲，两者的不同仅仅体现于在多大程度上对所能获得的启示作了明确的论述。

除此之外，两者在是否阐明由此获得的启示上仍存在着较大的差异。只要是论述了由此可以获得启示，那么就必须追问为何能够成为启示。即便法国法对公序良俗进行了讨论，启示型论文必须对为何其能为日本重整公序良俗的类型提供启示，以及日本是否具备了接纳这种启示的条件等问题作出必要的解答。这点是需要注意的。

■应用型

此外，采用启示型时，充其量也只能说是由材料获得了一定的启示。但这仅仅是启示而已，并不能对日本是否应作出同样考虑进行解答。如果提出相同主张，则必须提供相应的理由，如果并不是作出同样的考虑，而是在对照日本的情况后作出变通时，则更加需要提供相应的理由。如上所述，在获得启示后进行运用时必须明示相关理由，这是应用型论文能否成功的关键所在。

■材料只是实质论据的思路源头

更为重要的是，这里所说的理由必须是由实质论据提出的。既然是获得启示型，材料仅仅是获得启示的思路源头。其核心是鉴于日本现状应通过何种理由作出怎样的主张，这仅仅是作为寻找思路源头的材料而已。

现实中有不少论文在这一点上并不十分明确，比如以外国法或历史为材料时，如果将其作为形式论据进行使用，则需要明示为何能够认定其是形式论据，此外还需要明确各项论据是否具备了使用的条件。有些论文在这一点上十分模糊，将外国法和历史视为权威，并把由此获得的"启示"当作结论使用。然而，围绕该结论为何对当今日本而言是妥当的却完全没有作出理由说明。这些论文因理由不充分而必须退回作者修改。

■材料与启示、应用的结合

那么，是否只要针对当今日本应采用的理由进行明示即可呢？答案是否定的。如果仅仅如此，那就没有必要去查阅外国法和历史了。要想称得上是获得启示型或是其中的应用型，就必须对由材料获得的启示以及其应用作出逻辑性的整理。就应用型论文而言，这不仅是最让人头痛的地方，同样也是体现作者能力之处。

5. 第一篇论文的基本型与关键点

5-1 "型"与内容的搭配

■配件的组合

以上就是决定论文"型"的要素。不同的"型"是组合成论文的各项配件，之后需要考虑如何对其作出组合来完成论文。这时，如果将问题推给大家说"接下来就是你们的问题了"，那么有不少人会迷失方向。本书的阅读对象是开始着手研究的人，比喻而言，就是买了计算机的主机、显示屏、打印机后进行连接，并安装基本软件后开始使用的人。能够自行选择主板，更换 CPU 或是升级 BIOS 的人原本并不是本书的阅读对象。

仅对配件的功能有初步的了解是无法进行组装的，各个配件中存在着相互间是否匹配的问题。匹配不佳的组合往往会相互冲突，最糟糕时可能无法启动。而且各个配件的设定如有错误，有可能会出现重大紊乱现象，在这一点上论文也是一样的，配件的组合方法恰恰是论文优劣的归结之处。

■第一篇论文的基本"型"

对初学者而言，他们最期待的是，必要的配件已组装完毕，并且已完成最佳的设定。关于这一点，与计算机相比，论文就复杂得多了。在这里介绍几个典型的、基本的"型"，并列举一些各基本"型"的核查要点。

5-2 第一篇论文的基本型

■材料的限定

首先，就第一篇论文而言，如上所述，需要在材料层面进行筛选。也就是说，第一篇论文需要通过某种形式列举出外国法的材料，因此，在前述的"材料"部分所讲述的"型"中，包括外国法在内的就是第一篇论文的基本"型"。此外，在观察诸多第一篇论文后可以发现，仅以社会的现状为材料的论文属于例外。所以，在这里仅对以法律为材料的第一篇论文的基本"型"进行分析，相关的基本"型"共有五个。

① "法　外国法　现在"型
② "法　外国法　过去（+现在）"型
③ "法　日本法+外国法　现在"型
④ "法　日本法+外国法　过去"型
⑤ "法　日本法+外国法　过去+现在"型

■**外国法的介绍**

其中①②尽管存在着现在和过去的差异，但都属于仅以外国法为材料的论文。由于两者必须采用介绍外国法的形式，故这两类大致可以归纳为"外国法介绍型"。

■**以外国法与日本法为材料的分析和主张**

相对而言，③④⑤并不仅限于介绍，既然以外国法和日本法为材料，那么至少要对两者进行对比和分析。此外，还可以考虑在此基础上以外国法为材料对日本法进行某些主张，从这个意义上讲，这三种"型"还可以划分为分析型和主张型。采用主张型时，还可细分为利用形式论据的"型"和获得启示型论据的"型"。以下将对各种"型"的具体内容作进一步介绍。

5-3　外国法介绍型论文需要注意的地方

撰写外国法论文时尤其需要注意以下两点。

■**明确问题意识**

第一，明确问题意识。的确，仅仅介绍外国的法律状况本身对扩展视野、增加知识具有一定的积极意义。比如，像介绍荷兰采用了何种新民法典或是德国19世纪时采用了何种不动产公示制度，其本身就具有某些积极意义。鉴于并不是所有人都能接触到原著，这就更具有积极意义了。但是，正因为第一篇论文具有获得进入学界通行证的意义，所以并不是仅以一篇论文即可完成的。因此，作者需要对今后一段时间将进行何种研究作出提示，即便这篇论文本身仅以介绍结束，但必须明确是基于何种问题意识来撰写的，以及这与今后的研究有何关联。

■只作介绍

第二，既然选择了介绍型，就需要进行彻底介绍。尽管可以写成主张型论文，但仍不得不写成介绍型论文必有其理由，也就是说作者想要提出某种主张而为此进行了调查，但这还没有到达可公开的程度。当然，鉴于诸多理由，暂且撰写一篇介绍型论文也是十分常见的。倘若如此，那就更需要抵制花哨而进行彻底的介绍了。当然，作者想要提出某种主张的心情是可以理解的，但如果没有充分的依据，那只能算是提出了自己的信念。由此可见，在明确问题意识的基础上，先进行彻底介绍，然后再通过今后的论文进行展开是一个十分合理的选择。

5-4 "法—日本法+外国法—现在"型需要注意的地方

什么是"法—日本法+外国法—现在"型？

下面讲述③"法—日本法+外国法—现在"型这类不仅对外国法中现在的法律状况进行介绍，而且还针对当今的日本法作出一定分析或主张的论文。

（1）分析型

■什么是分析型

关于分析型，首先可以考虑的是，从外国法当今的法律状况提取出一定的分析框架和模式，并据此对现今的日本法律状况进行分析的类型。这与参考外国法后围绕日本法展开解释论或立法论的论文相比，在性质上是不同的。就本质而言，这类论文的特征在于其是以外国法为线索对既有的讨论作进一步理解为目的的。而且，在这过程中尤为重要的是，并不仅仅说外国法是这样所以日本法就理应如此，而应该从外国法的讨论中提取出某些分析框架和模式，并由此阐述日本法上的分析。

■分析型的层次

这一类型的论文还可以按照其基本材料的宽泛性分为几个层次。

最简单的是，列举外国的学说将其作为分析框架并对日本法进行分析。比如，有关诚信原则的机能，弗兰兹·维阿克对此作出了职务性机能、平衡性机能、创造性机能的区分，以该德国法学说为线索对日本法判例与学说进行分析的论文，就是其中一例。

有时，并不是仅对某位学者，而是调查了相关问题的外国判例、学说后，由此提取出了一定的分析框架。比如，某些论文会对德国契约责任的学说状况作出调查后，提取出主给付义务、从给付义务、保护义务等分析框架或模式，并以此为线索对日本的判例和学说进行分析。

另外，如果扩大材料的话，还可以考虑列举数种外国法并由此提取出一定的分析框架。比如，关于错误，某些论文会分别对大陆法系和英美法系的法律状况作出相关分析，对表意人的主观事项、相对人的状态、契约内容等要素进行整合性思考并提取出分析框架，以此为线索对日本法的判例和学说进行分析。

■应注意的要点

毋庸置疑，不论哪种类型，从外国法的材料中提取分析框架和模式时，其提取过程本身一定不能是错误的或恣意的。更值得注意的问题在于，由此提取出的分析框架是怎样的，以及为什么照此进行理解对日本法具有意义。具体而言，与既有的理解进行比较，自己提出的分析框架具有哪些不同、能够由此阐明什么以及这是否具有说服力，是决定这类论文价值的关键所在。

（2）主张型—形式论据利用型

有关主张型，可以分为将外国法作为形式论据进行利用，以及把外国法当成获得启示的源泉进行利用的类型。首先来看一下前者。

■作为形式论据利用的论法

将外国法作为形式论据进行利用时还会产生采用何种论述方法的问题，关于论述方法的目录已在前文做了提示（本章4-4）。如果将有关材料限定为"法—日本法+外国法—现在"型，那么这里可利用的或许就会局限于"基于典范的论述方法"和"基于比较的论述方法"。

■基于典范的论法

如前所述，至少在当今的普遍理解中，"基于典范的论述方法"是不能作为积极性提议进行使用的。比如，虽然可以提出"因为法国在一定场合下承认了情报提供义务，所以日本也应作出相应的考虑"或"因为在德国承认了有关情事变更的行为基础论，所以日本也应作出同样的考虑"，但是我们无法承认该论述具有说服力。因此，当一定要提出这类主张时，有必要切换为获得启示型并对此作出理由说明。

■基于比较的论法

相对而言，"基于比较的论述方法"现在也是完全可能的。举例而言，关于动机错误，原则上不会考虑缔约的间接性理由以及有关目的的错误，而仅仅会考虑将风险分配纳入契约的情况，既然以上观点已成为各国的共识，那么就可以主张日本也应该作出同样的考虑。

毫无疑问，在这种情况下，其前提必须是已将比较法认定为形式论据。如果关于这一点存有疑义，则必须表明一定的立场。此外，比较法本身必须是正确的或客观的，这一点在进行功能性比较法分析时尤其需要注意。这里所说的功能性比较法已经超越了法律结构的不同，其问题来自于实质性层面的不同。提取结构背后的实质内容时，肯定会留下很大的评价余地。其实，用何种表述来说明实质性层面的不同本身就是一个重大问题。因此，在采用这种论述方法时必须注意到这一点并进行谨慎的分析。

（3）主张型—获得启示型

■意识到属于获得启示型的必要性

在利用主张型的获得启示型时，首先需要明确意识到自己所撰写的论文属于获得启示型。也就是说，虽然同样采用了外国法，但这只是获得启示的来源，并不能将其作为形式论据加以利用。尽管这是获得启示型论文的要点所在，而事实上有不少论文在这一点上相当模糊。如前所述，将外国法作为形式论据加以利用时，需要明示为何能够认定其就是形式论据。此外，还需明示各论据满足了使用条件，这可以回顾一下本章4-6的说明。

■应注意的要点

现实中应该如何来撰写获得启示型论文呢？尽管与前述有所重复，但需要再次通过具体事例对其中的要点进行确认。

■采用启示型时

首先，在对外国法进行初步介绍分析后仅获得了启示时，也就是说，采用启示型时，该论文最起码必须明示为何其能在日本法中成为启示。比如，如果主张法国的公序论能为重新探讨日本公序良俗类型化提供启示，那至少必须回答为何如此。

另外，现实中有不少论文并未对此问题作出完整的回答，而只是在结尾部分对所谓的启示作了罗列。这些论文会对外国法进行肤浅的调查，接着随意地将看到的要点在结尾处作出排列，这其实是一种偷懒的做法，仅仅是主张了"本人认为能够成为启示"。如果想要通过调查外国法来获得启示，则必须明确其能成为启示的理由，至少需要明示其具备了在日本法中也能作为启示的条件。

以公序良俗为例，如果想要论证法国法的公序论能够成为解决日本法问题的一条线索，则至少需要明确以下内容。最近的倾向显示，既有的判例、学说不仅会对公益性，而且还会对与个人利益相关的部分进行考虑，而既有的理论框架无法回应这一倾向。此外，关于效果，通常认为无效仅仅是为了达到某种目的而作出的判断。假设如此，就会出现根据认定违反公序良俗的目的而对效果作出不同考虑的现象。与此同时，有关错误，学界已普遍认为出于保护表意人的目的可认定其是相对无效的。由此可以得出，应该重新审视公序良俗的问题。从本例可以看出撰写启示型论文是有一定套路的，这点必须牢记。

■采用应用型时

如果想进一步成为应用型，仅仅论述了其能给予日本法启示是不够的，必须以该启示为线索针对日本法进行某些主张。此时，既然启示仅仅是启示，那么就需要在论述中提出符合日本法的实质论据并作出相关理由的说明。需要注意的是，既然属于启示型，那么就需要明确作者的主张以及支持该主张的实质论据，而且这些论据是受到外国法启示或者是在拓展该启示的基础上形成的。

举例而言，调查外国法后得知有时可以认定事业主负有情报提供义务。此时，首先需要对外国法中的启示作进一步分析，然后提取出与启示相符的前提条件。也就是说，论文需要分析当外国法认定事业主负有情报提供义务时必须符合哪些条件；之后还需阐述当今的日本法中是否满足了该前提条件，如果能从实质上证明已满足了该前提条件，那么该外国法的启示应该是得当的。也就是说，只有日本法与外国法在相同情况下才可以认定事业主负有情报提供义务。然而，如果通过论证得出无法充分满足该前提条件时，那就不能直接适用该启示。在日本法现有的前提条件下，如何对外国法的启示进行变形就成了重要问题。多数情况下，这恰恰是最能体现才华的地方，而这已经超出了"型"的范畴。

5-5 "法—日本法＋外国法—过去"型需要注意的地方

■什么是"法—日本法＋外国法—过去"型

下面说明④"法—日本法＋外国法—过去"型，简言之，这是以外国法为线索探究日本法的沿革，并作出一定分析和主张的论文。

（1）分析型

■什么是分析型

首先，对于分析型立即可以联想到的是，从历史角度来论证外国法对日本法产生的影响这一类型的论文，实际上这类论文多数是以稍后所述的主张型为前提而展开的。如果作者基于明确的问题意识展开相关分析，那么该论文已经是一篇完全独立的研究论文了。

这类论文还可以按照在日本法中聚焦点的不同分为几种类型。

■探究影响型

首先是聚焦于立法过程，并探究外国法在此过程中给予了何种影响的论文，这类可称为"探究影响型"。

所谓的"深究母法型"其实也是该类型的延伸。此时，不仅需要对立法过程进行缜密的调查，还需要对当时外国法的情况作出相关调研。因为只有对当时外国法所处的状况有所了解，才能够判断在何处得到了继受。

■聚焦于学说史影响的探讨

此外，有些论文会聚焦于学说史，探究主体学说何时、受到了什么时代的外国法的影响。举例而言，有些论文会围绕学说继受期中的某种规定或制度进行分析，确定其源自于何种学说。此时，论文不仅需要讨论日本学说的内容及相互关系，还必须对所参照的当时外国法的状况进行宽泛的调查。比如，仅仅是明确了与损害赔偿有关的相当因果关系说是参考德国法而形成的论文并无太大意义。实际上，德国的损害赔偿法中相当因果关系说具有何种意义、按照这种意义如何考虑相当因果关系的内容也都十分重要。只有对德国法的实质情况作出正确理解，才能够准确判断日本法中相当因果关系说的性质。

■ 聚焦于人的影响的探讨

同样的分析并不仅适用于具体的问题，还可以针对人展开。比如，民法起草者梅谦次郎如何理解法国法？富井政章的见解受到了何种法国法、德国法的影响？关于末弘严太郎所受的德国法影响在留美前后发生了怎样的变化？我妻荣如何理解纳粹法则并由此受到了何种影响？只要留心去查找可以发现很多这样的课题。当然，这类研究有些偏离所谓的民法解释学，但作为学界的共有财产，这类研究应该获得重视。

■ 模式构筑型

以上介绍的是聚焦于外国法对日本法产生何种影响的研究，分析型中还存在着一些具有细小差别的类型。某些研究，会围绕某个课题通过对比外国法与日本法的历史，构筑一种对两者都能进行说明的模式。如果按照这种模式展开分析，可以对日本法产生更为深入的理解，这类论文可称为"模式构筑型"。

■ 以物权变动论为例

这类型的典型就是星野英一教授有关物权变动论的一系列研究〔《法国不动产公示制度的沿革之概观》，载《民法论集》第 2 卷第 1 页以下（有斐阁 1970 年版），首次发表于江川英文编《法国民法典的 150 年（上）》（有斐阁 1957 年版）；《1955 年之后法国不动产公示制度的修改》，载《民法论集》第 2 卷第 107 页以下（有斐阁 1970 年版），首次发表于《法学协会杂志》1959 年第 76 卷第 1 号；《日本民法的不动产物权变动制度》，载《民法论集》第 6 卷第 87 页以下（有斐阁 1986 年版），首次发表于《国民与司法书士（临时增刊号）》，1980 年；《物权变动论中的对抗问题与公信问题》，载《民法论集》第 6 卷第 123 页以下（有斐阁 1986 年版），首次发表于《法学教室》1983 年第 38 号〕。依照以上研究可以发现，法国法及日本法虽然均采用了意思主义—对抗要件主义，但两者的历史原委不同。即，关于法国，在 1804 年的《法国民法典》中采用了意思主义后，在 1855 年的法典中又附加了对抗要件主义。相对而言，1898 年《日本民法典》中两者同时采用，这种迥异所造成的结果在于，虽然可以说同为意思主义—对抗要件主义，但两者的结合方式不同。换言之，法国法中以意思主义为原则，对抗要件主义为例外；而在日本法中两者的比重相同，由此导致在发生双重让与时两者均未登记的情况下，在法国第一受让人获得优先，而在日本双方均无法优先于对方。通过此例能够发现，参照意思主义——对抗要件主义相结合的模式后，可以更为清晰地阐明法国法及日本法。

■ 以共有法为例

此外，山田诚一教授有关共有法的研究也接近于这种类型［山田诚一：《共有人之间的法律关系（1）~（4·完）》，载《法学协会杂志》1984—1985年第101卷12号—102卷7号］。该研究认为，只要通过考察作为母法的法国法中共有法是如何形成以及后续的发展这些背景后便可以发现，《日本民法典》的共有规定包含了来自于法国法的基础部分以及源自于其他法的第二层部分。如对两者作进一步分析可以发现，各种不同的共有类型可归类为，以通过分割进行换价为主的分割型和以通过处分、持有份额进行换价为主的持有份额处分型。如果依照这种模式分析，或许可以对日本法及法国法作更进一步的深入理解。这是山田论文的核心见解之一。

（2）主张型——形式论据利用型

关于主张型，可以分为将日本法的沿革与外国法的历史作为形式论据加以利用的类型以及将其作为获得启示的来源加以利用的类型，首先来分析前者。

■ 可当作形式论据加以利用的论法

将日本法的沿革和外国法的历史作为形式论据加以利用时，会产生采用何种论述方法的问题。如果限定于外国法和过去，那么可利用的类型仅限于前述的"基于母法的论述方法"和"基于发展方向的论述方法"。

■ 基于母法的论法

首先，当采用"基于母法的论法"时，①通过对立法过程讨论而分析日本法的母法，②在调查母法的内容后，③主张应按此作出相同的解释。其中①和②与前述的分析型中探究影响型出现大幅重叠，因此，基于母法的论述方法的特点便会体现于，在此基础上对③作进一步的主张。这种采用"基于母法的论法"的典型是池田真朗教授的有关债权让与的研究［池田真朗，前引《债权让与的研究（增补版）》］。这项研究首先指出，如果讨论关于债权让与的《日本民法典》第467条的沿革，相对于旧民法，其更多地继受了博瓦索纳德草案。如果对博瓦索纳德草案以及母法法国民法进行分析则可以发现，探讨第 467 条第 1 项和第 2 项的关系时，反而第 2 项应该是对抗要件主义的原则性规定，第 1 项仅仅是对债务人的关系所作的缓和性解释。池田教授论文的特点在于将重点置于博瓦索纳德草案，此外，鉴于论文有意识地采用了"基于母法的论法"，可以说该研究属于这类论文的典型。

■实际上探究影响型、获得启示型较多

还存在不少看起来是把法国法当作材料并采用了"基于母法的论法"的论文，仔细观察后可以发现其中多数虽然涉及母法，但并未原封不动地采用"基于母法的论法"，实际上有很多属于前述的探究影响型及后述的获得启示型。究其原因，可能是对于为什么需按照母法来解释现今的日本法这一前提问题并未达成一致。

■为了批判而出现的消极性利用

一般而言，同样是基于母法的论法中，还存在着一种并不是为了积极主张自身学说而是为了对既有见解进行批判所作出的消极性利用方法。尤其在批判学说继受期，以德国法为典范而形成的通说中该方法经常出现。其演绎过程如下。《日本民法典》规定的母法是法国法和英国法，如果按照德国法进行解释就会使人感觉到相当怪异。或者至少需要考虑到由于不具备进行相同解释的必然性，继而边缘化已有的解释。像平井宜雄的《损害赔偿法的理论》（东京大学出版会 1971 年版），可以说是首次通过这种形式使用"基于母法的论法"的典型。

■基于发展方向的论法

采用"基于发展方向的论法"时，需遵照以下顺序：①通过讨论日本法或是外国法的历史，提出历史性发展方向的假说。②主张应按其进行解释。

广中俊雄教授的有关契约观念的研究《契约与法律保护（增补版）》（创文社 1987 年版）和《契约法的研究》（有斐阁 1958 年）就是一个典型。该研究首先主要对罗马法作出追溯性分析，通过探讨诺成契约中的约束力是如何产生的，明确了诺成契约的约束力及相关的法律保护。其产生基础在于有偿性，并主张舍弃给付以及反对给付以外的各类事项—契约背后的人的信赖关系，这是近代法中契约应有的形态，并按此展开了相应的解释。

■基于发展方向的积极性提议

有关这种"基于发展方法的论法",如上所述,即便能够说①,接下来还面临着为何能说②这一重大问题。在作出基于历史性发展方向的积极性提议时,需要不断意识到这个问题。因此,从刚开始就对与历史的发展方向有关的研究课题敬而远之,是一种过度的反应。当涉及历史时,我们无论列举多少事实仍然无法理解历史,为了深入理解,需要赋予相关事实一定的含义,并设计一套可使它们产生关联性的分析框架。所谓的历史性发展方向其实只是其中的一个分析框架而已。这是一种为了更深入理解日本法及外国法而作出的提议,通过该框架作进一步研究是不可或缺的。

■为了批判而作的消极性利用

"基于发展性方法的论法"的目的,有时并不在于像②那样作出积极性提议,而在于为了对既有的见解作出批判,也可以称为是消极性利用。其代表性例子是森田修教授的有关强制履行的研究《强制履行的法学构造》(东京大学出版会 1995 年版)。该研究显示,关于强制履行,只有对直接强制进行扩充才是进步的见解,即执行史观占有通说的地位。而以此为前提,以间接强制仅适用于直接强制或代替强制无法适用的债务为基本内容的间接强制补充性理论,是基于历史认识而形成的。也就是说,当行为债务的债务人不履行时,《法国民法典》第 1142 条仅仅认可了损害赔偿。这是出于尊重债务人人格的理念而作出的立法,然而,之后由于法国法受到了德国法的影响,间接强制是为了对这种做法进行制约而发展起来的。这个观点已成为了一般性的历史认识。这恰恰是采用了"基于发展方向的论法"。问题在于,如果对法国法与德国法的历史进行细致追查,就无法断言这种历史认识具有实质性的证据。由此可见,既然固有的通说是以历史的发展方向为其论据的,那么就可以说该学说在理由上具有破绽。以上是森田教授的核心主张。

(3)主张型——获得启示型

■意识到是获得启示型的必要性

相对而言,采用主张型中的获得启示型时,需要明确意识到自己采用的是获得启示型。也就是说,同样列举了母法或历史,但这并不是形式论据,而仅仅是获得启示的来源。最为重要的是需要明确意识到这一点,并通过论文让人们了解作者的这种意图。如果这点含糊不清,那么可能会让人误认为是"基于母法的论述方法"或"基于发展方向的论述方法",而由此受到合理性或使用条件方面的质疑。

■ 启示型与应用型

此外,正如介绍外国法时所述［本章5-4（3）］,出现列举母法与历史的情况时,还可以细分为仅仅由此获得启示的启示型,以及以此为线索进行一定主张的应用型。相关的注意点与前述内容基本一致。

■ 启示型中应注意的要点

有关启示型,必须回答为何通过对母法或历史进行分析即可获得也能适用于日本法的启示。尤其是当外国法未必可称为母法而依然分析其历史时,相关理由说明就变得更为重要。此时,至少应该明确该历史与日本法的关联性,否则就无法阐明由此获得启示的合理性。相对而言,属于母法时则变得较为简单,由于存在日本法受母法的影响而形成这一前提,所以当然可以通过母法获得启示。举例而言,关于债权人取消权,针对法国法及其源头罗马法中的该权利的形成过程进行分析后即可由此获得一定启示。

■ 应用型中应注意的要点

如果要超越启示型而作出进一步的主张,那就需要更为充分的说明。在外国法的部分已经介绍过,这种场合下,既然启示仅为启示,那就需要通过实质论据说明为何该主张能适用于当今的日本法。但相关的论据和主张必须来源于对母法与历史的分析而获得的启示,这是这种类型论文的特征。此时,需要克服由外国法延续到日本法,由过去延续到现在的问题。比如,关于债权人取消权,按照法国法或罗马法的沿革进行解释,主张现今的日本法也应采用时,必须对当时维持法国法与罗马法解释的基本前提条件同样也适用于日本法作出具有说服力的说明。

■ 模式构筑型的作用

在完成相关基础工作后,如采用分析型中的模式构筑型,论述将变得更为有效。因为如果将讨论对象的母法和历史同日本法进行对比,构筑能说明两者的模式,那不仅可以合理说明前提条件的共性,而且还能明确获得启示的理论依据。切记,其实这并不仅限于启示型,这类进行了合理性模式构筑的论文在学界尤其受到好评。

5-6 "法—日本法+外国法—过去+现在"型需要注意的地方

■什么是"法—日本法+外国法—过去+现在"型

这类是指回顾日本法的形成过程，以外国法的历史与现状为线索对当今的日本法作一定分析或主张的论文。

■整体定位的重要性

这种"型"基本属于前述③与④的组合，由于各部分与前述内容相对应，所以就不再重复了。但需注意的是，不能说仅仅注意到了上述各要点就能写成这种"型"。

该类型论文的关键在于明确论文整体的定位，即出于何种目的，对什么进行论证。当然，所有论文中都需要注意这一点。如果是单发型论文，由于限定了材料，所以就自然而然地明确了定位。相对而言，综合性论文的定位如果无法明确，那就不能确定为什么需要通过拓展材料来完成论文。实际上，不少论文仅仅是对整体作了调查后按顺序进行排列并以此展开讨论的。可以理解作者梦想着完成一篇出色论文的心情，但在执笔之前应该再次冷静地审视一下自己想要叙述的要点以及取材的应有范围。

■行文和论述方法的选择

在决定整体定位时，问题在于确定何种行文方式，并为此采用何种论述方法。因为本类型的论文同时涉及当今、过去以及日本法、外国法，所以必须选择相符的流程和论述方法。因此，以下两点必须引起注意。

■列举过去的理由

第一个检查要点是，为何需要列举过去，而关于这点大致存在以下三种可能性。

其一，为了分析既有的讨论。其目的在于深化对既有讨论的理解进而形成讨论现有问题的前提。

其二，对既有讨论进行批判。其目的在于否定既有讨论的合理性并由此拓展现有讨论的余地。此时，如前所述，常常会利用"基于母法的论述方法"或"基于发展方向的论述方法"等方式，作出消极性的分析。

其三，推导出适用于当今的提议。此时，不仅可以考虑利用"基于母法的论述方法"以及"基于发展方向的论述方法"作出正面分析，而且还可以尝试从过去的讨论中获得启示。

■ **除了过去还需列举当今外国法的理由**

第二个检查要点是，为何除了过去还需列举当今外国法，关于这点大致可以考虑两到三种可能性。

其一，为了分析日本法的学说。此时，需要说明的是，除了过去之外通过列举当今的外国法可以更深入地理解日本法的讨论。

其二，为了对日本法作一定的主张。这时，可能出现负面性批判的情况和正面性提议的情况，这两点并不存在很大的差异，反而需要注意的是，究竟是将当今的外国法当作增强见解的基础进行利用，还是当作获得启示的来源进行利用。

关于前者，如上所述，此时可考虑采用"基于比较的论述方法"。因此，需要列举属于不同法系的外国法。

关于后者，虽不存在这种必然性，但仍需注意前述获得启示型中的要点。然而，根据不同情况，需要尽量明确不能仅局限于过去，还需通过当今外国法的分析来对日本法得出重要的启示。此时，需要围绕为何列举过去及日本法作出整合性说明。

当然，以上只是从决定"型"的角度来分析检查要点，仅仅这些并不能决定论文的定位。这点已经在第一章中作了说明，以下章节中也会重复。万万不能忘记撰写这种"型"的论文时其定位是至关重要的。

6. 超越"型"

6-1 "型"与原创

■ **"型"的重要性**

以上对于论文的"型"作了相当深入的探讨，如上所述，"型"具有绝对的重要性。对于读者而言，其作用在于为理解、评价论文提供了依据和框架。对于作者而言，其作用在于为论文的构成与论证提供了依据和框架。从以上的分析应该已经感受到了"型"的重要性，在构思、执笔论文时应该不断意识到"型"的存在。

■是否丧失独创性?

但如果过于强调这点有可能会出现以下疑问。如果大家采用了相同的"型"会怎样?的确,基本型能起到一定作用,但论文都按"型"来写的话是否会变得很刻板?本书的作者不是说论文的生命在于"新颖性"吗?如果都按照"型"进行论述究竟能否体现其独创性?

问题在于如何考虑独创性,这里暂且仅对"型"与独创性的关系作以下回答。

6-2　不要担心模仿

■以补充性契约解释为例

首先,需要强调的是,遵循"型"与论文的独创性是两个完全不同的问题,举个例子来说明一下。

山本敬三的论文《补充性契约解释(1)~(5·完)》(载《法学论丛》1986 年第 119 卷第 2 号—120 卷第 3 号)首次围绕补充性契约解释的问题概述了德国的学说。该研究首先按照时间顺序介绍了 12 位学者的研究,并在此基础上对补充性契约解释的定位、作用及前提要件、界限、方法、基准作了详细的分析。但是,聪慧的读者可以看出这种构造与矶村保的论文《关于德国法中的法律行为解释论(1)~(4·完)》(载《神户法学杂志》1977—1981 年第 27 卷第 3 号—30 卷第 4 号)非常相似,该论文也对德国民法中的条文成立过程进行分析而且按照时间顺序对 11 位作者做了介绍,并在此基础之上整理了法律行为解释的各种类型。有人可能会想这不是模仿吗?尽管山本论文不仅在学说介绍后的分析比矶村论文的要多,而且还对日本学说进行了分析,但即使这样也无法否定两者具有相似之处。

然而,这并不能否定山本论文的独创性。至少在这篇论文出现之前,除了少数例子之外并未意识到"补充性契约解释"的问题。仔细考虑可以发现,在日本同样也会出现如果契约未作规定的话应如何处理的问题。此后,狭义的法律行为解释几乎均未意识到的,以任意法规为首的法律适用与契约解释间的关系应该如何理解这一问题,成为核心论点。正因为山本论文明确了该问题,并以德国法为线索提出了基本的思考方法,问题构成、方法以及基准,因此可以说其具有很强的独创性。接下来,就看学者们是否赞成了。

■ 不要担心模仿

如上所述，采用何种"型"与有无独创性是不同的问题。矶村论文所涉及的狭义的法律行为解释与补充性契约解释是两个密切相关的问题。在德国也有很多学者会同时考虑两者。所以，为了整理论文而采用相似的"型"并非是不可思议的。如果某种"型"对完善自己的论证十分有益，那就应该积极采用而不要畏惧模仿。

6-3 从"型"到"响"

■ 仅具有"型"无法产生独创性

然而，与此同时，需要强调的是"型"仅仅是"型"，仅具有"型"并不会产生独创性，希望大家舍弃只要遵守"型"就能写出好论文的幻想。这和画龙后必须点睛是一样的道理。

比如，某位作者认为，迄今为止关于契约解释的方法并不存在充分的比较法研究，所以就在第一章引言后，列举第二章日本，第三章法国，第四章德国，第五章英国，第六章美国，第七章其他后添加第八章若干的讨论，第九章今后的问题，以此构成论文。并分别在第二章中列举江户时代以后的历史，第三章到第六章中列举罗马以后的历史。这已经成为一部长篇大作，作者本人在看了目录后可能也会心情舒畅。然而问题在于想阐明什么呢？到底为了什么进行这些研究？究竟想要明确什么历史研究？比较研究究竟具有什么意义？若干的讨论中到底要进行什么分析？其实仅查阅了论文目录，就会感到疑问重重。

■ 到"响"的问题

也许这已不仅仅是独创性的问题了。此时，问题已转为面向学界想要阐述什么？学界对此如何评价？该论文的意义何在？不过，相关问题已经超出了"型"的范畴，有关这一点，将通过第五章"响"对论文所造成的影响进行分析。

Column② 笔记的记法

在论文执笔的过程中制作笔记是必不可少的，按照作业的性质需要制作复数的笔记（并不是物理意义上的复数，只要在观念上作出区别即可，如果由纸张进行记录时,需要考虑改变夹纸的颜色以作区别,采用计算机时设定不同的文档即可)。相关笔记可以作出以下三种区分。

①用于构思的笔记,可以在这里记录研究的构思。比如,通过几个词或几行字记录是否需要尝试某主题的论文,在想法成熟些后可记录整体的构造(制作目录或内容的关联图),更为成熟时可用五到六页整理各部分的论述内容。此外,还可以携带这类笔记外出,一旦出现了新思路、新想法时就可随时记录。

②用于资料的笔记。论文执笔时,可以写在上面记录相关文献资料的名单以及内容的备忘录和评语。此类笔记也可携带外出,想起相关文献的点滴时可以随时记录。寻找曾经阅读过的文献往往要花不少时间,读者可以尝试一下。

③用于步骤的笔记。写论文时会出现迄今为止已经完成了什么,还未完成什么,所剩的工作应按怎样的顺序进行等问题,相关内容可记录在该笔记中。

作者需要按照论文的进展不断补充①—③笔记的内容,尤其需要频繁更新①的核心内容——目录(计划),②的核心内容——文献表格,③的核心内容——计划表格。执笔时可以时不时审阅以上三类笔记。打个比方,执笔论文的研究者就是一个企业,其中设置了①企划部、②调查部、③总务部,需要通过各部的部长对整体进行管理和运营。

第三章 "体"

——手法的运用（praxis）

第一节 "练"——素材的分析
第二节 "塑"——论文的结构

第一节

"练"——素材的分析

第1款 学说

1. 学说分析须知

1-1 素材分析

■分析素材的重要性

尽管论文已有周密的构思,并已确定其结构,但不可马上动笔撰写。因为,如前文所述,论文不能仅阐述自己的看法,还须客观论证。所以,就有必要仔细分析相关素材。此项工作最费时费力,但不可懈怠。不过,须强调的是,分析素材不同于学习知识,前者是为撰写论文做准备。因此,在分析素材时,须时刻思考如何在自己的论文中安排这些论点。这是撰写论文之关键,若能做到这一点,便能树立撰写论文的信心。

■如何分析素材?

那么,如何分析素材呢?素材的种类不同,分析方法亦有不同。最具代表性的素材主要有:学说、判例、案例及外国法。以下,依次说明其分析方法。

1-2 分析学说的必要性

■不可无视学说

如第二章所述,论文有各种"型",素材不同,"型"亦不同。但无论何"型"之论文,均须分析学说这一素材。倘若无视学说,论文将难以写作。这一常识，应时刻铭记在心。

■**参与学界讨论**

那么，为什么说倘若无视学说，论文将难以写作？因为，撰写论文是为了贡献自己的智慧。学界围绕各种民法问题，发表并积累了诸多观点，而我们撰写论文的目的在于参与学界的讨论，提出具有创新性的观点。不了解既有学说，则无法参与学界讨论，论文也就很难体现其创新之处。所以说，无视学说，论文将难以写作。

■**站在巨人的肩膀上**

或许有人会认为，就某一民法问题，迄今为止，学界尚无相关研究，坚信自己所为之研究具有开拓性。如是，该研究当然具有划时代的意义。遗憾的是，大多数情况下，这只不过是一种幻想而已。例如，学生自以为有了新发现，兴冲冲地与指导老师交流时，往往会被指出尚未阅读相关研究文献，甚至在被问及是否理解相关理论时，也不知如何回答。如果仅仅是这一层面的问题，只是说明该学生没有认真学习罢了。更为重要的是，我们应该认识到，所谓新"发现"基本上是直接或间接从先人的研究成果中获得启发的。事实上，有些研究成果，表面上看似有创新性，但仔细阅读其内容，不难发现，其只不过是梳理整合既有学术观点，或者应用了其他领域的观点而已。因此可以说，所谓开创性研究，几乎是不可能的。

论文作者自以为与众不同，考虑问题更加深远，这种自信是可以理解的。但在自吹自擂之前，实有必要考虑是否有相关研究成果，同时还须反省自己实际上是站在学术遗产这一巨人的肩膀上发现问题的。领会上述内容，始能着手撰写论文。

1-3 谦虚地理解

■**端正学习态度**

大多数作者在撰写论文以前，都会查阅相关学说。不过，真正的问题在于作者对待学说的态度。

梳理分析学说时，首先必须理解学说所主张的观点。或许有人会认为，"这是理所当然的"。不过，没有完全理解学说见解的人也是很多的。究其原因，有些是因为作者的逻辑思维能力比较差，有些则是因为欠缺相关法律知识。最常见的现象是，有些人既有理解能力，也具备相关法律知识，但根本就没有打算认真思考问题，因此未能理解相关学说内容。事实上，这也是著名学者经常犯的错误。

■作者的心理

那么，为什么会出现上述情况呢？观察作者的心理，我们就可以了解其原因所在。如前文所述，撰写论文旨在为学术研究添砖加瓦，但论文若无任何创新之处，撰写论文的意义也就不大。所以，有些人唯恐论文没有创新性，在无意识中，就会尽量贬低既有学术成果，以突显自己论文的创新性。例如，虽然已有相关研究成果，有些作者往往以"学界研究不充分"为由，否定在先研究成果的理论价值，更为可怕的是，有些论文甚至会一笔抹杀先期研究成果的存在意义。

当然，囫囵吞枣地阅读并梳理既有学说见解，也是不可取的。这一梳理方法或许可以成为教材内容，但不可称之为研究论文。因为，研究论文须批判性地分析迄今为止的相关学说理论。所以，有些论文为了便于批判学说，往往会添枝加叶，改变甚至省略学说之内容，或者不论及与自己的观点相同的部分，反而强调存在问题的部分。这种研究思路，与其说是在理解并分析学说，不如说是在歪曲学说见解。事实上，尽管程度有所不同，这种情况也是比较常见的。

■虚心领会

当然，对学术观点应采取批判性态度，否则无学问可言。但是，为了便于撰写论文而曲解学说，事实上是以批判为名的一种暴力行为。所以，我们应虚心领会学说内容，这是分析学说时的首要心得。

1-4 内在地理解

■何谓虚心领会？

强调虚心领会，并不仅是个口号，关键在于理解学说见解。那么，如何虚心领会学说观点？说起来容易，做起来却未必那么简单。

■客观理解

也许很多人会认为："所谓虚心领会，即客观理解学说之意，就是不得主观臆断，肆意补充或省略学说内容，而应客观正确地论述其见解。"事实上，不少论文就是以这种态度来介绍、分析学说内容的。比较极端的例子是，不附加任何主观描述，直接引用原文，总结学说观点，并认为这是为了保证学说内容的客观性。这一方法，特别在介绍外国文献时，是比较多见的。

■不能流于表面

在很多情况下，采用这一方法的论文，其实根本就没有领会学说所主张的观点。这些论文虽然以"学说论述如下"的形式对相关学说加以总结，但根本就没有理解其内容。所以，在作者被问及相关学说是如何处理某一具体问题时，往往不能正面回答。由此可知，只看字面而不领悟其内涵，是无法应用于实践的。这一现象类似于有些考生的态度，考生在回答"请概括下文内容"之类的语文试题时，经常会东拼西凑文章中的一些重要文句。这看似勉强回答了问题，事实上根本就没有理解文章的含义。这种拼凑原著文句、断章取义的方法，其实就是作者掩盖其理解不足、缺乏自信的表现。

■内在理解与主观评价

可见，不加任何主观评价，客观准确地论述学说见解是不可能的。如果我们自己尝试梳理总结学说见解，不难发现，虽为相同学说，若研究视角不同，整理总结方法也不同。即使在引用原文时，对于应该引用哪一部分内容仍须主观评价，需要从某一角度进行选择取舍。为此，只有设置某种分析角度，整理分析学说见解，方能理解其具体内容。从这个意义上说，所谓理解始终伴随主观评价。

■内在理解的必要性

主观评价是必要的，但不可以此为由随意断定学说见解，应内在地理解其内容。例如，该学说研究的是什么问题，是基于何种观点，怎样解决问题的。通过这种方法，总结学说思路及其主张，并尝试理解该观点是非常重要的。因为，通过这种方法，我们不仅可以理解该学说主张这一观点的理由，同时也可以对该学说所未论及的问题，推测其答案。这类似于演员投入其所扮演之角色，若能掌握所扮演角色的思路，即使不死记硬背台词，也可以演好该角色。与此相同，我们也应该尝试"扮演"学说，这样才能真正理解其内容。

1-5　内在理解之要点

■理解学说思路

那么，内在地理解学说内容，有什么办法吗？遗憾的是，并无可以遵循的简单明了的方法，主要取决于读者是否打算理解学说思路。了解学说思路时，至少须注意以下两点：

■假设学说能够自圆其说

首先，有必要假设该学说能够自圆其说。当然，也有不能自圆其说的学说，但如果自始就认为该观点前后矛盾，就不能内在地理解其内容。例如，关于合同解释方法，通说认为，应采客观主义的解释原则，但在分析解释具体问题时，又主张应以当事人订立合同的目的作为首要判断标准。或许读者就此会认为，通说一方面以客观主义为解释原则，另一方面又主张探究当事人内心真意，前后矛盾，不能自圆其说。但在批判通说以前，实有必要首先假定通说是可以自圆其说的。具体而言，通说所谓当事人订立合同的目的，并非指一方当事人的主观目的，而是根据合同本身所认定的客观目的。从这个意义上说，通说不考虑当事人内心真意，而以客观主义为原则的观点是可以成立的。只不过，在解释各个条款的含义时，应依合同的客观目的进行解释。如此理解通说，即可说明通说是能够自圆其说的。当然，是否赞成上述通说则是下一步所要考虑的问题。总之，在此强调的是，或许学说观点存在前后矛盾之处，但即便如此也要尝试一下能否使其自圆其说。

■假设学说理由能够成立

其次，有必要假定学说见解必有其理由。当然，不可否认的是，也有不少论文只有结论但未说明其理由，或者虽有理由但不充分。于此情形，大家往往会以理由不明、理由不成立为由，轻易否定该学说见解。这也是学界所常用的套路。但是，这种方法只不过是在吹毛求疵，并未打算从该学说中获得任何启发。与其如此，我们不如认真思考一下，该学说所主张的理由是什么，即使该见解本身未予明示，我们也应该思考，该学说之所以主张这一观点必有某种理论前提。如能做到这一点，我们才能内在地理解学说内容，同时也可以提出批判性的观点。

2. 论文分析方法

2-1 论文分析与学说分析

■如何分析学说？

上述内容，只不过是为分析学说所做的准备。那么，在此基础上，应如何分析学说呢？这涉及两个方面的问题：其一，如何分析单篇论文；其二，如何分析学说体系，即整理相关论文，构筑学说体系，明确其相互关系。以下，首先说明前者，即单篇论文的分析方法。

2-2 阅读论文的方法

■收集相关信息

毋庸置疑，分析论文以前，必须阅读相关论文。但是，即使阅读同一篇论文，如果研究目的不同，阅读方法也会有所不同。例如，为收集特定信息，如为了了解德国缔约过失责任理论或者债权让与立法而查阅相关研究文献时，只要阅读相关部分即可。当然，不能以偏概全。不过，在信息泛滥的现代社会中，这种阅读方法也是容许的。特别是在论文写作过程中，面临须加以说明的附随性内容时，这种阅读方法不仅难以避免，反而有利于实现研究目的。总之，阅读论文时，必须清楚自己写作论文的目的和意义。

■提高阅读效率

通常，大家会通读每篇论文，并且是按照论文所列顺序阅读。但这种阅读方法并不是一种有效率的方法。的确，通读论文，如饮醍醐，也是一种学术享受。与之相反，本书反而提倡有效率的阅读方法，也许会被斥为歪门邪道。但论文不同于小说，阅读论文的最终目的是为了理解论文所提出的创新观点。总之，关键是如何迅速并准确地掌握论文内容，因此有必要思考阅读方法。

2-3 准备工作：知识预备

■知识预备的重要性

若有前提知识，则易于理解论文内容。所以，阅读论文时首先应具备前提知识。那么，如何获取前提知识呢？最为简单的方法是，参考既有的研究文献。这或许是很多人采用的方法，但这种方法也有其弊端。不仅会限制读者的视野，也会使读者怠于采取其他方法，有时还会误导读者陷入先入为主的成见之中。因此，最为可取的方法是，直接从论文中获取相关知识。这种方法主要有以下几种：

首先，应该确认论文的结构和注释内容。

■**论文结构**

查看论文目录，即可了解论文的基本结构。早期的论文大多未设置目录，虽然附有"一、二、三"等序号，但无标题。这对读者来说就比较麻烦，必须通读论文，否则无法了解其内容。现在的论文则大多附有目录和标题，读者可以通过目录推测其内容，也可以大致了解其论证顺序。这对于理解论文内容会起到重要的作用。

■**重视注释**

重视论文注释，对于获取相关前提性知识也是非常重要的。如果知道论文主要引用了哪些文献，在一定程度上就可以预测作者是如何理解研究现状的，也可以了解其研究方向和目的。以有关情势变更原则的研究论文为例，如果该论文主要引用的是胜本的论文（胜本正晃：《民法中的情势变更原则》，有斐阁1926年版）或五十岚的论文（五十岚清：《契约与情势变更》，有斐阁1969年版），那么就可以预测，该论文是从法官在何种情况下可以以情势变更为由肯定解除或变更契约这一角度进行研究的。如果该论文主要引用的是山本的论文［山本显治：《试论契约交涉关系中的法律问题》（1）~（3·完），载《民商法杂志》1989年第100卷第2—5号］或内田的论文（内田贵：《契约过程与法》，载《岩波讲座·社会科学之方法Ⅵ》，岩波书店1993年版，第129页以下），就可以预测该论文主要着眼于当事人订立合同的过程，从当事人通过交涉应付情势变更的可能性这一角度进行研究的。除此以外，通过论文注释，可以了解该论文是以何时的文献为研究对象，特别是通过其比较法部分，可以了解该论文是基于哪些资料对外国法进行调查研究的。从这个意义上说，论文注释是反映论文内容甚至其价值的一面镜子。因此，在撰写论文时，须特别注意注释方法。其方法，容待后述。

其次，仔细斟酌论文的绪论和结论部分。

■阅读绪论部分

当然，谁都会首先阅读绪论部分。优秀论文往往会在绪论部分阐明其研究对象，明确其研究目的、研究方法。如果了解这些内容，即使正文很复杂，也可以理解其内容。反之，研究目的不明确，也未说明其研究思路及顺序，直接进入正文的研究论文，是非常难读的。读者若无相当的忍耐力，通读这种论文的可能性也是非常小的。因此，特别是在撰写长篇论文时，对此应多加注意。

■阅读结语部分

也许很多人不赞成先阅读论文结语或者结论部分。但是，如果事先了解论文所要达到的目的，对于理解该论文内容是有很大帮助的。同时，也会使读者一边阅读论文，一边推敲其是否能够得出与结论相同的观点。从这个意义上说，解读论文时，了解其结论，对于有效阅读论文会起到重要的作用。

2-4 分析正文

接下来是阅读论文正文。阅读方法，因人而异。当然，心不在焉，则一无所获。

■"型"之解析

阅读并理解论文正文，关键在于掌握其要点。那么，论文有哪些要点呢？前述第二章有关论文之"型"部分的内容，可供参考。如第二章所述，论文内容大致可以分为"介绍"与"考察"两个部分。仅向读者传递信息的部分是"介绍"，对此进行评价的部分则为"考察"。"考察"部分又可分为"分析"和"主张"，前者旨在明确研究对象，后者则是阐明作者的观点。同时，后者之"主张"还可以分为消极主张之"批判"和积极主张之"建议"。

如第二章所述，通常，论文并无某种固定的"型"，通常是适当组合各种"型"。换言之，论文正文不仅有"介绍"部分，也有"考察"部分。"考察"部分，有"分析"和"主张"，亦有一边"介绍"一边"分析""批判"的，也有"分析"与"建议"密切结合的。总之，阅读论文时，应深入理解各章节所述内容，彻底分析论文之"型"是理解论文内容的最大前提。

依上述方法解读论文时，须注意以下两个方面的问题。

■**确认问题之所在**

第一，无论"介绍"抑或"考察"，都会针对某一具体法律问题。因此，在解读论文时，务必要确认"介绍"或"考察"部分所设定的前提问题。例如，"违反法令的交易行为在私法上的效力如何？区别结果债务与手段债务的意义何在？"再如，"末弘论文是如何判断违反法令行为的效力的？于法国民法而言，通说区分结果债务与手段债务的根据何在？"当然，也不妨设定诸如"对法令效力的观点及其变化""契约债务之认定"等问题。总之，"介绍"乃至"考察"的对象，即问题之提出。

■**分析结论和论据**

第二，分析结论和论据，这与"主张"部分密切相关。"主张"可以分为两个部分：一是结论部分，二是论据部分。阅读"主张"部分时，有必要分清哪一部分是结论，哪一部分是论据。特别是在分析论据部分时，可以参考第二章所述内容，即论证方法之"型"部分。依据该部分内容，论据大致可以分为"形式性论据"和"实质性论据"。对于前者，还可以分为"基于实体法的论证方法""历史论证法""基于外国法的论证方法""基于社会现实的论证方法"等。因此，在阅读"主张"部分时，须分析该论文所采论证方法。若能确定其论证方法，就可以判断该论文"主张"部分是否遵循了其论证方法。这也是检查论文之"型"的有效方法之一。

2-5 理解论文内容

（1）领会核心观点

■**重新阅读论文**

通读论文之后，如果能领会其内容，那是最好不过的。不过，一边阅读一边分析，有时也会出现只见树木不见森林的情况。为此，就有必要重新阅读该论文。乍一看，这好像是在浪费时间，事实上，这一工作是非常重要的。当然，无须再逐字通读，最好结合问题之所在部分和"主张"部分，重点阅读需要核对的内容即可。如果初次阅读时已作标记，则更便于重新阅读理解。

■**注重逻辑结构**

当然，阅读论文时，切不可走马观花，应在确认论文逻辑结构的基础上重新阅读。特别是在阅读论据部分时，须分析其核心论据之所在。最为重要的是，分析该论文未加以论证的命题，并以该命题为一般原理，重新构筑其论据。当然，这是最为理想的，也是最费脑筋的阅读方式，若能为之，必能成为最精确的评论和批判。

（2）背景知识的必要性

■**背景知识的重要性**

依上述方法解读论文时，不可欠缺的是背景知识。如前文所述，研究论文通常是在相关问题研究的基础上展开的。因此，不了解问题的来龙去脉，就很难理解该论文为何研究该特定的问题，为何又以含蓄的措辞加以论述。从这个意义上说，为了理解论文内容，应尽量多读相关研究文献。大多数情况下，之所以在最初阅读论文时还不太了解，重新阅读后基本上可以掌握其所述内容，就是因为在此期间积累了很多背景知识。

■**查阅作者其他研究成果**

在相关文献中，特别是该论文作者的其他研究成果，是理解该论文内容的重要线索。当然，与该论文具有直接关系的文献也会起到很大的作用，在有些情况下，即使表面上没有关联性的文献，对进一步理解该论文内容也会起到一定的作用。

■**以意思自治、私法自治原则为例**

例如，星野英一教授认为，意思自治原则与私法自治原则为两个不同层面上的问题。意思自治原则为法国法所提倡，是有关"人们为何受合同拘束这一合同拘束力的基础理论"；私法自治原则是德国法所提倡的原则，系"合同自由、设立团体的自由、遗嘱自由等诸自由的上位概念"，其含义基本上与法律行为自由原则相同。后者属于实体法上的原则，前者则是探究其根据的哲学观念。为此，星野英一教授主张二者是有区别的（参见星野英一：《契约思想·契约法的历史与比较法》，载星野英一：《民法论集》第6卷，有斐阁1986年版，第210页以下，首次发表于《岩波讲座·基本法学4》，岩波书店1983年版；星野英一：《民法——财产法》，放送大学教育振兴会1994年版）。

或许读者会据此感叹"原来如此！"但这未免为时过早。例如，其所谓"哲学观念"意味着什么？所谓"两个不同层面"，是否为哲学与法学之间的区别？如是，那么意思自治原则即非法律问题？不回答这些疑问，就不能认为真正理解了该论文所要主张的观点。例如，星野英一教授是主张自然法的代表人之一，这一事实可以通过星野教授有关民法解释方法论的论文得到印证（参见星野英一：《论民法解释方法》，载星野英一：《民法论集》第4卷，有斐阁1978年版，第89页以下。首次发表于《书研所报》1976年第26号）。如果掌握这一背景知识，就可以理解所谓意思自治原则系"哲学观念"，实际上指的就是自然法。这一结论，也可以从私法自治原则系"实体法原则"这一结论中获得证实。总而言之，如果区分自然法与实体法，并以此为前提考察意思原则，意思自治原则就属于前者，私法自治原则属于后者。

3. 当代学说分析方法

3-1 分析学说的方法

■分析学说体系

以上是单篇论文的分析方法。那么，阅读相关论文后，如何将这些论文观点作为一个体系进行分析？从这个意义上说，无论撰写论文、系列丛书抑或注释全书，梳理分析学说是不可欠缺的。即使是研究会报告或者学期论文，也需要整理和分析相关学说。很多人往往会参考相关研究文献，从而了解相关学说。当然，我们不妨采用不同的整理分析方法，但须掌握最基本的方法。以下所要论述的就是这一最基本的分析方法。不过，需要强调的是，视角不同，分析方法也不同。例如，从学说史角度分析，分析方法就会有所不同。下文，首先论述当代学说的分析方法，其次论述从学说史角度的分析方法。

3-2 按照学说见解加以分析的必要性

■按照学说内容加以分析

毋庸置疑，分析学说时，应按照其所主张的内容进行分析。在阅读某一学说，理解其见解时，也应贯彻这种分析方法。

■ 按照学说见解加以整理

与之相关，有一种方法是以作者姓名来命名相关学说。最为典型的是，关于违法性与过失的关系问题，一般将相关学说称之为我妻说、星野说、泽井说、四宫说等。这种以人名确定相关学说的方法曾经非常流行，这或许是因为学说的属人性意识比较强。但近年来，这一方法有所减少，这也是应有的发展方向。因为，通过人名很难了解学说所主张的观点。就上例而言，事实上，只有相关研究领域的法律专家，才知道各个学说所主张的观点。因此，为了便于读者了解，最好还是按照学说见解进行整理。

按照学说见解整理时，必须理解各个学说的内容。就此而言，通过人名命名相关学说并介绍其内容，是最简便的方法。因为，只要按照顺序罗列学说即可，无须理解其相互之间的关系。但这一方法并不表明，读者完全理解学说内容。因此，我们还是有必要按照学说内容进行分析。

■ 从学说史角度分析

当然，也有例外。例如，在学说史中，以作者命名相关学说，也有其重要意义。因为，如后文所述，在学说史中，不仅注重学说之内容，作者为谁同样受到重视。

3-3 体系化的必要性

■ 构筑学说体系

按照学说所主张的内容进行分析时，有必要了解争论焦点，并以此为基础构建学说体系。即使理解有误，也不可简单罗列。在学期论文中，往往会罗列各种学说，但这只是表明查阅了相关学说，并不意味着理解并掌握了焦点问题，难谓对学说的整理分析。换言之，理解各个学说之异同，明确其相互关系，是分析学说的关键所在。学期论文如能做到这一点，也值得积极评价。

■ 以违法性与过失为例

例如，关于违法性与过失的关系问题，争论焦点之一是，是否应采区分违法性与过失的二元论。如果不采二元论，那么如何使二者一元化。其结果是，过失一元论与违法性一元论相对立。相反，如果支持二元论，问题在于如何理解其内涵。其结果，会出现两种对立的见解：一是违法性要件限于

"权利侵害",过失则意味着违反行为义务;二是违法性与过失要件分别对应德国法中的违法性与有责性概念。于后者,还会形成两种意见,即违法性是指结果违法还是行为违法这一对立的观点。

或许,有人会对上述观点提出异议。不过,本书的重点并不在于探讨其内容的合理与否,只是在强调,在分析学说时,不可简单罗列学说,应以上述方法努力构建学说体系。通过这种方法,至少可以深化我们的理解,并获得研究线索。换言之,应探究学说分歧之所在,构建学说体系。这一点应时刻铭记在心。

■ **不可只注重结论**

但须注意的是,不能仅关注学说所主张的结论。因为,结论相同,论据未必相同。

■ **以违反法令行为的效力问题为例**

关于违反法令行为的效力,川井健教授与矶村保教授均主张履行阶段论〔参见川井健:《违反物资统制法的契约与民法上的无效》,载川井健:《无效之研究》,一粒社 1979 年版,第 26 页以下,首次发表于《判例时刊》1967 年第 205—206 号;矶村保:《违反取缔性法规的契约在私法上的效力》,载《民商法杂志》1986 年第 93 卷临时增刊号 1(民商法杂志创刊五十周年纪念论集Ⅰ·判例法理论的展开),第 1 页以下〕。依据该观点,合同即使违反取缔性法规,其效力如何,应根据该合同履行进度而加以区别。就此而言,川井健教授与矶村保教授的观点是相同的,但二者的研究思路是不同的。川井教授以区分私法和公法为出发点,认为特别是在该违反法令的行为已履行完毕的情形下,应注重私法之固有观念,肯定该合同的效力。矶村教授则认为,在违反法令的行为尚未履行阶段,认定合同有效并肯定当事人继续履行的请求权,将会导致法律秩序的自相矛盾。换言之,矶村教授认为,无论私法抑或公法都具有构建相同法律秩序的性质。即使在违反法令的行为履行完毕后,如有实现公法目的之必要,也应否定该合同之效力。

由上可知,从结论上看,川井健教授与矶村保教授均主张应区分合同履行阶段,但其内涵则完全不同。所以说,不可轻易从结论上进行总结,否则会被怀疑是否真正理解了学说内容。

3-4 学说之定位

■如何定位?

除了分析论文内容以外,还涉及如何在学界对该学说进行定位的问题,即该学说为通说,抑或有力说,属于多数说,还是少数说的问题。

■多数说与少数说

区分多数说与少数说是比较容易的,即以其量作为判断标准。主张者居多为多数说,反之则为少数说。查阅相关文献,大体上就可以知道该学说属于多数说还是少数说。从这个角度而言,该区分在一定程度上具有可论证性。

■通说与有力说

如何区分通说与有力说呢?这不是量的问题,而是质的问题。

首先,通说是指学界一般承认具有合理性的学说。多数学者的主张并非通说,具有一般合理性的学说才是通说。为此,判断是否为通说,必须了解学界所达成的共认。这在学说争论不多时,是比较容易判断的;但在学说争议较多时,则比较困难。例如,曾经无疑是通说,但现在质疑其是否仍然为通说时,不少人会以"传统通说"来表述其细微的变化;在没有自信断定该学说为通说时,有些学者经常会使用"通说性见解"或者"被认为是通说的见解"等含糊其辞的说法。

其次,有力说这一定位也是从质的角度进行评价的。从量的角度,判断有力说为多数说还是少数说时,有力说大多属于少数说。但在判断是否为有力说时,不能采用这种量化的方法。有力说虽然不像通说那样被学界所承认,但作为对抗通说之学说,具有一定的存在价值,因此在论述相关问题时,不得忽视其存在。可见,某种见解是否被称之为有力说,取决于学界对该学说的评价。从这个意义上说,即使论文内容有些特别,如果作者是在学界有一定影响力的学者,其观点大多会被称之为有力说。

■定位方法

由上可知,由不通晓学界情况的人对学说进行定级是有一定困难的。当然,最好是有登记评定机构,但众所周知,并不存在这种机构。如果系列丛书、注释全书或者研究文献,对此已有相关论述,则可以参考这些文献。不过，如果该文献为早期的研究成果，则须特别注意。因为，有些文献所谓"最近的有力说"，事实上是 20 年以前的学说。总之，学说争议较多，则难以判断何为有力说，对其定位也是非常困难的。若勉强定位则会适得其反，容易犯错误。所以，没有必要过于认真考虑学说定位问题，作为参考即可。

4. 学说史的分析方法

4-1 确认发表时间

■从学说史角度分析

从学说史角度进行历史性分析，对比学说的先后关系可以使我们深入理解其内容。从这个意义上说，分析学说，应始终以历史性角度进行分析。但需要说明的是，这一分析方法并不限于学说史研究。

■确认论文发表时间

从学说史角度分析学说时，首先应确认该论文发表的时间。这是出发点。在学生时代，若未养成这种习惯，今后须多加注意。早期的论文，在引用文献时大多未注明发表时间，现在的论文则无一例外的注明发表日期。现今，这是学术论文的最低要求。

■确认理论开拓者

同时，在查阅学说见解时，有必要确认该观点首先是由谁提出的。重复既有观点，并无创新性，不模仿他人，提出至今未有的观点，才是对学界的最大贡献。正因为如此，我们才对最先提出该观点的人致以崇高的敬意。当然，其贡献程度可能不如自然科学领域那么严密，但不能否定其亦为知识世界中的创新研究。

■以撤销权与登记对抗制度为例

关于撤销权与登记对抗制度之间的关系问题，有一种观点在贯彻无权处分法理的基础上，主张类推适用《日本民法典》第 94 条第 2 项规定，从而解决撤销权与登记对抗制度之间的关系问题。具体而言，A 将其不动产转让给 B 以后，判明 A 被欺诈。于此情形，A 如果行使撤销权，B 将成为无权利人。假设不动产登记已经移转到 B 的名下，B 具有权利人外观，A 在放任不管该权利外观期间，B 将该不动产转让给了 C。这种情形，类似于《日本民法典》第 94 条第 1 项规定的有关虚假表示与第三人之间的关系问题。因此，于上述情形，可以类推适用《日本民法典》第 94 条第 2 项的规定。这一结论确实有一定的道理，不得不说最先提出这一观点者具有卓越的见识。这一观点是几代通博士最先提出的［参见几代通：《法律行为之撤销与登记》，载《不动产物权变动与登记》，一粒社 1986 年版。首次发表于《于保不二雄 60 寿辰纪念文集：〈民法学基础课题〉（上）》，有斐阁 1971 年版］。当然，此后几代通博士的上述观点，在一些细节问题上也发生了一些变化。就该问题，下森定教授以及四宫和夫博士等权威学者，也有过深入研究，并提出了一些自己的看法。但是，在我们介绍《日本民法典》第 94 条第 2 项类推适用说时，无论如何也要引用几代通博士的上述研究成果。这是最基本的学术道德问题。

■注释须规范

另外，在分析当代学说时，应注明先期研究成果的发表时间。在引用论文集所收论文时，应认真确认其最初的出处、发行时间。当然，这是一项繁琐的工作，有时也没有必要注明，但如果引用最初的出处，至少可以让人觉得作者细心认真，特别是在撰写第一篇论文时，应认真注明先期研究成果的发表时间。

4–2 分析学说相互影响关系

既然是学说史，就必须按照时间前后分析学说相互之间的影响关系。

■确定先后关系

首先，有必要按照论文发表的时间顺序排列各个学说，确定其先后关系。如果数量较多，不妨制作目录。有细致的文献目录，仅浏览该目录也可以获得各种启发。

■核对引用文献

不过，这仅仅是准备工作而已。事实上，查阅学说相互关系的最大线索是各个论文引用了哪些先期研究成果。这些论文对先期研究成果是如何评价的，又是如何批判的，包括注释所涉及的文献在内，有必要进行彻底分析。

■分析相互影响

除此以外，尽管该论文未明示其是否受到先期研究成果的影响，经阅读该论文也可以了解其与先期研究成果之间的关系。当然，如果受到先期研究成果的影响，一般不会出现不引用先期研究成果的情况，也不容许这种情况发生。不过，容易忽略的问题是，一般问题受到既有学说的影响，特别是在方法论方面受到的影响。例如，同为损害赔偿法方面的研究论文，其中有受利益衡量论影响的，也有采用法经济学分析方法的。如果能够确定这一影响关系，对于理解论文内容会起到非常重要的作用。总而言之，在分析学说相互影响关系时，必须有开阔的视野。

■学说史的重要性

另外，最好具备学说史方面的知识。也就是说，应区分民法制定后的注释和解读时期、学说继受时期、转型时期、第二次世界大战后法解释学萧条时期、其后的法解释学复兴时期，并了解各个时期的特点（参见星野英一：《日本民法学史》，载星野英一：《民法学讲义总论》，有斐阁1983年版，第37页以下。首次发表于《法学教室》1981年第8—11号）。当然，这只是一般学说史，并不涉及具体问题。但不可否认的是，即便如此，这些知识对于理解各个学说见解，确定其相互关系，具有直接或间接的作用。特别是学说继受及其批判，对于理解日本学说史，是不可欠缺的基础知识。

4-3 梳理学说历史发展

■梳理学说发展变化

分析探讨学说之间的相互影响关系，同时也是在考察学说历史发展。明确学说发展动向是学说史研究的必然要求，故一般会称之为"学说史"，即依年代顺序罗列各个学者的主张。也许大多数人会对此感到厌烦而放弃阅读，即便耐心通读，有时也会忘记其内容。这主要与人类处理信息能力密切相关。也就是说，我们虽然可以无序地排列各个学说，但之所以记不住其内容，是因为人类尚不具备同时处理复杂而大量信息的能力。因此，为了加深理解，最好是制作分布图，总结分类各个信息。通过这种方法，我们就没有必要死记硬背，只要理解其内容与整体的定位即可。可以说，学说史相当于对学说进行定位的分布图。总之，梳理学说发展动向是学说史研究的目标。

■以违反法令行为的效力问题为例

关于违反法令行为的效力问题,早期,有观点认为违反法令的行为原则上无效。1929 年出现了末弘论文,该论文从公益角度,强调不可机械地否定违反法令行为的效力。判断违反法令行为的效力时,不仅要考虑法令之目的,同时还须考虑认定无效而产生的私法利益的不公正性(参见末弘严太郎:《违反法令行为之法律效力》,载末弘严太郎:《民法杂考》,日本评论社 1932 年版,第 154 页以下。首次发表于《法学学会杂志》1929 年第 47 卷第 1 号)。这种观点在判断违反法令行为的效力时,实际上引入了公法与私法区分论。其后,该见解占据了通说的地位,并在此基础上出现了前文所述的履行阶段论。换言之,同样考虑的是法令目的和私法上的不公正性问题,但其重要性因履行阶段而有所不同。虽然川井健教授与矶村保教授的主张是一致的,但二者对于如何理解公法与私法的关系问题上,其观点又是不一致的。川井教授认为应严格区分公法与私法,矶村教授则认为,特别是在履行前的阶段,公法与私法均具有法律秩序这一属性。前者发表于 1967 年,后者发表于 1986 年,发表时间相隔 20 年。这一区别,也可以使我们获得各种启发。在矶村论文发表 7 年后的 1993 年,出现了大村敦志著《交易与公序(上、下)》一文(载《法学家》第 1023 号、第 1025 号。该论文后被收录于大村敦志:《从契约法到消费法》,东京大学出版会 1999 年版)。3 年后的 1996 年,又出现了山本敬三著《交易关系中的公法规制与私法的作用(1、2·完)》一文(载《法学家》第 1087 号、第 1088 号。后被收录于山本敬三:《公序良俗论之再构造》,有斐阁 2000 年版)。这些观点均主张——虽然其论据大有不同——应承认公法与私法之间的相互依存关系。可见,相对于区分公法与私法的观点而言,现在的观点正在向重新认识二者关系的方向发展。如是,即可认为矶村论文为此发展变化奠定了基础。

■考察时代背景

当然,今后随着深入研究,或许梳理学说历史发展的方法会发生变化。但需要注意的问题,并非是上述观点是否正确,本书只是在强调,通过探讨学说史,明确学说历史发展。从上例中我们也不难发现,各个学说均以当时的社会和时代思想为背景,末弘论文与矶村论文、大村论文、山本论文所要回答的问题和前提条件都是不一样的。研究深入到这一程度,方能全面理解各个学说以及学界的观点。

第2款 判例与案例

1. 判例与案例的作用及其分析方法

1−1 日本最高裁判所判决与下级裁判所判决

■作为判例的判决

在日本，第一篇论文往往以日本法为研究对象，分析研究日本最高裁判所判决（包括裁定）或者下级裁判所判决。然而，很多论文并未说明分析探讨这些判决的意义所在。如果不予说明，则其研究方法就值得怀疑。

首先应注意的是，研究日本最高裁判所判决与研究下级裁判所判决，其意义完全不同。

关于"判例是否为法律渊源"这一问题，学说至今尚存意见分歧，有各种不同的观点。但是，日本最高裁判所判决所示裁判规范，至少在事实上会约束此后的判决，企业等实务界也会以此规范为前提。所以，在日本，研究日本最高裁判所判决所形成的规则，是通用的法律规则分析方法。

此谓规则即判例法，而非指日本最高裁判所判决本身。判决本身是对特定案件的判断，未必体现抽象的法律命题。因此，需要研究归纳其法律命题。相反，即使判决表明某一抽象的法律命题，还有必要以该案中的定型化事实为前提，研究分析该命题的适用范围等问题（即使在法典规定的条款中，也会涉及类似问题，例如××条规定仅适用于 A 情形，不适用于 B 情形）。

判例研究是论文之重要内容，但也有以判例评析这一特殊形式进行研究的。这两种研究形式导出判例规则的方法基本相同。其中，判例评析往往是研究生或者助教所担负的首要课题，当然也是学者、实务所要努力研究的问题。有鉴于此，本书在第五章后增设"补论"，探讨日本最高裁判所判例理论的研究方法。本款所要论述的是，下级裁判所案例的分析方法。

■研究下级裁判所判决之目的

下级裁判所判决并不具有事实上的拘束力。因为，下级裁判所判决有可能被上级裁判所改判。即使下级裁判所判决形成一致意见，如果日本最高裁判所作出不同的判决，该判决所示规则将成为通用的判断标准。

因此，从理论上讲，下级裁判所判决结论及其法律论点，只是表明某人（法官）的某种见解，可以说，其与学说并无不同。事实上，有些人就是在这一定位下，研究下级裁判所判决的。因此，分析学说的方法同样适用于研究下级裁判所判决。但是，也有很多论文认为下级裁判所判决与学说是不同的。那么，我们应给予下级裁判所判决何种特殊地位，其理论依据何在？这些问题，与下级裁判所判决的分析方法有关。

总体上说，各种形式的论文对下级裁判所判决的定位，主要有二：其一，将下级裁判所判决视为一个整体；其二，将下级裁判所判决作为个体看待。

1-2　将下级裁判所判决作为一个整体考察时

■合理的逻辑结构

试图包罗万象的长篇论文，往往将下级裁判所判决作为一个整体，对其进行分析研究。以研究文献为例，最具代表性的是，池田清治著《恶意磋商之法律责任——现代信赖利益之保护》一书（有斐阁1997年版）。将下级裁判所判决视为一个整体时，一般认为，其具有如下四个方面的功能。

第一，下级裁判所判决体现了合理的法律逻辑。例如，关于缔约过失责任的法律性质，有侵权行为说、违约责任说、违反诚信义务说等见解。假如，某一论文拟主张"这三种学说并无不同，只是其法律逻辑依案件类型而有所不同"。于此情形，如果通过整理大量下级裁判所判决，并论证类型不同所采法律逻辑不同，就可以作为该论文之依据。

或者，尽管日本最高裁判所和学说提出了某一观点，从表面上看，也无任何异议，但很多下级裁判所判决事实上并未遵循这一法律逻辑，而是根据案件类型不同而采用了其他法律逻辑。如是，那么这一事实不仅可以作为质疑日本最高裁判所和学说观点的合理性及其适用范围的契机，也可以作为批判传统法律逻辑的依据之一。

143
■稳妥的解决方案

第二，下级裁判所判决提供了稳妥的解决方法。再以缔约过失责任为例，缔约前当事人双方磋商到何种程度才可以形成信赖关系，其后的拒绝磋商行为在何种情况下才属于违法行为？研究这一问题时，通过整理分析大量下级裁判所案例，并说明案例中的关键问题在于，是否存在××事实的话，就可以作为分析主张该分歧点的重要论据。

再如，日本最高裁判所的诸多判决，确立了《日本民法典》第177条所谓"第三人"不包括背信的恶意第三人这一判例理论。如果能够整理分析下级裁判所判决是如何具体判断"背信的恶意第三人"，并进一步论证背信的恶意第三人中也包括仅具有"单纯恶意者"的话，就可以作为主张恶意者排除说的根据之一。

■形成中的判例规则

第三，下级裁判所判决体现了正在形成的判例理论。当然，与大多数下级裁判所判决相反，日本最高裁判所采用了与之不同的见解，或者下级裁判所判决产生分歧时，日本最高裁判所明确表明采纳其中的一种观点，这种情况也是比较多的。但是，在日本最高裁判所判决确立判例理论以前，下级裁判所已经积累了阐述相同理论根据的判决的情况也是很多的。同时，下级裁判所往往会以其他领域已确定的判例理论为前提进行判决。日本最高裁判所针对新问题明确判例法理时，也会尽量避免与其他领域的判断发生矛盾。可见，大多数下级裁判所判决所采规则，对于预测尚无日本最高裁判所判决的裁判规则具有重要的参考意义。

■呈现纠纷类型

144
第四，下级裁判所判决明确了实际发生的纠纷类型。例如，关于让与担保问题，假设学说主张某种观点时，是以动产让与担保为前提的。但是，在分析研究下级裁判所相关判决后，如果能够证明下级裁判所判决大多是不动产让与担保案件的话，就可以以此为根据，论证"需要探讨的问题是不动产让与担保"这一观点。

再比如，虽然A这一学说受到普遍支持，但在a这一事实下就会产生不合理的结果；而B这一学说则在b这一事实下会产生不合理的结果，因此不为多数学者所支持。于此情形，如果想撰写论文主张"应支持B说"。那么，经全面整理分析下级裁判所判决后，若能明确有关 b 的案件非常少，反而有关 a 的案件数量相当多的话，就可以作为上述主张的根据之一。

1-3　为何能成为论据？

■ 与学说不同的说服力

对下级裁判所案例的上述定位，在各种论文中均有涉及，事实上也提高了论文的说服力。但在上述各种情况下，往往很难说明，为何下级裁判所判决可以成为研究论文之论据。

让我们来看一看上述"第一""第二""第三"方面的功能。

假设，下级裁判所已积累了 30 余件相同的判决。由此可以说，这些判决体现了合理的法律逻辑、提供了稳妥的解决方案、呈现了可预测的判例理论。那么，这与 30 位学者主张相同观点又有何不同？如果是因为该法律逻辑是法官这一法律专家所提出的，所以需要我们尊重的话，那么也不能否定 30 位民法学者或者 30 位律师也是法律专家。不过，学界一般认为，下级裁判所判决具有与学说不同的某种内容和说服力。其理由主要有二：

其一，下级裁判所判决是针对具体案件的判断。学者很少参与实际案件，往往注重法律逻辑和结论。与之不同，法官判决是以具体案件事实为基础，比起所要考虑的合理的法律逻辑和结论，法官更注重判决的合理性。

不过，这一理由并无说服力。因为，很多学说也是以社会实践为基础的。同时，如果说只有下级裁判所判决才基于社会现实的话，那么就意味着其比作为法律审的最高裁判所判决更具有合理性。但一般不会这么理解。当然，并不能以此为由，全盘否定下级裁判所判决的合理性。

其二，下级裁判所判决具有强制力。裁判所判决后，即使当事人上诉，至少在判决当时具有强制力。如果当事人未上诉，判决生效从而具有强制力。这种强制力，从某种意义上说，与畅所欲言的学说不同，具有独特的权威性。

不过，也有人反对上述观点。有观点认为，这种权威只不过是假设的权威，实际上，与之相比，我妻荣先生的观点更具拘束力，更具权威性。

■ 目的何在？

总之，可以从不同的角度，分别质疑上述两种理由。但可以肯定的是，上述种种理由，相辅相成，给予了下级裁判所判决不同于学说的地位、不同于学说的说服力。当然，以下级裁判所判决作为研究对象时，不可简单罗列下级裁判所判决，否则会犯方法论上的错误。因为，在现代社会中，"判例体系""法律基础"等电子数据资料，可供我们参考。因此，在分析案例时，须明确分析案例的目的，如何整理分析才能实现研究目的。

另外，下级裁判所判决虽然具有前述"呈现纠纷类型"之作用，但如后文所述，我们也应充分认识到其存在的诸多缺陷。

1-4 将下级裁判所判决作为个体考察时

■引用下级裁判所判决的意义

一般情况下，很多论文在其绪论部分，以"有这样的纠纷""有这样的判决"等方式列举一些下级裁判所的判决。

在论文"问题之提出"部分，为了吸引读者，使读者了解问题之所在及其实践意义，引用下级裁判所判决是比较有用的。但这只不过是通过介绍实际发生的案例，表明论文研究具有实践意义而已，决不能认为可以以此作为解释论之依据，完成论文写作。

2. 注意事项

2-1 下级裁判所判决的局限性

■下级裁判所判决的偏颇性

在分析下级裁判所判决时，首先须注意的是，公布的案例并不能反映裁判所判决的整体动向。因为，《判例时报》《判例时刊》等刊物所刊登的案例，并不是从下级裁判所判决中随意选择的案例，而是以其是否具有参考价值为前提的。正因为如此，这些刊物就会倾向于刊登一些至今为止尚未出现的案件，或者采用特殊法律结构的判决，很少刊登经常发生且为数众多、与既有判决采相同法律逻辑的判决。

在现实生活中，比较多见的是以产品存在缺陷为由主张解除合同的案件、以医疗过失为由主张损害赔偿的案件，而且在这些诉讼中几乎均以原告败诉而告终。这些案例虽然普遍存在，但不会被刊登在相关杂志上。相反，有些案件尽管理由不是很充分，偶尔出现肯定原告诉求的判决时，就会被刊登在相关杂志上。

上述倾向甚至会受到某种"运动"的影响。因为，与该"运动"有关的刊物，会尽量刊登对其"运动"起积极作用的案例。甚至在下级裁判所判决被上级裁判所改判时，也不刊登上级裁判所的判决。其结果，就会出现某一案件只有原告胜诉的判决，而不存在被告胜诉判决的情况。

当然，即使采用这种"有意识的选择法"（与"任意选择法"相对应的统计学上的术语），如果挑选标本的主体为数居多，该主体挑选标本的意向又不同，就会出现整体上接近于任意选择标本法的情况。总之，分析研究下级裁判所案例时，应充分注意其存在的上述局限性。

■判决结案的特殊性

即使已公布的案例多种多样，但以判决形式审结的诉讼案件本身具有一定的特殊性。或许大家听说过"日本的法官喜欢调解"。每年的《司法统计年报》也显示，基层裁判所受理的民事诉讼案件中，半数以下为判决结案，三分之一达成和解，六分之一为撤诉案件。由此可知，裁判所判决并不能反映诉讼案件的特点，只是表明该案具有一定的特殊性。

在尚未判决以前，当事人通过和解或者承认对方诉讼请求，也可以避免不利于自己的判决出现。例如，众多客户就某类金融机构在泡沫经济时期所为业务，提起了损害赔偿诉讼。如果金融机构认为"败诉的可能性比较大"，就会承认原告大部分的主张从而达成和解，甚至会全面承认对方的诉讼请求；如果金融机构认为"胜诉的可能性比较大"，则会坚持以判决见分晓。这种避免形成"败诉"判决的方法，是面临众多诉讼的大公司经常采用的。

甚至可以说，诉讼本身也表明该纠纷具有其自身的特点。在败诉可能性比较大的案件中，被告往往会果断接受客户的要求。例如，雇员依据雇主责任制度，在诉讼外请求雇主赔偿损害时，雇主无论向顾问律师咨询，还是在公司内讨论，如果认为在诉讼中没有胜诉的可能性，就会立即向雇员支付损害赔偿金。

2–2　事实认定的变数

■取舍标准

也许有人误以为，上述局限性表明，研究下级裁判所判决毫无意义。但事实并非如此。本书只是在强调，应注意下级裁判所判决存在的局限性，即所谓"研究下级裁判所案例"仅指"研究已公布的下级裁判所案例"，而非"研究所有下级裁判所案例"，也不可能是"所有法律纠纷之分析研究"。

在了解上述局限性的基础上，研究下级裁判所案例时，应注意事实认定与法律逻辑、判决结果之间的关系。

假设我们要研究分析下级裁判所有关缔约过失责任的案例。但在实际诉讼中，原告对假借订立合同，恶意磋商的被告提起损害赔偿诉讼时，绝不会首先主张"缔约过失责任"。首先，原告会主张"合同成立"，并据此追究被告的违约责任，"缔约过失责任"充其量只是假定性主张。也就是说，若"合同不成立"，则主张缔约过失责任。于此情形，如果法官认为"本案被告应承担损害赔偿责任"，可以认定"合同成立"，判决被告承担赔偿责任，也就无须探讨"缔约过失责任"问题。

相反，如果法官认为"本案被告不应承担损害赔偿责任"，也可以以"所谓缔约过失责任并无实体法上的根据"为由，否定缔约过失责任。或者，法官在认定事实时，关注合同磋商进度等，以"随时终止交涉系双方当事人默示的意思表示"为由，否定被告的缔约过失责任。

总之，事实认定不同，判决内容也会不同，法律逻辑的选择取舍与认定事实之间具有不可分割的关系。所以，在"全面研究分析有关缔约过失责任的下级裁判所案例"时，最为重要的问题是，如何确定缔约过失责任案件的范围。就此而言，在《判例体系》等电子数据比较完备的现代社会，只要在电子数据库中输入关键词，就可以搜索到相关判决。不过，在阅读判决过程中，须确定选择取舍的标准，并在论文中明确表明这一标准，否则会影响论文的学术价值。

3. 研读判决的技巧

3-1 阅读《最高裁判所判例集》的方法

■阅读开头部分

在研究分析判决时，必须阅读原判决书。在学生时代，大多是通过阅读已简洁概括"事实"和"判旨"的《判例百选》来了解案例的。但在撰写论文时,则须亲自阅读判决书,从中整理"事实"(以下,从判例集中整理概括的事实部分即论文中作为事实关系的部分,称之为"事实")。为此,需要一定的阅读技巧。

在此,先介绍阅读《最高裁判所判例集》的方法。《最高裁判所判例集》中的民事部分,被称之为《最高裁判所民事判例集》(以下简称《民集》)。为便于了解下述内容,最好备有《民集》。

首先,阅读开头部分。判决书开头部分书写的是案由,案由取决于当事人的诉讼请求。通过案由可以了解案件类型。实际上,这部分其实也没有多大的意义。

其次,阅读案由之后括号内记载的内容和当事人一览。这一部分,记载的是案件审理经过。本书执笔人之一至今还记得,在学生时代老师曾说过,该部分内容可以使你了解法律问题的复杂性。从一审到最高裁判所的审判,胜诉、败诉,反反复复。在上诉案件中,原告可能会成为被上诉人,如果上诉裁判所判决撤销原判或者发回重审,即可推知"该案的复杂性"。反之,原告也可能是上诉人,如果上诉裁判所驳回其上诉,维持原判,可初步认为"本案判决结果应该是正确的"。的确如此,但不可轻易下此定论。另外,代理人栏内若无任何记载,也就可以知道该案件属于本人诉讼。

最后,阅览判决事项以及判决要旨。判决事项以及判决要旨是日本最高裁判所判例委员会在编辑判例集时所附内容,并非判决书中的内容。当然,大多数判决事项以及判决要旨,都简要总结了日本最高裁判所判决事项以及判决要旨。但须注意的是,这只是总结了日本最高裁判所审理时的焦点问题,并非包括一审在内的所有争论焦点。

为了准确了解案件情况,有必要从第一审开始按顺序阅读。以下,翻至判决书"参照第一审判决主文,事实以及理由"部分。

3-2 阅读法律事实及其理由部分

■阅读"事实"部分

首先,阅读"事实"部分。此谓"事实"不同于"裁判所认定的事实",而是当事人所主张的内容。这一"事实"部分,按顺序记载了原告的主张、被告的主张。

分析一审判决时，在论文中应论述的"事实"，必须是"当事人并无争议的事实"以及"当事人之间存在争议，但裁判所已认定的事实"。就前者而言，只要认真阅读当事人的主张就可以了解其内容。对于诉讼当事人一方所主张的事实，他方若无异议，该事实将被视为当事人陈述（日本《民事诉讼法》第159条第1款），从而构成"裁判所认定的事实"部分，裁判所须以该事实作为其法律判断之依据（辩论主义之结果）。

当事人所争议的事实，裁判所依证据判断其存在与否，只要裁判所认定该事实存在，即为"存在该事实关系"。换言之，该事实即为判决书所认定的"事实"。反之，裁判所若未认定该事实，则"不存在"该事实。

值得注意的是，即使一方当事人主张某种事实，也不能就此认为"或许存在该事实"。也就是说，当事人往往会主张存在或者不存在某种事实，但我们不能因此就认为"这一事实大概是存在的，只不过裁判所以没有证据为由未予认定"。虽然这种解读比较善解人意，但并非法律事实。

■ **阅读理由部分**

在"有争议的事实"中，裁判所认定何种事实，会在"理由"部分予以说明。《最高裁判所判例集》往往会省略一审判决的"理由"部分。不过，可以从日本最高裁判所判决中了解原审裁判所及其判决日期。因此，须确认原审判决是否刊登在《判例时报》等刊物，切不可懈怠。

在论文中介绍判决"事实"部分时，应当阐明原告所请求的内容。这并不是因为这一"请求"属于不争的事实，而是因为其涉及对判决结论及其法律逻辑的理解。

对于判决主文及其法律逻辑，可以通过"主文"以及"理由"部分了解其内容。例如，在涉及违反说明义务的诉讼中，原告只请求损害赔偿时，裁判所不能擅自作出以欺诈为由的撤销判决。这是辩论主义的当然结果。因此，在原告仅仅主张损害赔偿，裁判所据此肯定该请求权时，决不能将该判决误解为"未肯定欺诈、错误，而承认损害赔偿请求的判决"。因为，该判决并未审理判断欺诈、错误成立与否的问题。

3-3 二审与终审判决的不同

■二审判决认定事实的重要性

如前文所述，阅读二审裁判所判决的方法，与前述一审判决的阅读方法基本相同。但须强调的是，二审判决后，当事人提起上诉，由日本最高裁判所审理该案时，与一审判决所认定的事实相比，二审判决认定的事实具有重要的意义。日本《民事诉讼法》第321条第1款规定："原判决依法认定的事实，具有约束日本最高裁判所的效力。"此谓"原判决"即二审判决。所以，在论文中介绍日本最高裁判所的判决时，其"事实"应为二审判决认定的事实，而不应该是一审判决所认定的事实。

不过，区分一审和二审判决认定的事实，有时也有其法律意义。例如，一审判决认定合同有效成立，责令被告对其违约行为承担损害赔偿责任；二审判决则否定合同成立，以违反诚实信用原则和缔约过失责任为由，责令被告承担损害赔偿责任；当事人以原审裁判所认定的损害赔偿范围有误为由提起上诉，最高裁判所判决：损害赔偿范围限于信赖利益损失。也就是说，有时判决认定的事实也会影响判决内容。于此情形，如上文所述，论文应详细说明一审判决与二审判决所认定事实的异同。当然，如前文所述，日本最高裁判所是以二审判决认定的事实作为前提的。

在阅读日本最高裁判所判决以前，应先阅读上诉理由。根据日本《民事诉讼法》第312条的规定，上诉理由必须符合该条规定。但事实上，上诉理由往往不拘泥于该条规定的限制。上诉理由中，不仅有不服事实认定的，也不乏充满激情和煽动性的理由。对此不必过于认真，只要了解日本最高裁判所判决确定的上诉理由，在论文中将其表述为"上诉理由涉及多方面，日本最高裁判所采纳的理由如下：……"即可。

另外，关于如何确定日本最高裁判所判决中的法律规范问题，参见后述"补论"部分。

3-4 阅读《判例时报》《判例时刊》等刊物的方法

■值得怀疑的"解说"

上文以《最高裁判所判例集》为例，介绍的是阅读日本最高裁判所判决的方法。但如前文所述,下级裁判所案例主要刊登在《判例时报》《判例时刊》等商业性判例杂志或者《下级裁判所民事案例集》中。

无论是下级裁判所案例,还是日本最高裁判所判例,其阅读方法是相同的。不过,特别是早期的《判例时报》等刊物,缺乏有关事实部分的记载。近年来,已有所改变,判决理由中概括有认定的事实。

另外,特别是在商业性判例杂志中,也有值得怀疑的"评语",即在介绍案例以前,以报道形式记载的"解说"。如果该"解说"只是整理了迄今为止的案例,或许值得参考。同时,特别是对于事实关系记载较少的判决,有些"解说"补充记载了一些事实关系。该补充内容应该具有客观性(事实上,"解说"是由审理该判决书的法官所撰写)。但须注意的是,"解说"所补充的事实,并非判决书所认定的事实。因此,论文不得以"解说"所述事实关系为前提。尽管如此,很多论文往往依据"解说"整理分类下级裁判所案例。但即便依据"解说",也须注明该事实关系为"解说"所述事实。

3–5 其他注意事项

■早期判决

到目前为止,商业性刊物所刊登的下级裁判所案例,其事实关系往往不是很明确。当然,日本明治时期、大正时期的判决,即便是大审院(相当于日本最高裁判所)判决,事实关系也不是很清楚。而且,判决文书写作方法也不规范,很难区分哪一部分是原审判决认定的事实,哪一部分是上诉理由,哪一部分是大审院的判断。当时,使用的又是文言文,晦涩难懂。尽管如此,其仍为国语,只能认真阅读理解。

■新版判决文书

1989年1月,东京高等裁判所、地方裁判所"民事判决书改善委员会"与大阪高等裁判所、地方裁判所"民事判决书改善委员会",联合发表了"关于民事判决书的最新格式"这一方案。自此以后,法官基本上遵循该方案中的格式书写判决文书。不过,阅读新版判决文书时,不能直接套用前文所述的阅读方法。因为,特别是新版判决文书,其认定"事实"的方法,与旧版判决文书是不同的。新版判决文书并未采用以往判决记载"诉讼请求"(原告的主张)、"是否承认诉讼请求"(被告的主张)、"抗辩"(被告的反论)、"是否承认抗辩以及再抗辩"(原告的再反论)的方法,而是直接记载哪些为没有争议的事实,哪些属于有争议的事实。

不过,这一新版判决文书是为了改变旧版判决文书不易理解而提出的,因此不用过于担心。详细内容参见《关于民事判决书新版样式》,载《判例时刊》1990年第715号;《特集·关于民事判决书新版样式》,载《Jurist》1990年第958号。

第3款 外国法

1. 外国法研究的有用性

1-1 外国法研究现状

■相关论文泛滥

到图书馆翻阅几本法学刊物的目录,一定会看到诸如《法国瑕疵担保责任制度》《19世纪德国规制暴利行为制度的历史发展》《英格兰法中的信赖义务的发展变化》等标题的论文。如果是专门研究外国法的刊物(如《日法法学》《美国法》等),尚且可以理解,但一般法学刊物(如大学学报类或者《Jurist》《法律时报》等商业性刊物)中,此类论文所占比例也很大。

事实上,在日本民法(广义上的实体法)"研究"论文中,有相当比例的论文是以分析外国法为主要内容的。换言之,与法国或者德国相比,日本民法学研究中,外国法研究占有显著的地位。可以说,这是日本民法学的特色之一。其原因何在?简而言之,外国法资料对于日本法研究具有重要的意义。

1-2 外国法研究的作用

■借鉴德国学说

回顾日本民法学史,从法典成立的19世纪末至1921年的末弘批判(参见末弘严太郎:《物权法·上卷》"序言",有斐阁1921年版),在这20世纪的前四分之一时期里,德国法学处于鼎盛。这一时期,视日本法与德国法

（应）具有同一性，在此前提下，普遍认为德国法亦（应）直接适用于日本，从而大量移植了德国法。如果这一前提能够成立，参照德国最新学说当然是有益的。

■继受法研究

此后，1965年星野论文［星野英一：《法国民法对日本民法典的影响》，载星野英一：《民法论集》（第1卷），有斐阁1970年版，第69页以下。首次发表于《日法法学》1965年第3号］提出，《日本民法典》仍然保留着法国民法的影响，主张应考察研究作为某种制度原型的法国民法中的相应制度。被称之为"母法研究""继受法研究"的这一方法，进入20世纪90年代，至围绕池田论文［池田真朗：《论指名债权让与中的不保留异议的承诺（1）～（3·完）》，载《法学研究》（庆应大学）1989年第62卷第7—9号。该论文收录于池田真朗：《债权让与研究》，弘文堂1993年版、1997年增补版］的论争［以道垣内弘人著《民法学的进展》（载《法律时报》1990年第69卷第10号）为开端，多数学者对此展开了讨论］为止，作为外国法研究的主要方法也持续了四分之一个世纪，并为大多数研究论文所采用。这一方法，旨在关注民法历史沿革，确定可供参考的外国法。

■功能比较法

即使比较外国法与日本法，有时二者之间并无制度上的关联性。但这并不意味着，该外国法并无任何借鉴意义。因为，比较法研究，不仅可以在规范层面上进行比较，在具体问题层面上也可以进行比较研究。就某一特定问题，外国法的解决方法，即使其依据的是不同于日本的法律制度，但从如何解决问题这个角度而言，具有参考意义。例如，研究"情势变更原则"问题时，除了法国法中的不可预见性理论以外，英国法中的履行障碍理论也具有重要的参考价值（五十岚清：《合同与情势变更》，有斐阁1969年版）。因此，依据这种方法（有时也被称之为功能比较法），参考属于不同法系的英美法也是可能的。

158 1-3 外国法研究今后是否也有用？

■信息稀缺

如上文所述，研究外国法的意义在于其所含信息的有用性。但是，即使有很多有价值的信息，如果可以轻易获取这些信息，其价值也未必很大。例如，对于民法研究来说，《日本民法典》的条文规定是极为重要的信息，任何人都可以获取该信息。因此，若仅仅介绍条文规定，通常并不能成为具有"某种创新"的"研究"。换言之，有关外国法信息的价值正是在于其稀缺性。因此，一般都认为，外国法研究论文在提供稀缺信息这一点上具有"创新性"。

■信息泛滥

然而，也许有人会批判性地认为，在国际化、信息化发达的今天，学者慢条斯理地研究外国法，并无信息价值。的确，在国外旅行属于特权的时代、懂外语是特殊能力的时代已经一去不复返。现今，获取外国法信息并不困难。事实上，官方或者各界团体通过海外视察收集外国法信息，很多企业也在通过其国外分支机构或者律师事务所收集最新信息。即使不出国考察，也可以通过互联网获取相关信息。简而言之，外国法研究已是无用之物。

■信息的全面性

果真如此吗？就某一特定事项，只能选择回答"是"或"否"时，或许如此。但因此而收集的信息是极其片面的。所以说，获取更具广度和深度的知识，或者以实务未必关心的问题为研究对象，提出"某种创新性"研究的可能性还是很大的。

1-4 已无可学之处？

■关注本国法

也许有人会质疑学习外国法的作用。也就是说，我们或许从外国法中可以获取最新信息，但现今的日本，并未处于追欧美、超欧美的时代，无须从国外寻求有用的信息，反倒有必要自己创新。这一批判值得倾听。的确，研究解决日本法中的问题，未必能从外国法中获得答案，甚至没有任何启示作用。于此情形，实有必要自己去研究解决相关问题。同时，在沉溺于外国法研究以前，也可以在国内寻找解决问题的方法。只了解外国法的最新理论，而不了解日本判例现状，不得不说缺乏学者应具备的专业素质。

■实体法的相对性

虽然如此，但不能因此否定比较法研究之意义。有些问题看似是新问题，实际上与传统法律制度有关。例如，在研究电子商务交易问题时，实有必要深入探讨现行证据法；在研究人类辅助生殖技术的法律问题时，若无视其与父母子女关系或婚姻制度的关联性，则无从研究该法律问题。同时，了解日本法特色，研究其未来发展时，比较法研究是最好的法律解释工具。欧美学者似乎只关心本国法，事实上并非不关注外国法。在法国，20世纪前半叶非常注重德国法研究，也成为了法国法学发展的一大推动力。大陆法系国家对罗马法的关注，可以与日本民法学者对母法（法国法或者德国法等）的关心相提并论。

"现在、在此"分析某一法律问题时，"某时、某地"发生的解决方法具有参考作用；反思"自我"须虚心请教"他人"。

1-5 第一篇论文中的外国法研究

■有助于提高研究能力

如前文所述，一般情况下第一篇论文中须有比较法研究（第一章第二节2-3）。其理由，至此未予论及。基于上述内容，我们可以回答，之所以研究外国法，是因为"有用"。但第一篇论文中的外国法研究的意义并不限于此。

为了提高研究能力，以外国法为素材的比较法研究，至今仍然是有用的。直截了当地说，与日本民法相比，德国和法国民法历史悠久，蕴含着丰富的民法学知识。查阅国内相关研究成果，或许很难获得研究启示，但通过比较法研究，一般情况下可以获取丰富的研究素材。通过分析这些素材，可以磨炼自己的研究能力。易言之，从作为研究对象的法律现象本身来看，也许欧美与日本之间没有多大的差距；但从研究法律现象的法学（民法学）应有状态而言，不得不承认日本民法学尚有很多不足之处。

■日本民法学的从属性？

这不仅仅是民法学问题，或许也涉及日本学问的应有姿态。最具启发意义的是，平井教授所指出的民法解释学中的"汉意"与"和心"问题（平井宜雄：《探究"法律思考方法"——三十五年的回顾与展望》，载《北海道大学法学论集》1997年第47卷第6号，第129页）。也就是说，即使欲彻底排斥外国法影响（汉意），但"为了使知识体系化、理论化，归根结底还须借助于其他'汉意'（也许已为'洋意'），此即日本学术之现状"，法学也不例外。

不过，须强调的是，上述内容，并不意味着日本民法学从属于外国民法学。法国、德国也是以中世纪罗马法学为出发点，逐步形成了各自的民法学。也就是说，各国在融合罗马法的基础上，确立了民法学。但不会有人认为，法国法、德国法只不过是罗马法学的复制品，从而贬低其存在的价值。因此，我们也应该以外国法为素材，深入研究，铸就本国民法学。

1-6　外国法之借鉴与日本法的独特性

■服务本国法律制度

然而，在研究实体法的民法学中，虽然研究外国法，但其问题意识乃至分析视角应始终立足于日本民法学（或者法律共同体）。也就是说，研究外国法时，应始终思考日本民法学上的研究课题。即使从外国法中获得一定的启发，就日本民法问题提出自己的观点，其见解也并非外国法学本身。与文化、历史相同，法律是社会不可分割的构成部分，无视外国法及其文化背景，将外国法植入日本法（即日本社会），往往会产生法律上的"文化变迁"。

对于纯粹意义上的外国法研究（亦即以其本身为研究目的），其实也是一样的。对外国法的研究成果，面对的是日本法律共同体，其研究成果也是以日本法律共同体所提出的疑问及其误解为前提，以求超越、解决该问题为目的。

■主动研究外国法律

因此，在研究与本国民法相对应的外国法律制度时，还须分析探讨本国民法所欠缺，但在外国法中具有补充功能的其他制度，或者为外国法所欠缺，但在本国法中存在的其他制度。相反，只比较研究一项法律制度，则会被质疑是否存在对应关系。

同时，对于比较法研究，还须回答该外国法自身都未加怀疑的问题。例如，在英美法中，当事人订立动产买卖合同，出卖人交付标的物后，即使买受人未履行其支付价金债务，出卖人也不享有解除权。其原因何在？在英美法系中，很少有文献直接回答该问题，至少在具有代表性的教材中并未阐明其理由。但我们不能就此认为，连该外国法都没有提出问题，我们也就没有必要回答该问题。因为，我们必须以日本民法学内在的问题意识乃至分析视角来研究外国法，深入认识和考察日本民法学（参见道垣内弘人：《买受人破产时动产出卖人的保护》，有斐阁 1997 年版）。

由上可知，积极研究外国法，有助于提高学术研究能力。同时，为了摆脱舶来品，确立具有特色的本国民法学，也需要积累此类研究成果。

2. 外国法研究的前提

2-1 研究目的

■求"新"

外国法研究之所以能够成为日本民法研究的巨大潮流，有其一定的道理。因为，在外国法中可能有某种"新事物"。但研究外国法，须具有明确的目的意识。毫无目的，一味阅读外国法资料，是不可能发现"新事物"的。

那么，应以什么样的目的研究外国法呢？论文内容不同，方法亦有不同。在第二章"型"部分，介绍了以何种形式借鉴外国法的问题。借鉴外国法的方法有一定的类型，理解其意义是非常重要的。不过须切记，仅以"型"完成论文写作是不可能的。

■法律移植

除了上述一般注意事项以外，就研究外国法的目的而言，还须注意的事项是：只要发现外国法中有"某种新事物"，即以此为论据，主张"外国法是这样规定的，所以日本也应该如此"。

如第二章所述，"母法是这样规定的""从比较法上看应该是这样的""所以……"这一论述方法（基于母法、比较法的方法）能否成立，还须满足一定的条件（参见第二章5）。事实上，基于上述分析直接得出结论的情况并不多。换言之，此种形式（利用形式论证型）的比较法研究，有其局限性。

■ 借鉴与创新

那么，如何借鉴外国法呢？通常是以"外国法是这样规定的"作为启发，在分析与之对应的日本法的基础上，借鉴外国法。详言之，常见的方法是，考察外国法对日本立法过程、学说史的影响（探究影响型），或者比较外国法与日本法，从而构筑能够说明二者的理论模式（模式构成型）。实际上，有不少第一篇论文就是通过研究外国法"获得了一定的启发"，并在构建理论模式方面掌握了一些线索。

即使明确了日本法中的某一制度受到外国法的影响，即使就某一制度可以构筑理解日本法与外国法的理论模式，但这并不意味着就此就可以解决日本法中的具体法律问题。解决具体问题（例如，未办理移转登记的第一买受人能否请求未办理移转登记的第二买受人交付标的物），除了制度宗旨以外（例如，如何理解日本民法中的对抗要件主义），还涉及其他要素（例如，如何与判例法衔接，如何协调其与程序法之间的关系等）。即便如此，与个别"解释论"相比，如何构筑理论框架即解释论，系民法学之重要任务之一。因此，无论是探究外国法之影响，抑或构筑符合时代要求的理论模式，外国法研究是非常有用的。

■ 外国法作为素材的有益性

当然，构建"解释论"，也有可资利用的其他素材。除了"外国"法以外，可以参考日本法（例如民法以外的法律规范研究）；除了外国或者日本"法"以外，着眼于其"现实"也是非常有用的（例如社会现状究竟如何）。在探讨分割夫妻共同财产问题时，参考社会保障制度对离婚后父母子女的待遇，关注离婚后的实际情况，树立"解释理论"也是可能的。不过，日本民法学在其百年历史发展进程中，借鉴了诸多国外法律制度，至少在现阶段，作为理解日本法律制度的一面"镜子"，精确度最高的是外国法研究。

2-2 作为研究对象的外国法

以外国法为研究对象时，其所谓"外国法"究竟指的是什么？也许有人会认为，外国法不就是外国的法律吗。但事实并非那么简单。

■ 哪国法？哪一时代的法？

首先要面对的问题是，以哪一个国家的法律制度作为研究对象。其次，应以哪一时代的法律制度作为研究对象。如果拟探求"某种新事物",无论哪一个国家、哪一个时代的法律均可成为研究对象,但从民法学研究角度而言,一般不会以古埃及法作为研究对象。

从国度而言,对法国法、德国法的研究比较多,对英国(英格兰)法、美国法的研究也不少。从时代而言,研究现行法者居多,但选择日本法形成发展的关键时期,研究当时的外国法的也不少。

之所以出现这种情况,主要是考虑"与日本法的关联程度"这一因素。法国法、德国法是对日本民法形成和发展起到重要作用的外国法。英国法具有将大陆法系思路相对化的特点。美国法具有实践性,对当今日本民法有很大的启示意义。因此,研究这些外国法,可以从中获取对日本法具有建设性意义的观点。从时代角度而言,可以给予日本民法权威性地位,与此同时,选择与日本法有关系的时期,也是基于同一理由。

■ **比较多国法律**

作为研究对象,所应选择的国度并不限于某一国家,也并不限于某一时代。例如,以法国民法为研究对象,研究其对《日本民法典》编纂的影响,同时为构筑新的理论而参考法国民法时,就须以法典编纂时期和当代民法学这两个时点的法国法作为研究对象。如果是研究某一问题在比较法上的趋势,就须同时研究法国与德国,法国(或德国)与英国(或美国)等法系完全不同的数个外国法。当然,研究多国法律制度会面临语言、资料上的障碍。即使能够克服这些困难,也难免流于表面。所以,对于参考多个国家、不同时代的法律,不得不采取消极的态度。当然,有些问题只能通过比较分析多国法律才能发现问题之所在。但撰写第一篇论文时,最好是以某国、某一时代的法律制度作为研究对象,详尽其内容。当然,如学有余力,亦可分析其他国家或不同时代的法律,也不妨在后续论文中加以研究分析。

总之,研究分析哪一个国家、哪一时代的外国法,取决于论文的构思。于此情形,论文之"型"可以起到指引作用(参见第二章)。另外,研究分析各个国家、不同时代的法律时,应注意的事项有很多,详见第四章第一节资料检索方法部分。

2–3　研究内容

选择外国法为研究对象时，还会涉及一个问题，即分析外国法中的哪些制度。

■**外国法≠国外教材或论文**

研究某国或某一时代的外国法时，所谓外国法，是指制定法还是判例抑或学说？"就××制度（或问题），在明确现行日本法的基础上，与现行外国法（××国法）进行比较"时（如前文所述，不能仅此就认为主题已确定，研究思路也已确定），其所谓"现行日本法"究竟是指学说还是判例？"学说认为……与之不同，判例则持不同的看法；相反，判例认为……学说则持否定意见。"通过这些对比，我们可以发现研究主题或明确研究思路。然而，涉及"现行外国法"时，往往容易忽略上述对比。事实上，认为"国外教材或论文＝外国法"的第一篇论文不胜枚举。不妨回头思考一下日本法的问题，就不难发现，不能将某一教材或论文所述内容视为该国法律。这一点极为重要，也是很容易忽略的问题，须加以注意。

■**外国法＝外国法律、判例、学说等**

研究对象是外国法，此谓"外国法"包括外国法律、判例以及学说。如是，研究外国法就是分析探讨外国法律、判例和学说。那么，在研究方法上，注意事项也就有所不同。本书主要是以日本法为前提，分别论述了"学说"（本节第1款）、"判例和案例"的研究方法（本节第2款；后述"补论"）。在研究分析国外学说、判例时，基本上也可以参考这些方法（如前文"分析学说之心得"所述，其分析方法不仅适用于日本学说，也适用于国外学说）。关于对"法律"的分析方法，本书未予论述。因为，本书认为对此无需特别加以说明。

于本款，省略了"外国""法律、判例、学说"的"研究"方法。也许有人会认为，其实"研究外国法"并无特别的方法。但是，由于此谓"法律、判例、学说"并非指日本法，而是指外国法，因此必然有其特别需要注意的问题。下文将以此为焦点，介绍外国法的研究方法。首先，罗列一般注意事项，再讨论与之相关的，在某种意义上具有重要意义的方法论问题。

3. 研究外国法的盲点

3–1 欠缺常识

■以国外教材为出发点

之所以特设本节内容，论述外国法研究问题，首先是因为，我们欠缺有关外国法的基本知识。这对于写作第一篇论文的年轻学者来说，是非常重要的问题。因为，攻读研究生学位，尝试撰写论文的学生，通常欠缺外国法知识。从某种意义上来说，这也是理所当然的。经过四年的本科学习后，之所以打算攻读民法专业，是因为喜欢民法学，也有比其他人更了解民法的自信。至于其他法律领域，如宪法、商法、民事诉讼法或者刑法、行政法等，也具备了相关基础知识。就外国法知识而言，有些人也许在本科期间上过有关法国法的课程，但通过 4 个学分的课程所获取的知识极其有限。

假设，某人打算以法国合同法为素材，比较研究日本和法国的意思表示理论。此时，如果欠缺相关知识（对法国法学者来说则为常识），则会陷入意想不到的泥潭，难以自拔。例如，不了解法国证据法，就不知道所谓"意思"首先应该是证书（书面）所示"意思"；不了解法院的权限分配，则无法理解上诉法院对合同解释进行控制的意义。

■学无止境

事实上，即使花很长时间攻读外国法（例如留学国外 1 至 2 年），也很难全面掌握外国法知识。如同学习外语，即使我们的外语达到一定的程度，也会时常犯外国人绝不会犯的错误。也就是说，初次撰写论文时，应以自己完全不懂外语或者不能自由对话这一态度去学习外国法。同时，在研究外国法时，是否遗漏了重要前提，更是特别需要我们反躬自省的问题。

3–2 日本法的投影

■日本法这一有色眼镜

戴着日本法这一有色眼镜观察外国法，也会影响我们正确理解外国法。如前文所述，我们应时刻注意是否忽视了重要的前提，但这并非易事。因为，误以为外国法与日本法基本相同，从而未注意问题之所在的情况也是不少的。

例如，比较法国法中的公序良俗原则与日本法中的公序良俗原则时，我们往往会认为，公序良俗原则无明文规定，旨在否定社会一般观念所不容许的行为效力。但在法国则有所不同。《法国民法典》第 6 条规定："个人不得以特别约定违反有关公共秩序和善良风俗的法律。"第 1133 条规定："法律所禁止或者违反善良风俗和公共秩序的行为无效。"前者是关于法律效力的规定，后者是关于原因行为的规定。如果不清楚其内涵，则无法进一步展开对法国公序良俗原则的研究。

总之，如同学习外语，不能以日本法为前提考察外国法。

4. 外国法的分析技巧

4−1　提高学习效率

■时间有限

资源有限，我们的能力也是有限的。在分析研究某一外国法时，我们所具备的该国法律知识并不充分，很多情况下也不能熟练运用外语，同时论文写作又有时间限制。所以，我们不可能在先克服语言关，继而获取该国法律知识的基础上撰写论文。必须在阅读必要文献的过程中，同时获取相关知识，提高研究能力。

为了提高学习效率，避免盲目性，下文将首先论述如何研究某一时期（如当代）的外国法律制度（当代法律），之后，从历史角度说明研究某一外国法（历史分析）的分析方法。

4−2　确认法律渊源

在探讨某一时期（如当代）的外国法律制度时，最好先确认该国的法律渊源（此谓渊源包括事实上的渊源、间接渊源在内的广义上的法律渊源），否则，必会误入歧途。

■ 学说

例如，在各国法律渊源中，学说所处地位是不同的。假设，在 A 国，学说并非法律渊源（例如英美法系），在 B 国，学说则为法律渊源（例如拉丁美洲诸国）。于此情形，引用 A 国学说，据此说明 A 国现行法律是毫无意义的。因为，在这些国家，学说只是不同于实体法的学术理论而已。相反，了解 B 国实体法，决不能忽视学说的存在意义。除了上述极端情形以外，例如，比较法国民法与德国民法，我们不难发现，学说在德国更具权威性。因此，在德国和法国，学说论争对实体法所具有的意义是不同的。

另外，在比较德国与法国学说时，也有必要注意两国在法教义学方面存在的差异。一般认为，法国法不如德国法严谨，不重视法律逻辑。不过，这是因为，法国学说的研究重点与德国学说有所不同。如果稍微提高理论的抽象程度，在某种意义上，可以说法国法中也不乏教条主义的理论。因此，如果认为（或者从日本法角度观之），法国法欠缺德国式的法教义学，也就无法理解法国学说所起到的作用。

■ 制定法与判例

上文所述内容，同样适用于制定法。一般情况下，判例法国家的制定法属于例外情况，原则上不允许扩张解释、类推适用。大陆法系国家则以制定法为原则，至于判例，例如是否应限制其适用范围，各国有所不同。美国和法国法院判决书，其篇幅、格式均有不同，不能无视这些差异一概而论（关于各国判例问题，参见山田晟等：《专题讨论·判例之比较研究》，载《比较法研究》1965 年第 26 号）。

4-3 注意法律渊源之间的关系

■ 法律与命令、上级法院判决与下级法院判决

有必要留意法律渊源之间的关系。例如，在制定法中，法律与命令之间是上下位关系，法律内容大多通过命令而具体化。但也有像法国法那样，区分法律与命令，使二者处于并存关系的情况。判例也存在类似的问题。例如，在英国，并不否定下级法院判决作为法律的渊源；在法国，最高法院判决与下级法院判决的法源性具有很大的差异。因此，以法国下级法院判决作为素材的判例研究，仅具有案例研究的意义，不能以此解读实体法之规定

（因其事实部分简略，是否具有研究意义，也值得怀疑）。

■ 学术著作与学习用书、学术著作与实务用书

前述上下位关系问题，对于学说来说也是比较重要的。在概论性著作中，有些是有影响力的，有些则没有影响力。这对该国学者来说是比较清楚的，对外国人来说，则不太容易辨别。例如，具有学说价值的概论性著作与一般教材之间是有区别的。即使标题相同的书籍，后者不能作为参考对象，也不能引用后者（在日本，仅供某大学某教师使用的教材，不能作为引用的对象）概括学说现状。学术著作与实务用书也存在同样的区别。在论述实务现状时，可以引用实务用书，但在阐述学说现状时，则不得引用该书所述内容（在日本，引用有关"抵销与扣押"问题的参考文献时，引用银行实务用书则不太恰当）。

■ 作者和出版机构的权威性

另外，就论文学术价值而言，毋庸置疑，学术价值取决于论文内容。不过，其他要素事实上也会影响对学术的评价。例如，作者为大学学者（若为大学学者是否具有教授资格）抑或实务界人士，是否为该问题领域的专家，是否有相关研究业绩等等，均可作为评价指标（有些评价指标，因国度不同而有所不同。在英国，大学教授的论文并不具有特别高的权威性）。同时，出版机构也会影响对学术价值的评价，例如专题研究涉及出版社的权威性，期刊论文则关系到期刊的权威性（即使在日本，研究成果刊登在专供研究生投稿的刊物，还是教师也可投稿的法学院纪要抑或大学学报，其影响力是不同的）。

4-4 充分利用二手资料

■ 回归原典

以某国制定法或者判例为素材撰写论文时，有必要回归原典，仔细阅读该国制定法以及判例等第一手资料，了解该国制定法及判例理论。回归原典时，除了研究能力外，还会面临时间或者资料限制等诸多困难，忍不住就会偷懒。但"回归原典"是所有研究的必经之路，此项工作不可懈怠。研究外国法，更应强调这一点。偷懒耍滑，依据教材或论文所述制定法或判例而形成的论文，并无学术价值可言（但在附带论述某国法律时，则允许利用第

二手资料，但绝不容许以假乱真，使读者误以为利用的是第一手资料）。

■充分利用第二手资料

但不得不说，通过阅读第二手资料，我们不仅可以了解在该国是制定法重要还是判例或者学说重要，最高法院与下级法院有何区别，同时也可以了解通说抑或有力说等内容。相反，如果不利用二手资料，相关研究大多将会以失败告终。就此而言，应注意观察教材或论文的注释部分。

可利用的第二手资料，不限于该国研究文献。最好的办法是，再三阅读以法国法、德国法为素材的日语研究论文，获取相关基本知识。这也是本科毕业进入研究生生活时，首先需要尝试的工作之一。另外，如果有相同或者类似的日语研究文献，可以以此检索相关文献。当然，不能保证该文献是否为优秀的研究成果。

4-5 把握发展动向

■学说动向

从历史视角研究某国法律时，最为重要的是，注意掌握其发展动向。例如，分析法国原因理论的历史发展时，首先须明确自己所要研究的是学说理论。在此基础上，须掌握对古典主义（原因论）提出的批判（反原因主义），并尝试重新构筑其理论结构（新原因主义）这一发展动向。如果不能掌握这一大的流向，则很难理解学说所主张的内容。

■立法动向

同时，还须掌握立法动向。特别是在立法修订时期，不可误读法律修改意向及其内容。例如，法国一直在扩大其收养制度的适用范围。但这一立法动向并非古老的制度，而是在第一次世界大战以后确定的。在了解这一动向的基础上，须留意的是，日本早在第二次世界大战以前，就移植了特别收养制度。在日本，1966 年的《收养法修订案》是非常著名的，但该法主要解决的问题，是与上述问题无关的其他问题。如果不了解上述立法演变，难免误解新法之宗旨。

■最新动向

掌握上述动向其实不难。关于原因理论的历史发展，教材中一般都有相关论述；关于收养制度，亦有诸多研究文献可供查阅。不过，应如何理解出现反原因主义以后的学说史？如何理解收养法修订之宗旨？此类问题，在法国也无明确的答案。那么，如何了解其发展流向及其内容？容待后述。

4-6 关注立法与判例理论

■立法采纳判例理论

还有一个重要的问题是不同的法律渊源之间的相互关系。例如，法国分别于 1965 年和 1985 年修订了《夫妻财产法》。1965 年修订案后，判例经历了 20 年的发展变化。无视该发展过程，则无法理解 1985 年修订案的内容。与之相反，立法亦影响判例。仍以法国法为例，1982 年出现了著名的最高法院判决：交通事故中，受害人为行人时，不得适用过失相抵原则。1985 年制定的《交通事故法》采纳了该判例理论。

■判例与立法的对立

判例与立法的关系是非常微妙的，时而相互对立，有时立法变更判例理论，有时判例不遵从立法。例如，法国 1978 年有关限制不当条款的立法，剥夺了法官判断该条款是否为不当条款的权限，1991 年的法国最高法院判例则肯定了这一权限，此后不久，立法追认了该判例理论。

判例与立法之间的上述关系，值得关注，也有必要跟踪研究。虽然其内容涉及高难度的理论问题，如果能够探究其理论发展过程，并以此为基础撰写研究论文也是可行的。换言之，这是一部法律戏剧，有必要尽早以第二手资料为基础，参考最新资料，深化相关研究。

4-7 注重立法背景

研究外国法时，难度比较大的是，对影响制定法（包括学说在内的广义上的实体法）的各种社会背景的分析。

■日本立法背景

关于这一点，我们也欠缺相关常识。例如，日本《产品责任法》的立法背景如何？在制定该法时代的日本的人，可能了解一些当时的社会形势、政治势力的变化。虽然了解程度会因人而异，只要关注媒体报道，即可了解一些相关情况。与此相同，如何理解 20 世纪 90 年代的合同法学的发展动向？日本民法学在研究对象、研究方法方面所面临的课题是什么？这一时期具有说服力的思想潮流是什么？其实，了解这些问题，也不难。

相对而言，即使为日本法问题，若无亲身体会，掌握其立法背景确实有点难度，即便如此，例如在分析第二次世界大战后的亲属法改革这一问题时，对于当时的政治背景和思想，我们还是有所了解的。

■外国立法背景

然而，如果是外国法，情况则完全不同。如前文所述，我们关于外国法的知识是有限的，对法律以外知识的了解更是有限。例如，法国为何于1814年废除《拿破仑民法典》规定的离婚制度？1884年为何又恢复离婚制度？我们几乎不知道这些立法的政治或思想动向。而且，即使想通过查阅有关文献获得相关知识，由于我们不是研究政治史、思想史方面的专家，所以有什么样的文献资料，这些资料是否可靠，不仅难以判断，有时甚至很难收集相关文献资料。

当然，就此问题或许在该国已有充分研究，利用这些研究资料也是可能的。不过，我们无法判断这些资料的真伪及其内容的可信性，因此在论文中引用相关文献时，应多加注意。

5. 分析视角

5-1 研究视角的必要性

■内在视角与外在视角

最后，需要论述的是，一个不易解答却又不能回避的重要问题，即研究分析外国法时的思维方式问题。概言之，以外国学者视角（内在视角），还是始终以日本学者视角（外在视角）思考问题，抑或从其他角度分析问题？

解答这一问题有一定的难度。就本款内容而言，本款第1部分，强调外在视角的必要性，本款第3和第4部分则阐述的是内在视角之要点。那么，究竟应该如何理解二者的关系呢？

或许有读者已经注意到了上述问题。当然，或许也有读者根本不知道究竟在讲什么问题。为此，下文拟换个角度解答上述问题。具体而言，设置如下两个命题：其一，注重功能主义比较方法；其二，尽量克制对国外法律制度本身正确与否发表评论。

5-2 广度：功能性比较

如前文所述，一般认为，在比较外国法时，简单比较 A 国某一法律制度 X 与 B 国某一法律制度 X′ 是不全面的，应运用功能性比较方法。

■正确理解外国法律制度

假设，我们要比较研究日本民法和法国民法中的离婚制度。能够与日本民法中的"离婚"相比较的制度，在法国法中，除了"divorce"（离婚）外，还有与之有密切关联的"separation de corps"（分居制度）。所以，仅仅比较 X（离婚）与 X′（divorce）是不充分的，还须研究分析制度 X″（separation de corps）。由此可知，只有全面理解外国法律制度，我们才可以研究分析与 X′+X″ 相对应的日本法中的 X 制度。

■注意与本国法律制度的不同

然而，有时也需要与之不同的解决方法。例如，比较研究日本民法与英国法的情势变更原则时，我们不难发现，英国法中并不存在与日本民法"情势变更原则"相对应的概念。与之勉强对应的是"合同履行障碍理论"。也就是说，从表面上看，无法确定所要比较研究的对象。为此，就需要变换视角，有必要从英国法是如何认识情势变更原则这一角度切入问题。再如，比较研究日本和德国民法中的合同责任扩大问题时，我们也不难发现，无论在日本民法还是在德国民法中，均有被称之为合同责任扩大的现象。但正如很多学者所言，对于此情形，仅仅比较合同责任是不充分的，还须比较分析日本和德国侵权法之异同。换言之，比较法研究还需外在视角。

由上可知，运用功能性比较方法时，比较研究的对象（包括范围）往往取决于比较法学者所关注的问题。事实上，只有设置外国法中不存在的视角，始能有效运用功能性比较方法。换言之，外在视角对于运用功能性比较方法是非常有用的。这一点，参见本款第 1 部分所述内容。

5-3 深度：关联性比较

■两种视角能否并存？

那么，比较法研究是否应始终立足于外在视角？未必如此。本书一直在强调，应内在地理解外国法（参见本款第3、4部分）。用词虽有不同，其实就是立足于内在视角。也许有读者会质疑，一方面强调外在视角的必要性，另一方面又主张立足于内在视角，这到底是什么意思。

本书认为，可理解如下：在选择研究对象时，应立足于外在视角；分析研究对象时，则应坚持内在视角。如是，那么前述正确理解外国法律制度这一要求，与功能性比较方法是可以并存的。

■**外在视角的重要性**

当然，与之不同的观点也是可以成立的。比如，应避免（立足于内在视角的）该外国学者所一笑置之、不加理会的理解或者解释。但这并不意味着，比较法研究只需忠实地介绍国外相关理论，不得附加任何评述。反而，应提倡以自己的视角整理国外理论现状。总之，应坚持外在视角，兼顾内在视角。

■**内在视角的基础性**

不过，须注意的是，内在地理解外国法是有难度的。之所以要求尽量克制对国外法律制度本身正确与否发表评论，就是因为正确理解外国法往往是比较困难的。正所谓"后批判"必"先理解"，这种方法不仅适用于本国法律制度研究，在比较法研究时更须特别加以注意（因为，本国研究论文出现错误时，可由本国读者予以纠正，但用母语发表的外国法研究论文中出现对外国法的理解错误时，由该外国的读者予以矫正几乎是不可能的）。

■**同时运用内外视角**

反过来想，功能性比较方法所采外在视角，实际上也融合了内在视角。因为，在确定与日本法律制度相对应的某国法律制度时，其实就是以内在地理解这一内在视角为前提的。也就是说，研究外国法时，外在视角与内在视角并非择一的关系，而是在明确其不同的基础上，应同时运用这两种视角。

第二节

"塑" ——论文的结构

1. 结构的重要性

1-1 从研究笔记到论文

■结构体现了主张

"材料的分析"完成后,接下来的问题就是如何配置材料,也就是说,如何考虑论文的结构。

不要认为材料的配置就是对起草过程的讨论、外国法的讨论、日本法的讨论的顺序进行简单排列。排列顺序具有相应的含义,简单地说,必须认识到论文的结构体现了作者的主张。其实,看了论文的目录即可大致了解作者将展开何种类型的讨论,而且很多时候可预测到论文的优劣。相反,没有良好结构的论文称不上是"研究论文",该论文也许是随想,也可能仅为研究笔记而已。

■完成"计划"的重要性

所谓具有良好结构就是指绪论(问题的设定)、本论(材料的分析)、结论(结论的提示)间相互准确对应,论旨通畅。因为结构是论文整体的论证过程,所以,当问题的设定与结论的提示(主张什么)已经明确时,按照何种顺序来配置材料便已自然而然地确定了。相反,如果材料的配置无法确定,就意味着有可能是材料分析中尚存不足,有可能是作者尚未明确结论中的主张、论文的含义。事实上存在着诸多被认为是虽对外国法作了细致的讨论但无法明确相关讨论引发出何种含义的论文。如果对这类论文作出修改,对整体结构重新整理、更换配置、补充讨论不足后,往往可使其变为一篇具有良好结构的优秀论文。说得极端些,即便不对本论作出修改,仅替换绪论与结论，也会使得该论文发生很大改观。

由此可见，论文执笔前反复审视论文的计划相当重要，如上所述，多次调整论文的计划可使自己的思路变得更为清晰。

1-2 千万要注意结构

■ 从结构上可作出优劣评价

刚才我们说过"看了论文的目录即可大致了解作者将展开何种类型的讨论，而且很多时候可预测到论文的优劣"，这一点对于撰写第一篇论文的年轻研究者而言显得极为重要。

为了让第一篇论文受到某种评价，其前提是需要被他人阅读。比如，查看《法律时报》的末尾《法律判例文献情报》后便可得知，每月发表的论文数量庞大，学者不可能查阅所有文章，他们只是挑选了其中一部分进行阅读。假设这种挑选论文的过程充满偶然性，那么庞大数量的论文都可以平等地获得读者。但事实上并非如此，文献中存在着很多学者阅读过的和几乎谁都不去阅读的。这意味着学者从海量的论文中进行挑选时具有相当程度的共性。这种共性很难通过言语表述，几乎所有的研究者都是通过所谓的"嗅觉"本能地来查找应读文献的。其中一个能通过语言表达的共性是，在阅读前查看该论文的结构来判断其优劣。

■ 与先行研究的对应关系

理由之一在于通过论文的结构即可得知，在与相关领域代表性论文的关系上，作者如何确定自己研究的位置。

围绕债权人撤销权问题，存在回顾日本的立法过程并思考与母法关系的研究。如片山直也著《通过立法过程考察425条的意义以及边界》（载《庆应义塾大学大学院法学研究科论文集》1984年18号），《法国诈害行为取消权的法律性质论的展开——以20世纪前叶不能对抗概念的生成为中心》（载《庆应义塾大学大学院法学研究科论文集》1987年26号），佐藤岩昭著《有关诈害行为取消权的试论（1）~（4·完）》（载《法学协会杂志》1987—1988年第104卷第10号—105卷第3号）。通过查看结构，可以判断在与片山论文、佐藤论文的关系上，作者如何定位自身论文，对既有研究作了何种添加。

比如，如果论文采用了以下结构就可以说几乎不值得一读。

　　序　　论
　　第一章　日本的立法过程
　　　第一节　博瓦索纳德草案
　　　第二节　法典调查会中的讨论
　　第二章　母法法国法
　　　第一节　继受时的通说的见解
　　　第二节　克尔梅特·德·桑德罗的见解
　　结　　论

以上这样的论文对片山论文、佐藤论文添加新观点的可能性极低，而相对而言，若采用以下结构或许就能让人产生期待。

　　序　　论
　　第一章　博瓦索纳德"财产扣押法草案"的挫折
　　第二章　"财产扣押法草案"与博瓦索纳德草案的关系
　　第三章　法国强制执行程序中诈害行为取消权的所处位置
　　第四章　"财产扣押法草案"与现行强制执行法的关系
　　结　　论

以上只是一个假设的例子，不要以为采用了这种结构就一定能够成功。如果采用以上结构那就意味着其涉及了迄今为止日本研究已明确的部分。也就是说，论文论及了博瓦索纳德起草了民法典和"财产扣押法"，以及撤销诈害行为的效果是以法典所定的程序得到实施为前提的。此外，作者已经察觉到相关程序法最终未被采纳而是接受了德国法强制执行程序，这会给解释诈害行为撤销权效果带来某种影响，并基于该问题意识展开分析。因此，这篇论文值得期待。

■ **与问题意识的对应关系**

　　查阅论文结构的另一个理由在于可以由此得知研究内容是否与问题意识保持一致。

　　读了绪论后发现了一些还不错的内容。其中不仅指出了既有研究的不足之处，而且还明确了论文的所处位置。比如，对股份公司、合名公司等商事公司与民法中的法人、合伙、隐名合伙等进行比较，对业务执行的形态和利益享受者的责任形态间的相互关系作出了分析，并阐述了形成讨论 SPC（具有特别目的的公司）问题的基础所在。然而，如果采用以下结构那就不值得期待了。

  第一章 商法中的商事公司
   第一节 股份公司
   第二节 有限公司
   第三节 合名公司
   第四节 合资公司
  第二章 民法中的法人
   第一节 财团
   第二节 社团
  第三章 合伙
  第四章 隐名合伙
  结 语

  从作者所述的问题意识可以得出，具有法典确定的各种团体（比如股份公司）中的业务执行形态及责任承担形态，应该符合成文法、判例、学说所确定的既定条件。既然如此，从横向对这些既定条件进行比较时，论文必须分析法律应该如何对业务执行形态及责任承担形态间的关系作整体性规定。问题在于第一到第四章仅仅是对基础知识所作的确认，这其实也就是分析的前提部分，如果相关分析成了论文的主干则会显得十分怪异。从作者的问题意识可以推测出该论文的成败取决于如何对基础知识—既定条件进行具体分析。然而，事实上该论文的分析部分显得过于简短。

  由此可以对该论文作出以下预测，这篇论文也许并未展开分析，尽管作者认为这是一篇论文，但是该论文并没有通过基础数据的分析来阐述商事公司与民法中法人的责任关系，而仅仅是提出了"私见"。或是该论文虽然写了一些有关 SPC 的内容，但叙述中并没有相关依据，尽管作者可能认为"私见"相当优异（正因为如此才将其观点公开）。然而，问题意识与结构无法达成一致时，学者不会对该"私见"产生兴趣，所以也不会仔细阅读该论文的具体内容。

1-3　你是无名的新人

■作为研究者所获得的信赖

如上所述，某些人可能会认为"学界是不公平的"。已经赢得一定声誉的学者的论文不论外观如何，仍能获得很多读者；只要是内容优异，不管外观怎样，仍能获得评价。与此相对，尽管第一篇论文的内容可能不错，但由于外观原因很可能无法获得他人阅读。

如果细想一下，这也是理所当然的事情，音乐制作人每天会收到大量的试听录音带，由于繁忙无法由始至终地听完这些录音带，而只能在聆听后通过经验对其进行区分。尽管开始会听某盘录音带，但基本上是只听了第一曲的开头部分就已放弃。因此，抱有崭露头角梦想的组合和歌手，会想方设法使第一曲让人感到惊诧，或是仔细琢磨如何让人继续聆听，因而会精心斟酌录音带的包装、履历书的写法、曲目的顺序等所有内容。如果你是一流的艺术家，则可以要求唱片公司的主管人上门服务。除此之外，多数想要成为漫画家而把稿件送到出版社的人，或是想成为女演员而请求试镜的人都是这样的。所以，与其感叹不公平，不如为了获得信赖而不懈努力。

以下将对绪论、本论、结论的具体内容作相关分析。

2. 绪论的结构

2-1　绪论应包含的各种要素

■绪论中所必备的两个要素

绪论并不是简单的开头。首先需要认识到论文绪论的重要性，一般而言，通过阅读绪论，不仅可以了解论文是否有意思（是否值得期待），还可以由此得知作者的能力。

那么我们来列举一下绪论中必须包含的各个要素。

（1）问题意识与课题的设定。

首先必须在论文中设定应讨论的课题，那么课题如何设定呢？

比如，如果仅仅是设定像"消费者契约中情报提供义务的要件"这样的问题,还不能说已经进行了问题的设定,这里所说的问题设定是指,涉及了关于"为何现在讨论这样的问题"的说明,也就是所谓的问题意识。由此可见,应该基于某种问题意识来完成问题的设定。

之后,为了说明问题意识,作为前提需要明示"为何现在成为问题"这种对问题状况的理解。比如,需要在明确现今情报提供义务的学说判例处于何种状况的基础上,指出研究应该在哪个部分补充其不足之处(问题所在)。

以上顺序,如果按照图来表示则应该是:问题状况→问题意识→课题设定。

(2)分析的视角与材料的选择。

对课题进行设定后,接下来需要确定通过何种路径对该课题进行讨论。也就是说需要提示采用何种分析材料,从何种观点(分析视角)对其展开讨论。

■问题意识的明确程度

也许在读者看来,包含上述两个要素是理所当然的。可能有人会指出,既然是研究论文,那么肯定都存在应做解答的问题。但问题恰恰在于,在多大程度上明确提示了问题意识,并对课题进行了设定。举例而言,如果阐述了"在最近的学说与判例中已出现相关讨论,因为还未达成一致意见,所以需要对其进行分析",这似乎已经对问题意识作了初步说明。然而,对于分歧诸多的问题,仅仅是采用某一见解,并将其作为"私见"表明(这不是按照赞成人数的多少来表决的问题)是毫无意义的。关于某问题如果相关学说已呈现出"混沌"的状况,那么胡乱地加入某种讨论,不仅可能会使失败重演,而且还会添加混乱。

为了展示论文对先行研究增添了何种内容,必须明确既有的学说讨论中哪里存在不足,哪里应该进行补充,否则就无法体现论文的存在价值了。反之,如果作者明确了问题设定,仅凭这点就能显示出该作者的能力。优秀论文只读这一部分就能使人豁然开朗。比如可以参阅冲野真己著《关于所谓的例文解释》 [载《星野英一先生古稀祝贺:日本民法学的形成与课题(上)》,有斐阁1996年版,第605—607页]。

2–2 课题设定的方法

设定课题的方法根据涉及问题的性质而不同，下面分两种情形进行说明。

■**涉及具有共通问题意识的情形**

其一，在学界积蓄了广泛的讨论，针对某问题具有共识的情况。

由于既有的学说对于问题的内涵已形成了某种共识，此时，无需对问题的设定作过多的说明。比如，对于多数读者而言，如果谈及"储户的认定"，就可以明确其中存在着的问题。

关于这类问题，需要说明的是，现在提出该问题的意义何在，以及问题的现实性何在（现在讨论的意义）。当再次讨论，虽然学说中存在着对立的见解，但是任何一个观点都无法成为通说的古典型论点（比如取得时效与登记）时，倘若不尽快明确所剩的、应该讨论的问题，那么就极有可能形成"为何现在需要进行讨论"的印象。

因此需要指出，既有的论文中具有哪些不足部分，或是完成先行研究之后产生了哪些需要再次分析的问题。

关于前者的理由，比如，可以列举出迄今为止有关该问题并不存在外国法的研究，或研究中存在有失偏颇之处。此时，如果不对关于外国法的讨论可以拓展新的视野进行说明，那么研究外国法的必要性就无法取得读者的认同。

关于后者的理由，可以列举在判例或下级法院的判决中，时至今日出现了哪些新的动向，或是由于围绕问题显现出了新的见解，所以应该对此进行新一轮的探讨。此外，当关于某问题的外国法学说、判例中呈现出新动态时，这同样也是可列举的理由。

■**涉及不具有共通问题意识的情形**

其二，关于问题自身在学界未确立共通认识的情况。

当问题属于尚未得到充分认识的"新问题"时，由于既有的学说并未对此作出论述，所以比较容易认可这类论文的价值。作为讨论的前提，关于该问题能否作为问题而成立需要获得读者的认同，否则就会使人感到相关的讨论毫无意义。

比如，以"契约当事人的解释"为例，假如某作者把"确立谁是契约的当事人属于契约解释的问题"当作前提，以"几乎所有讨论契约解释的既有学说并未对此作出分析"为理由，将论文的题目设定为"契约当事人的解释"。假设契约当事人的确定并非取决于契约的解释，那么该课题设定本身就是不妥当的。因此，首先需要说明的是当事人的确定属于由契约解释来决定的问题。

此外，常常会出现虽然在外国法中积累了某些讨论成果，但在日本这种形态的讨论并不常见的情况。比如，某作者发现，在法国法中通常认为"契约的对抗力"问题已经格式化，而在日本尚不存在相关讨论，所以就开始构思论文。然而，作者必须思考日本法中能否或是否需要作出这类问题设定，所以有必要深思和明确在何种情况下作出深究，以及这种深究对读者而言是否具有说服力。此外，并非改变论文体裁彻底介绍外国法就能解决该问题，因为一旦被问及为何需要在日本对其进行介绍时，同样需要作出回应。

不过，有时论文的目的在于设定问题从而获得学界的认同。比如像"典型契约论""复合契约论"等标题就具有这种色彩。此时，需要通过全文论证这究竟是什么问题，以及何种情况下会出现该问题。而作为具体的方法，日本的判例学说虽未充分认识到该问题，而作者需要强化问题意识去"发现"学界以前对该问题所作的分析，或是从被忘却的讨论中"发掘"相关的论述。同理，有时可以对外国法的讨论作出类似的分析。关于这类论文，即便结论部分的见解未能获得支持，但是学界可能对问题本身已经成立达成了共识。

不论出现哪种情况，都需要重新设定讨论的平台。如果学界接受了这种平台的设定，就可以说该论文在这一点上已经获得了一定的成功。

2-3　与先行研究的关系——问题状况

■先行研究中不足部分

如上所述，尽管有时所设问题的性质有所不同，但是如果存在与该主题有关的先行研究，就必须言及彼此之间的关系。尤其是当存在对日本成文法及学说的发展作出贡献的，也就是所谓学界共有财产的论文时，必须触及两者间的相互关系。比如，需要明示"关于该主题尽管存在某某论文，鉴于存在……问题，所以再一次进行讨论"等先行研究中不足的部分。

对于读者而言，拿起论文后首先会注意的是，作者如何确定自身的研究与该领域代表性研究的关系。比如，如果出现了一篇题为"再论履行辅助人概念"的论文，老练的读者首先会在文章或注解中寻找落合诚一的《运送责任的基础理论》（弘文堂1979年版）。这样就可以了解作者如何看待论文，出于何种不满而进行执笔。根据不满的内容可继续查找潮见佳男著《履行辅助人责任的归责构造（1）~（2·完）》（载《民商法杂志》1987年第96卷第2号、第3号）、森田宏树著《基于他人行为的契约责任的归责构造》〔载《星野英一先生古稀祝贺：日本民法学的形成与课题（上）》，有斐阁1996年版，第391页以下〕及其《我国履行辅助人责任论的批判性讨论》（载《法学》1996年第60卷第6号）。假如作者尚不了解某些代表性研究，则可以确定其研究不足。

■与先行研究所处的位置关系

仅仅是引用了文献并了解该论文的存在还是不够的（有不少论文在注解中仅进行了"迄今为止，存在……研究"般的"文献引用"）。由于需要明确自身论文与既有论文的关系，当然就需要作者阐述对先行研究的评价。其实，阅读作者对既有学说所作的认识和评价，就可以了解该作者的研究能力。如果作者认识、评价要点时发生偏离，着眼点糟糕，那几乎就无法期待论文的主体内容。实际上对先行研究作了错误或恣意性评价的论文不胜枚举。

另外，执笔时还可能会出现虽可对先行论文进行归纳但却难以作出简洁评价的情况。此时方法之一就是对本论之后开头部分的学说史（先行研究）作进一步分析，在加深理解的同时对问题点进行梳理。但即便如此，仍需在绪论中作出简单的介绍。

2-4 问题的定式化

■定式化的必要性

在绪论中通过自己的语言对论证对象进行明晰的定式化是非常重要的。比如阐述"本稿以……为课题"。如果需要读者自己从字里行间读取所涉及的问题并对其进行定式化，该论文就会因此受到负面评价。其实，不仅定式化会花费读者不少精力，而且在此过程中还有可能对作者的问题意识产生多种理解。因此，至少对于研究生或助手而言，"有理解能力的人当然能够理解"这种不逊的态度是无法原谅的，因为你只是一个无名小辈。

2-5 材料的选择及其理由

■明示材料选择理由

完成问题设定开始考虑解答时，必须在论文中明确以什么为材料进行分析、讨论，阐明是以学说为材料还是以判例为材料。比如，"为了完成前述课题，本稿将以某某为材料展开分析"。

■选择以外国法为材料的理由

如上所述，由于第一篇论文中必须包含外国法研究，多数情况下需要明示选择何种外国法为分析材料。此时，不仅需要说明选择该材料的理由，还需说明材料的利用方法或援用方法。当选择某外国法作为材料时，需要明确是因为从源头上思考母法的谱系具有研究意义，还是因为需要进行功能性的比较。除此之外还需阐述，究竟是以学说史为中心围绕概念、理论展开分析，还是通过判例研究明确法理的功能和实际的运用情况。

恰当的材料选择同样也是影响论文评价的重要因素。如果围绕作者的问题设定，让读者产生采用其他的外国法反而会更好的疑念，就会形成负面的印象。另外，由于这是绪论中的叙述，无需对选择材料的理由进行冗长的论述。因为本论中所展开的"材料的分析"，可以使读者自然地了解材料的选择是否恰当。

2-6 分析视角的设定——路径

■设立分析视角的必要性

需要对应问题意识来设定材料分析的观点或视角。比如，"基于上述问题意识，对某某（材料）从……视角进行讨论"或者"接下来，将特别关注某某（材料）的……点，并对此展开讨论"。

实际上，不通过某种分析视角对材料进行分析几乎是不可能的。比如，在以外国法为材料的论文中，未设定某种分析视角就无法决定取材的范围，以及通过何种方法、在何种程度上增添分析和讨论。如上所述，分析视角取决于论文的问题意识或课题的设定。比如，当纠纷出现时，究竟是聚焦于接近事实的层面，比如当事人的哪些利益在判例中得到了保护，进行功能性比较呢？还是围绕理论结构，比如通过何种方法进行保护，来展开讨论呢？这必须是通过明确分析的视角来加以确定的。

■分析视角的欠缺

事实上有不少未能确定或没有意识到分析视角的论文。这类论文中，作者往往只是把体系书或论文当作指南，忠实地按照其所涉及的范围来确定讨论的对象。此外，不少执笔者在考虑论文的具体内容时，往往会被参考文献中作者的叙述所吸引并在自己的论文中进行重复，因此造成了论文整体的叙述无法贯穿融通这一结果。

这种研究方法还会带来材料分析极为不足的危险。聪慧的读者会从问题的设定预测到论文必须讨论的内容。如果论文完全没有阐述相关内容（这使得论证过程的说服力变得极弱），或者是未按照问题意识对毫无深究必要的事项进行了冗长的叙述，这会使得读者在纵览全文时无法了解作者的研究意图，并使其丧失阅读兴趣，中断与作者的交流。

为了避免这种情况的发生，绪论中必须对材料的分析视角进行明确阐述。

2-7 课题的限定

■限定课题的两种类型

在绪论中限定课题是十分必要的。读者在阅读论文的具体内容时会产生为何未对某某内容进行分析的想法，所以事先明确研究课题的范围可以消解这种疑虑。

关于课题的限定有以下两种类型。

其一，从问题意识或问题设定关系来看，没有必要作出相关分析的情形。比如像"因为本稿目的在于……关于……这点并非直接讨论的对象"。其二，从作者的问题意识和问题设定来看虽然需要作出相关讨论，由于受作者情报处理能力等制约，本稿无法对此作出分析的情形。从作者的研究计划来看，尚未讨论的部分可能会成为今后探讨的对象。不过，这会使该论文的说服力变弱，所以应该在结论部分而不是绪论部分，表明作者将来会对该问题进行探讨。

需要注意的是，上述各情形中均有可能围绕作者的课题限定而产生不同观点。比如可能会出现以下批判。虽说已阐述了"不直接将此作为讨论的课题"，但该问题恰恰应该占据中心位置，将其排除或推延，是不是因为作者缺乏判断能力呢？但即便有可能会使读者产生以上疑问，作者还是应该对课题限定作出明示。

2-8　绪论中应该回避的事项

以下对绪论中不应或应该尽量避免的内容作一些叙述。

■结论的断定性提示

有时会出现作者在绪论中对结论或"私见"作出断定性论述的论文。比如，像"根据私见，应考虑……无法支持判例及通说的立场"，或"这个问题其实应该从……见解出发进行解释"等在开头便作出主张的论文。

这些内容恰恰是需要在本论中作出论证的，如果唐突地论述"私见"只会让读者感到这是独断，估计读者不会去阅读本论。

不过，如果作者在绪论中对将在本论中进行论述的假说作出事先提示那就另当别论了。这是易于读者理解的一种表述方式，比如像"如果先对结论作出论述，那就是……"就是其中一例。

■狭义的"方法论"的采用

有些论文会在绪论中用极大的笔墨对"方法论"进行论述。此外，还会出现一类引用诸多有关"方法论"文献的论文。其在论述了各方法的优劣后断定某方法是唯一"正确"的，并按照该"正确方法"对本论进行叙述。

然而，对于本书的对象，即准备执笔第一篇论文的研究生及助手而言，这种方式不太值得推荐。关于某"作品"是否优秀可以按照论文的具体内容作出评价，并不是说必须探讨方法论并确立某"正确方法"后才能完成优秀论文。反之，也不能说在前半部分对"方法论"进行讨论的论文肯定会因此而变得优秀。尽管对方法论产生兴趣是好现象，但一开始就强调其作用并执着于某种特定方法，并不会产生正面作用。

尤其是深受指导教授独特方法的影响时，更容易出现上述情况。对于诸多无法对此方法产生共鸣的读者而言，很容易一开始就抱着不相容的感觉来接触论文，这反而会带来负面评价。接触这类论文时，有时会使人感到作者最好能从更多、更广的视角，富有弹性地思考问题。由此可见，采用该方法可能会失去不少读者。

当然，研究生或助手对方法论产生兴趣是件好事，但这应该用于论文之外来验证自己的研究方法。第一篇论文的执笔目的并不是"确立方法论"。

■过度地辩解

另外，不应该从绪论开始就总是阐述辩解，比如，"鉴于某某法并非日本法的母法，探讨的前提中存有极大的差异，因而无法确定讨论的意义何在，但是至少从能对既有研究的不足进行补充这点来看，本稿具有一定的扩充资料的意义"就是其中一例。当这类表述出现于绪论时，读者基本不会去尝试阅读本论。

与其说这是作者谦虚的体现，不如说多数情况下这源于作者的"困惑"或自信不足。也就是说，虽然收集了诸多外国法文献并对其认真阅读、研究，但作者自身也无法精准把握由此能提取些什么，对自己的研究具有何种意义，想要主张什么等问题。当自己都感到索然无味时，就根本无法完成让他人产生兴趣的论文。此时，需要回到原点，再次分析手头的材料，重审论文的构思，直至发现研究所具有的积极意义为止。

3. 论述部分的结构

3-1　论述部分的结构的含义

■与展开论旨的对应关系

为完成论文所设定的课题，本论将对相关材料进行分析，此时应采用何种结构呢？

关于这点，也许有人认为只需按照一定的逻辑顺序对相关材料进行整理、排列即可。实际上，学者常常会采用按时间顺序来分析判例、学说的方法。但是不要认为在本论中简单地对基础数据进行排列就够了。无视某种顺序，仅仅是按照一定的逻辑重新梳理身边的材料与数据，这只是一部资料集而并不能称之为论文。随着情报收集器械的普及，我们能够自由地使用编辑功能，极其简单地对初步调查后所作的笔记、记录进行整理。比如，通过CD—ROM检索资料，就可以立即完成综合性判例研究。所以说，拼凑一篇仅具有出色目录的论文将变得日益简单。

然而，根据作者所设定的论证内容，在一定程度上已经决定了本论的各组成部分所具有的意义及其排列顺序。如果按照绪论中的问题设定在本论部分展开讨论，那么论旨将决定应按何种顺序来排列已完成分析的各项材料。

首先需要检查本论的顺序是否顺畅，重申之，本论是论证某一结论的过程。可以说本论的结构本身就体现了作者的主张，因此其左右了论证的说服力。

3－2　与材料利用方法的关系——论证过程中各个部分的作用

■认识论述部分中各部分的作用

论述部分的结构根据材料的利用方法而不同。

构成本论时关键在于对照本论的各部分与结论的关系，在明确各部分所具有的作用和意义的基础上完成结构。因此，根据材料的利用方法会产生不同的结构。

关于这点可以通过具体例子来加以说明，通常第一篇论文会把外国法当作材料展开研究，所以下面分析外国法的结构。

如前所述，关于分析外国法的目的可以分为几个类型（本章第一节第3款2）。

①是把外国法当作直接论据进行利用的类型（形式论据利用型）。此时，会把从外国法分析得出的某些事实当作直接的论据按照逻辑进行组合，这类型中存在着"基于母法的论述方法"（援用"母法就是如此"这一事实）和"基于比较的论述方法"（援用"研究对象的外国法已经解决了部分问题"这一事实）。在该类型的外国法研究中，可以探讨如何利用外国法的经验解决日本法的问题。

②是为了拓展解决日本法问题的思路，对外国法中的处理方式作出分析并"获得一定启示"的类型。该类型大致可分为，探究外国法对日本法的立法过程及学说的形成产生何种影响的论文（影响探究型）和通过与外国

法的对比来构思可以对日本法进行说明的模式的论文（模式构成型）这两类。

以上述内容为前提，在本论中对外国法进行定位和构思时，存在以区分国家、区分时代以及区分问题为代表的典型方法，下面将对此作出分析。

3-3　不同国家的探讨顺序

关于如何排列外国法与日本法的讨论顺序，首先分析为了探究影响而进行外国法研究的情况。

①探究影响型

以分析日本法中的解释论为起点，为了加深相关理解而转向具有影响意义的外国法研究时，最常用的方法就是采用由日本法到外国法并回顾其渊源的结构。

下面来分析一下濑川信久著《不动产附合法的研究》（有斐阁 1981 年版）。该论文的本论部分由（第一章"日本的学说"，第二章"现行民法典的起草过程"，第三章"继受法与法的继受"，第四章"日本的判例"）四章组成。其中，第一章中对日本既有的各学说及相关结构要素、观念进行分解。第二章到第四章试图通过相关的立法过程及继受法、判决例，探寻第一章所列举的各学说中的概念的含义，并由此完成结构。因此，该论文结合了《日本民法典》起草过程中相关的讨论，从"继受法和法的继受"视角对外国法进行分析。之后，以法学史、社会历史为分析视角，分析日本所继受的法理念与纠纷解决方式的关联性。并为了完成论文所设定的课题，从外国法中选择法国的添附法与德国的附合法，围绕同时期日本继受的法律，在必要的范围内作出分析。

如上所述，如果从日本法的内在分析明确当今的问题所在，并确定讨论外国法时的视角，那么就需要将日本法的讨论置于外国法之前了。

另外，濑川论文中，置于外国法之后的第四章里还分析了日本的判例。因为判例的分析不仅可以加深对日本各种学说的理解，还可以通过明确相关纠纷的解决方式，为作者提出解释论做好准备，所以就放置于结论部分之前了。

②模式构成型

为了对日本现有的解释论进行批判性讨论，并提出新的解释论而获得"理论模式"时，围绕外国法的研究将变得如何呢？

为推导出理论而进行外国法研究时，通常会采用以下顺序。即，在通过基于作者的问题意识而设定的分析视角探讨外国法后，以由此获得的"一定的启示"为基础，对日本的学说进行批判性讨论。也就是说，从分析外国法出发再次对日本法进行讨论。

3-4　不同时代的探讨顺序

■外国法讨论的对象、方法

根据外国法与日本法之间的关系，外国法中的讨论对象和方法会变得有所不同。如果是"基于母法的论述方法"或是探究影响型的研究，那么日本的法律继受期或是给日本法带来影响的那段时期的外国法（判例、学说）就会成为研究对象。如果是基于"基于比较的论述方法"的研究，则根据该论文所涉及的课题来选择符合与日本法进行功能性比较的国家和时代。如果是"模式构成型"，那么受作者关注的国家、时代均可成为分析的对象。

■外国法的利用目的及其排列

这种外国法的讨论对象、方法与外国法的排列方法有关。作为外国法的讨论顺序，通常是暂时先对某外国法作出归纳、整理，然后按照某时代到当今这一时间轴进行讨论。如果有意识地思考该外国法是基于何种利用目的而成为讨论对象的话，针对各时代外国法的分析和讨论的意义就有可能不同。上述外国法的各种利用方法并不是相互排斥的，有些时候也可设定某外国法研究同时兼备几种利用方法。比如，即便是初步阅读后发现论文仅仅是按照时间轴对外国法进行了阐述的情况，作者可能也会对继受期以及之后的展开期进行区分，并围绕外国的立法、判例、学说等"法源"，在选择、侧重点或讨论方法方面作出不同的考虑。其原因在于各个时代可能兼用了几种不同的利用方法。因而，即便是针对某外国法的讨论，也并非必须按照时间轴来进行整理、排列。有时，为了使作者的利用目的显得更为明确，在构思论文时遵循各自的利用方法独立地进行排列反而更为妥当。

3-5 不同问题的探讨顺序

■实现作者主张所需要的本论的框架

经常会出现按照作者所设定的考察框架对各论点或问题作出整理、分割后，对外国法及日本法展开分析、讨论的情况。

当论文的整体结构、框架隐隐地体现了作者的主张时，便可采用这种方法。以河上正二著《约款[1]规制的法理》（有斐阁1988年版）为例进行说明。

该论文由第一章绪论"问题状况"，第二章"前提问题——约款的概念与约款法的领域"，第三章"司法规制的构造（1）——各契约中约款的采用与不采用"，第四章"司法规制的构造（2）——由约款解释产生的规制"，第五章"司法规制的构造（3）——直接性内容规制"，第六章"司法规制的共同课题"构成。

论文的第三章至第五章以日本法、德国法的顺序围绕德国法展开了讨论。从表面上来看，对德国法的讨论似乎是根据不同的问题分割而组成的，但实际上通过"约款"这个法律概念对不当条款规制的对象进行确定并在三个不同的层次进行规制这一框架本身就是从德国的约款规制法中获得的启发。也就是说，本论结构本身就已经体现了德国法中不当条款规制的路径这一作者的理论依据。

采用这种方法时，在论文的何处（绪论、本论的哪个部分）以及如何设定梳理问题的框架或分析轴是关键所在。

关于这一点，如果通过河上论文可以发现，关于本论框架的结构已在第三章最初的部分"序、预备说明——作为基本框架的'三个基石'"中作了说明，这种框架结构提示了该书的本论是按照一定的逻辑顺序来排列的。与此同时，作者通过注解表明在德国法中通常会根据三个不同层次分割问题，以此尝试说明框架本身是合理的。

其他的具体例子还有［佐藤岩昭：《有关诈害行为取消权的试论（1）~（4·完）》］。首先，该论文（1）通过第一章叙述中第一节"问题所在"、第二节"问题的对象"、第三节"关于分析方法"明确了"本稿所采用的分析

---

［1］"约款"即格式条款。——译者注

框架以及提出在各处应该讨论的论点",并阐明了将采用将诈害行为取消权的效果分为四个法律关系进行分析这种"更为具体的分析框架"。随后,论文阐明了该分析框架是对法国的体系书进行了若干修改而完成的。这种"分析框架的设定"也可以看成是作者所持解释论的理论依据。但需注意的是,一般而言,在论文开头部分便阐述设定框架的方法,有可能使读者感到唐突,继而使得本论的说服力变得低下。

■毫无意义的框架

有时会出现论文的结构框架并不能体现作者的意图,只要遵循某种逻辑任何人都可设计出该框架的情况。(比如在设立了"××"的法律性质、"××"的要件、"××"的效果这些章节的基础上,在各个部分中对德国法、法国法、英美法、日本法等作出并排列举的方式)。但是,这是注释书所采用的文体,由于论文是由问题设定及论证过程组成的,因此这种文体并不妥当。如果采用该结构则很难成为引人入胜的论文。

3-6 与提出结论的次序的关系

论文的结构可分为自下而上型和自上而下型。

(1) 自下而上型

■自下而上型的优点

所谓自下而上型是指在分析完材料之后,在此基础上提出作者结论的一种形式。

当然,这并不是指作者在论文执笔的过程中,阐述到结论部分时还未确定自身的结论,而仅仅是由于受论文结构的制约,在进入结尾前无法向读者明确该结论。尽管如此,读者会不断地意识到绪论中所明确的问题意识或设定的课题,并细致地追踪本论中所展开的材料分析。因此,读者往往会在预测结论的同时推进阅读,并在此过程中与作者一同进行思考,这样一来相关问题很自然地便得到了整理。

优秀的自下而上型论文采用了可直达结论的结构,读者在追踪分析材料的过程中自然而然地被引向作者所设定的结论。反之,如果在分析材料时,作者的问题意识与课题设定间的关系不够明确,那就很可能让读者难以理解为何在本论中作出相关讨论,或难以让人把握论文的主旨。

总体而言，自下而上型论文，由于对材料的分析、讨论作了精心的排列，能够让人产生一种"坚不可摧"的印象。

(2) 自上而下型

■ 自上而下型的优点

相对于自下而上型而言，自上而下型是一种在绪论中事先明确作者所假设的结论，然后在本论中通过材料分析对其进行论证的形式。

采用该方法时，由于需要在绪论中明确作者的结论以及本论中将如何对此进行论证，所以需要通过绪论阐明本论中所用分析材料的概况以及论文的整体结构。在读者看来，由于事先可以了解作者的结论，所以能够明确本论中材料的分析是如何与作者的结论相结合的，以及论文各部分的作用。因此，一旦成功便可使得论文结构清晰可见。此外，由于该形式能够干脆地切离材料分析中不需要的部分，这可使得论证过程变得更为鲜明。

■ 自上而下型的缺点

然而，自上而下型论文中存在着某些缺点。该类论文由于最初就提出了作者的结论，读者可能一开始就会感觉到有些唐突并抱着不太相容的感觉开始阅读本论，有时直至最后也难以消除这种抵触情绪。由此可见，能否按照作者的主张（假说）成功完成论文的结构，将在很大程度上左右读者的印象。此外，由于材料分析的目的在于论证假说，所以出于主观的考虑来作"切割"的色彩将变得十分浓烈，而全面寻求资料则是次要的了。另外，由于本论中没有多余的论证，因此无法让读者感受到说服力，难以使人留下深刻的印象。最后，由于论文中富有"弹性"的论述较少，因而在讨论过程中，假如相关论述中存在牵强或敷衍之处，那么该缺点将变得十分显眼从而增加论文失败的风险。

由此可见，自上而下型这种结构比较适合能够出色地（具有此自信）进行明晰、细致、周全分析的作者。

4. 结论的结构

4-1 结论的提出

■ 与绪论中设定的课题所对应的"结论"

结论部分需要揭示论文所探寻的结论。此时，关键在于绪论中的课题设定必须同结论的提示相对应。

如本书反复强调的那样，提出结论并不一定和提出"私见"同义，也未必是支持某种特定的见解或提出全新的见解。结论必须与绪论中所设定的问题相对应，就如上文所指出的那样，存在着不同层次的问题设定，因此论文的结论（主张）中也可能存在不同的层次。

此外，也许有人会认为当论文只是研究计划中的一部分时，还未达到现在就下结论的阶段。但即便如此，与论文所设定的问题相对应的"结论"肯定是存在的。

■ 缺少本论论证的"结论"

另外，不能阐述未经本论论证的结论。正如反复强调的那样，只有当结论获得论证才能成为论文，也就是说，"结论"需要通过本论中的材料分析来支持。

由此可见，如果在结论部分阐述本论中从未涉及的内容将会变得十分怪异。如果在结论部分忽然出现未经本论分析、讨论过的论点，那就无法明白本论的意义何在，但现实中这类论文相当之多。当然，未作任何论证却又忽然提出了某些结论的论文已超出了我们讨论的范围。有些论文尽管对一些论点进行了论证，又会在结论部分对与此相关的、未经论证的论点提出"私见"。这么一来，不仅"私见"缺乏说服力，同时也会使读者对已经完成的论证产生怀疑。因而，应该尽量避免像"在这里，关于……作一些说明"这样的论述。

关于这点，可以切换视角从读者如何阅读论文这个角度进行分析。读者未必会从开头就按照顺序来阅读论文，很多情况下，聪慧的读者首先会阅读绪论与结论，确认问题的设定以及如何给予回答。然后探寻本论中的材料分析是如何围绕作者的主张来阐述的。像这样，读者在掌握本论各部分所具有的作用和意义，并将整体的结构放入脑海后，才会开始详细阅读本论。这样更有利于理解本论中展开的详细论证。我们完全可以预测到读者发现本论无法支持结论时的感受。

从上述内容可以得知，不是以"结语"而是以"代结语"结尾的情况，不应出现在论文（至少在第一篇论文）中。

4-2　根据论文的型而得出的结论的类型

■**综合性论文的结论**

综合性论文中的结论提示方法，根据"型"的不同而变化，譬如，全面综合性论文（综合型）与单发型论文就有所不同。

全面综合型论文的作者通常会把归纳好的解释论作为结论提出。这样一来，论文的分析的材料，就包括了《日本民法典》的起草过程、外国法的讨论、日本学说及判例等内容，而这些内容恰恰是作者解释论的基石，论文需要从多个视角对其中数个领域进行综合性分析。结论部分具有对本论各部分所讨论的内容进行归纳、整理的作用。因此虽说是结论但也需要通过一定量的文字来阐述，很多时候，与其说这是"结语"，不如说应该独立安排一个章节来对其进行论述。

■**单发型论文中的结论**

相对而言，通过某一视角聚焦于某个主题而进行分析的单发型论文，其结论部分可更为简洁些。只要对应着绪论中的问题设定，对论文中已明确的内容进行总结即可。

此时需要注意的是，不要超越论文的分析范围，在结论部分过度地阐述一般性意见。当只有作进一步的探讨才能提出作者的明确见解时，千万不要心急地提出"私见"。尤其是在应考虑的要素还未充分纳入视野时，往往会对自己已完成的分析作出过高的评价。虽然作者有尽快阐述个人见解的冲动，但必须铭记未经细致论证而不具有论据的个人见解是没有任何存在价值的。关于这点，谦虚的作品反而更能体现出作者的能力。

4-3　"尚未解决的问题"

■**设定"尚未解决的问题"的必要性**

除了提出论文的结论，在结论部分还应明示该论文留下的"今后的课题"。尤其是单发型论文，阐述的结论要么是为了提出最终的解释论而作的阶段性"总结"，要么仅仅是"暂时性"的结论，那么当然要预设今后需要深入讨论的课题了。因此在明确作者的整体研究计划、本论文的定位以及通过本文的分析所获的启示之后，还需阐述今后的研究将进行何种探讨。

我们可以想象一下，假如在"所剩的课题"中什么都不提及将会变得怎样。在读者看来，他们会产生"作者没注意到这样的问题吗？""作者认为没有必要讨论这一点吗？""假如按照作者的思路当然会产生某种疑问，关于这点作者是如何考虑的呢？"等种种疑问。假如相关疑问无法获得解答或者不能从论文中获得线索，这都会给论文带来负面评价。

■明确问题的拓展性

此外，有关"所剩的课题"的内容，除了上述事项之外还有可能是其他类型的说明。比如，有些作者想直接作出解答的问题，尽管作者已提出了最终的结论，但假如从更宽泛的视角进行分析，会发现该问题只是某个一般性问题的一个组成部分。此时，需要作者明示，自身的主张是否适用于其他相关的问题，还是需要从更高的层次对相关问题进行定位和构思。明确这类"更为重大的课题"可以提升论文的价值，具有相当重要的意义。

210　　Column③　与友人的交往方式

很多人会认为，论文执笔进入佳境时，作者就会闭门在家写作，这才是"研究者"。毫无疑问，没有时间上的保障无法撰写出论文，然而并不是说作者只要专注于自己的课题便能完成优秀的文章。

如上所述，选择、决定课题时需要丰富的知识。研究者时常会有将两个看似毫无关联的事项进行结合后打造出优秀论文的经历。此外，在决定了课题后，执笔人往往会固执于该课题以及已选定的方法，这样一来就很难保持一定的距离来客观地进行观察研究了。

因此，与对其他问题抱有兴趣、以其他方法展开研究的朋友进行接触和讨论，是极其重要的。由于朋友属于同一时代，而且他们致力于同类型的学术，因此大家具有一定的共识。此外，对于每天过着孤独研究生活的人而言，挚友是一个重要的精神支柱。有时朋友聚会可能会让你感到是在浪费时间，但远离书桌，约上友人去喝茶同样也是必不可少的。

第四章 "技"

——写作的技巧

第一节 "索"——资料的检索
第二节 "磨"——文字的推敲

第一节

"索" ——资料的检索

1. 日本[1]

1-1 检索的重要性

■检索、熟读、引用

无论是为了收集用以支撑自己论证的材料，还是为了弄清研究现状、以准确表明自己论文的"创新性"，资料检索极为重要。尤其是，若漏掉了重要的前人研究成果，将是致命的；原本不应存在这种情况，但出人意料的是，这种情况也不少见。确实，随着大学纪要及商业法律杂志数量的飞速增长，光从数量这层意义上来说，也变得容易漏掉一些现有研究。但另一方面，检索方法也不断进步，已不再像以前一样，仅凭感觉和记忆进行检索了。而且，大学相互之间的复印服务等也得到改善，即使自己所属大学图书馆未收藏的资料，也可以通过一定的方法收集到。当然，尚不至于到达信息泛滥的程度。

特别是在撰写第一篇论文时，应特别注重论文的严谨性。在适当引用若干论文后，最后来一句"……等"这种写作方法，会影响论文整体的可信度。认真检索、熟读、慎重引用既有研究成果，有助于提高论文的认可度。

为此，本节主要讨论资料的检索方法。

---

[1] 关于日本法学资料的检索，本章所介绍的内容已略显陈旧，尤其是相关在线数据库等的开发和应用情况，并没有在本书中得到反映。目前较为常见的数据库有 TKC、Westlaw Japan、CiNii Articles 等数据库。——译者注

当然，关于日本法文献的检索，多数读者在本科时代，为准备、完成研习课程的报告等，已积累了一定的知识和经验。因此，关于日本法的检索方法，在这里只阐述一些普遍性的问题。也就是说，以下阐述，省略了无需说明的基础知识；与此同时，对于本科学生尚可原谅，但对于研究生及助手则是难以宽宥的一些做法，则特别提醒加以注意。

1-2 法令

■正确引用法令

所谓"调查法令"，有两层含义。其一是调查是否存在支撑自己论证的法令，或者是虽然难以直接支撑，但调查是否存在相关联的、应当予以言及的法令。例如，全面检索关于须将他人寄存的财产与自己的财产分开管理的规定时，即为一例。其二是知道该法令本身的存在，只是为阅读条文而加以"调查"。

关于后者，通常来说，各种"六法全书"相当有用。在本科学习阶段，只要有"六法全书"，大致就够用了，但到了研究层面，就有必要查阅特殊的法律及附属命令等。此时，通常利用活页形式的《现行日本法规》（ぎょうせい出版社）、《现行法规总览》（第一法规出版社）（两者都存在CD-ROM版）。除此之外，非常有用的是分门别类的六法。例如，《户籍实务六法》（日本加除出版社）、《金融小六法》（学阳书房）、《消费者六法》（民事法研究会）、《金融实务六法》（金财出版社）、《证券六法》（新日本法规出版社）、《环境六法》（中央法规出版社）等，目前有许多不同主题的"六法"。因其刊载了详细的法令，对于准备好自己关心的主题"六法"会非常方便。

■调查法令是否存在

主题六法的好处在于也可以用于"调查法令是否存在"。但要调查存在何等相关法令则相对困难。而且，在有些领域，通告也具有重要的意义，要全面检索此等通告，是非常辛苦的。当然，通过《基本行政通告》（ぎょうせい出版社）或各种分门别类的通告集是主要的方法，但在主题"六法"中通常也刊载了基本的通告，也是相当方便的。

而且，目前可以通过互联网阅读各种法令。在第一法规出版社的主页上，也登载了最新通过的法令全文，相当方便（载 http://daiichihoki.co.jp）。不过，这些服务及网页地址经常变更，可以通过搜索引擎等加以检索。

补充一点需要注意的是，须注意法令的修改、废止及新法令的制定。像商法一样条文数发生变化、"某某条"规定的对象发生了变化等情形当然是须注意的，而容易忽视的是，特别法的修改和制定。例如，修改后的《关于上门销售等的法律》，其规范对象扩大到了预约会见销售（appointment sales）、街头执意推销（catch sales）、催眠经销。若不注意到这一修订，就无法准确定位各个时期的案例及学说。再如，在阐述瑕疵担保及产品责任时，也不能忽视1999年6月颁布的《关于住宅品质确保的促进等的法律》。要期待上述各项之完美状态，是相当困难的，但非常重要的是，在阅读某一论文过程中感到稍有疑惑时，要在图书馆等地方不厌其烦地反复查阅当时的《六法》以及浏览一下新到的法律杂志的目录等。

■旧法令及立法资料

随着研究的深入，也有可能需要查阅明治时代的法律等。主要的旧法律可参考我妻荣主编的《旧法令集》（有斐阁1968年）。在该法令集中，以旧民法、民法原第四编及第五编为代表，收录了对民法研究来说非常重要的法律。每年的新法律，则有官报和《法令全书》刊载，以此往前回溯，连已废止的法令也得以查阅。

作为现行《日本民法典》及旧民法典的立法资料，则存在着以《法典调查会议事速记录》为代表的各种资料。这里不可能全面网罗所有这些资料及其定位。当然，若在此之前不了解立法过程，也无法了解该如何使用这些资料。最近，随着各种立法资料的重印，立法过程及立法资料方面的研究也得到了积累。最新的成果可列举以下两部作品：广中俊雄著《日本民法典编纂史及其资料——旧民法公布后的概况》（载《民法研究第1卷》，1996年）；大久保泰甫、高桥良彰编著《博瓦索纳德民法典的编纂》（雄松堂1999年版）。在此等作品之前的作品，也可以从这些作品中检索到。而且，就民法的各个条文来说，追踪其立法过程的论文很多。从这些论文中也可以知悉各种资料，并可以学到其使用方法。

关于第二次世界大战后的家庭法的修改，其基本文献是我妻荣编《战后民法修改的过程》（日本评论社1956年版）以及日本最高裁判所事务总局编

《民法修改国会资料》（家庭裁判资料1953年第34号）。就此后的民法修改来说，其修改前后多有法务省事务局（或担当官员）发表的解说。这些资料经常被作为表明立法旨趣的资料加以对待。这些解说，虽然在立法前后多刊登在各家杂志上，但社团法人商事法务研究会、社团法人金融财政事情研究会、日本加除出版社等，也可能会出版单行本。

另外，无须多言的是，就立法的整体状况而言，参考日本帝国议会及日本国会议事录，当然是最为重要的。

1-3 判例、裁判例

■数据库并非完美无缺

为了寻找某一问题的重要判决，也可以使用《判例百选》、附判例的《六法》，但并不能用于裁判例的全面检索。为了全面检索裁判例，以前经常用的是活页式的《判例体系》（第一法规出版社），但目前经常用的是《判例MASTER》（新日本法规出版社）等判例数据库的光盘。目前，上述《判例体系》也刻录成了光盘。但是，在用关键词或项目检索时需要特别小心谨慎。因为，关键词或项目，是数据库编集者在读了各个判决后添加的内容。判决的读法各有不同，且失误也不能完全避免。而且，究竟以什么作为关键词本身也会存在问题。例如，是否承认"扩大损害"这一概念，因人而异，因论者不同而不同。对于"完整利益""信赖利益"等概念，也是如此；或许有些论者不承认此等概念，即使予以肯定，其定义也会因人而异。因此，在收集"瑕疵担保责任的赔偿限于信赖利益赔偿的判决"时，仅靠"关键词"的方法肯定是不行的。只能是先全面收集涉及《日本民法典》第570条关于瑕疵担保责任的所有判决，然后再踏踏实实地下功夫研读这些判决，整理"仅限于信赖利益赔偿的判决"。

216

作为裁判例的刊载媒介，既有裁判所刊行的（官方的）案例集，也有商业出版社刊行的法律杂志。前者以《最高裁判所判例集》为代表，后者以《判例时报》《判例时刊》为代表。除此以外的刊物，包括其具体的出刊期间等，可参阅星野英一、平井宜雄编著的《民法判例百选I（第4版）》（有斐阁1996年版）第169页、第199页中登载的一览表。

当今，利用数据库可以很轻松实现以前难以想象的判例检索。这本身令人高兴，但若认为看了数据库收录的摘要就已经阅读了案例本身，也是不行的。无论如何，数据库只不过是检索用的工具，并不一定能代表案例本身。对于这一点，一定要特别加以留意。因为，数据库当中，很多只是刊载了依编集者的判断提取出来的部分；不仅如此，有相当一部分还会存在着一些笔误。

■判例评析的调查

在研究判例时，若针对该判决存在相关评析的，有必要加以参考。存在怎样的评析，虽然也可以利用如同上述数据库的方法或后述的杂志论文检索的方法加以检索，但最新判例评析未必被收录，需要进行人工检索。关于新的判决，除了解说各年度新判例的《重要判例解说》（法学家临时增刊）、《私法判例评论》（法律时报专辑）、《主要民事判例解说》（判例时刊临时增刊）等等之外，最起码也应该确认一下刊登调查官解说的《法曹时报》《法学家》，以及常规性地设有判例研究栏目的《法学协会杂志》《民商法杂志》《法学教室》《判例评论》（《判例时报》附册）、《判例时刊》《金融法务事情》《金融商事判例》《银行法务21》（原为《票据研究》）、《NBL》等诸多杂志。

1-4 学说·其一——概说书[1]

■应予以参考的概说书

根据发表形态的不同，学说大致可以分为概说书和论文两大类。

首先是概说书。概说书所载，虽然在其性质上也决定了不可能十分详细，但由于其为大量的读者所参考，影响力很大。为此，要研讨某一问题的相关学说时，首先需要查阅主要的概说书。而且，在第二次世界大战以前，真正意义上的论文较少，概说书的意义较之今天更甚，这一点也需要特别留意。

即使是概说书，也存在着各种各样的类型，数量也非常之多。但并不是所有的概说书都称得上具备了学说的资格。仅仅是在某一大学中某一特定的

---

[1] 日本法学界的出版物中有"概说书""体系书"等分类。"概说书"略等同于我国所称的"释义书"，但内容又不尽相同，故采原文。——译者注

教授授课时所用的书籍，很多情形下都难以成为参考的对象。另外，非常简单的入门书、解说书或者预备学校的教材等，同样如此。作为学说的概说书的外延，虽然没有统一的定义，但也存在着一些宽泛的共同理解。目前代表性的概说书，可以参考北川善太郎著《民法向导（民法讲要Ⅳ）》（有斐阁1995年版）或者是内田贵著《民法Ⅰ—Ⅲ》（东京大学出版会1994—1997年版。民法Ⅰ的第2版则是1999年版）中所列参考文献。将这些参考文献视为学界共通的理解也不为过。想要知道更早时期的应予参考的概说书，可以查阅代表性注释书《新版注释民法（1）—（28）》（有斐阁1988年首版，持续出刊中）的文献略语表。

如上所述，即使在被认为具备学说资格的概说书中，也同时存在着评价相对较高的概说书和评价不高的概说书。当然，在通常情形下评价并不高的概说书中，也有可能发现就某一问题的非常突出的阐述。即使如此，预先了解通常的评价也不会毫无用处。为此，可以读一读星野英一著《民法讲义总论》（有斐阁1983年版）中的《日本民法学史》的部分。这里只说两点。首先，在各种概说书当中，梅谦次郎著《民法要义卷之———卷之五》（有斐阁，1896—1900年版）、富井政章著《民法原论第1卷—第3卷》（有斐阁1903—1929年版）（两者都已重印），作为表明了现行《日本民法典》起草人的观点的概说书，在这里要表达特别的敬意。其次，我妻荣著《民法讲义Ⅰ—Ⅳ4》（岩波书店1932—1971年版），至少在第二次世界大战以后的20多年中占有支配性地位（所谓的"通说"）。

1-5　学说·其二——论文

■论文的种类

其次是论文。这也存在着各种形式的论文。

第一，可以根据作者是专任研究岗位还是非专任研究岗位的标准加以区分。研究生或助手等发表论文时，其载体通常是作者所属的大学等的纪要（也有一些是工作后在工作单位的大学纪要发表）。本书所称的第一论文可归入这一类，但第一论文多是包括了外国法研究在内的以基础研究为中心的厚重论文（或至少被如此期待）。也就是说，要细致研读基础性研究的话，应当阅读大学纪要等刊载的论文。当然，与正式的纪要相区别的校内出版物

（大多不以多数大学图书馆收藏为前提的校内出版物）上刊登的论文，并不一定非要参考。

与此相对，专任研究岗位的研究人员写的论文，除了上述纪要之外，也发表在其他各种出版物中。尤其是同仁刊物《民商法杂志》、代表性的商业杂志《法学家》《法律时报》等刊载的论文，受关注度很高。引用时若遗漏这些杂志上的论文，会成为很大的失分点。

第二，发表的载体是杂志还是非杂志，也有区分的意义。说得直接一点的话，杂志论文的水平各式各样，但纪念论文集（《××先生古稀纪念论文集》《××大学法学部成立××周年纪念论文集》等）刊载的论文多为一定水平以上的论文。而且，日本还存在着"讲座""策划"等在欧美并不多见的载体。这些载体所收录的论文，通常来说水平很高。代表性的"讲座"主要有：以学说史为中心的星野英一主编《民法讲座1—7，别卷1，2》（有斐阁1984—1990年版），以判例法理的展开为中心的广中俊雄、星野英一主编《民法典的百年Ⅰ—Ⅳ》（有斐阁1998年版）等。另外，按领域来划分，近年来的代表性文集主要有：远藤浩、林良平、水本浩主编《现代契约法大系第1卷—第9卷》（有斐阁1983—1985年版），米仓明等主编《金融担保法讲座Ⅰ—Ⅵ》（筑摩书房1985—1986年版），加藤一郎、竹内昭夫主编《消费者法讲座第1卷》（日本评论社1984年版），川井健等主编《讲座·现代家庭法第1卷—第6卷》（日本评论社1991—1992年版），椿寿夫主编《讲座·现代契约与现代债权的展望1—6》（日本评论社1990—1994年版），山田卓生主编《新·现代损害赔偿法讲座1—6》（日本评论社1997—1998年版），镰田薰、寺田逸郎、小池信行主编《新·不动产登记讲座第1卷—第7卷》（日本评论社1997年版）等。此外，跨领域的文集，如《岩波讲座·基本法学1—8》（岩波书店1983—1984年版），岩村正彦等主编《岩波讲座·现代的法1—15》（岩波书店1997—1998年版）等，当中也收录了重要的论文。

■ **补充提醒**

这里补充一些应当注意的事项。

首先，须特别注意判例评论中的研究成果。广义上来说，判例评论也是论文的一种。但有些论题，通过判例评论的研究，促进了学说讨论的延展；

此外，也有在判例评论中直接展开学说的情形。这些研究内容因容易被忽视，所以需要特别注意。

其次，须注重学会报告或座谈会中的发言。关于这点，在多大程度上将其视为学说予以重视，存在不同的判断，但实际上存在重要阐述的也很多。在学会纪要或杂志等刊载的范围内，有必要认真梳理，依其需要加以引用。比较微妙的是，将最终并未成为铅字的发言作为"某某教授的观点"加以引用，可能会给被引用者带来不便（若是酝酿过的确定性观点，并不在此限），通常应避免引用。但是，特定的分析视角从某发言受到了启发之情形，最好以"受到某某教授发言的启发"的方式加以引用。

最后，应重视对新出现的概说书、论文等的学界评价。关于这点，有必要浏览一下《法律时报》中不定期刊载的"民法学的进展"以及以年末刊载的"学界回顾"为代表的书评栏目或回顾栏目。当然，也不能对这些学界评价囫囵吞枣。

1-6 论文等的检索

■检索工具及其局限性

论文、座谈会等的检索，大致存在三种方法。

第一种方法是利用检索资料的方法。可进行最全面检索的工具是《法律判例文献信息》（第一法规出版社）。但遗憾的是，只限于1981年以后的资料。《法律判例文献信息》除了发行月刊，也刻录成了CD-ROM。CD-ROM形式，虽然更新很慢，但非常便利。作为法律文献目录的先驱，则是《法律时报》刊末登载的《文献月报》。第二次世界大战前的部分，制作成了《法学文献目录》合订本（日本评论社）；战后部分，也以《战后法学文献总目录》（日本评论社）的形式逐步刊行。

当然，也并不能完全信赖这些文献目录的分类。例如，假设存在以"登记无效抵押权的权利人通过拍卖程序所取得的优先受偿额是否成立不当得利"为问题意识的论文，该论文究竟是归于"物权"（其中包括不动产登记）、"担保物权"（其中包括抵押权）、"不当得利"甚或是"民事执行"中的哪一类呢。由此也可以看出，要实现十全十美的分类并不可能。

与上述方法类似的是，也存在着回溯性地阅读一定年限的《法律时报》

"学界回顾"目录、然后从中选出文献的方法。这些"学界回顾",对文献内容也多有简单介绍。但并不能保证文献的全面性。

第二种方法是参阅《注释民法（1）—（26）》（有斐阁 1964—1988 年版）"文献"栏目的方法。虽然各卷中因出版时间等不同,存在着列举了何时为止的文献等诸多欠妥之处,但也有其益处。尤其是可以找到第一种方法难以检索到的日本明治期间、大正期间的论文（等益处）。

更为实际的是,可以从文献整理过程中收集到的论文的注释中去查找相关文献。当然,这一方法不仅无法确保全面性,且只能检索到该论文执笔时点以前的文献。但是,在阅读论文时,浏览一下注释,查找一下是否引用了有意思的论文,也是重要的。

第三种方法可以定位为对上述工作的补充。文献会不断出现,无论哪一种检索方法或检索工具,都会有时间上的滞后。平时在图书馆期刊阅览室确认一下发表了什么论文,无论如何都是不可或缺的。每周固定的日子去期刊阅览室,包括外国杂志在内,即使只是浏览一下新到期刊的目录,对于主题的确定也是有益的。

1-7 实际状况

■通过出版物调查实际状况

上面介绍了法律、判例和学说,除此之外,不同的场合,也可能会需要关于实际状况的相关资料。利用什么资料来表明实际状况,实际上存在各种各样的方法,这里只涉及其中的两点。

第一,以银行交易、（国际）商品交易、不动产交易、登记、户籍、公证、家庭纠纷调停等法律行业相关的实务状况等为问题意识的实际状况调查。关于这点,以相关的专业性法律杂志（如《金融法务情况》《NBL》《登记研究》《户籍时报》《案例研究》等）为代表,多发表有实务专家的经验或相关文书格式等,这些都非常有用。但在利用时要注意的是,不要把某一个案过度地一般化。例如,银行实务专家发言时所说的"银行通常都是这样做的",可能会被认为这是处于支配性的实务,但其实也可能只是该发言者所在的银行的特殊处理方式。

第二,若需要更加客观的资料,则可以考虑利用各种统计资料和政府出版物。究竟存在哪些统计资料及报告等，看一下各种论文的注释，也就大致可以了解了。而且，上述各种专业性法律杂志，多刊载有各种报告的概要，各政府部门、机构的网站主页也多有刊载这些内容。政府部门以外的机构，例如全国银行协会等机构公布的统计资料、报告文件等，从各机构的网站主页也可以找到。另外，各机构大都有图书馆、图书室，也多会给研究人员相应的使用资格。不应该轻易放弃对这些资料的查找。

2. 德国

2-1 外国法的检索方法

■外国文献检索方法指南书

关于外国文献的检索方法，也有一些高质量的日语指南书。代表性的有田中英夫等编著的《外国法的检索方法》（东京大学出版会1974年版），板寺一太郎著《法学文献的检索方法》（东京大学出版会1978年版）等。虽说稍显陈旧，但非常有用。此外，利用互联网的检索手段在最近也得到了飞跃式的发展。关于这点，田岛裕著《法律信息的在线检索》（丸善出版社1992年版），同作者《法律信息检索与论文写作方法》（丸善出版社1998年版），指宿信、米丸恒治著《面向法律学的互联网》（日本评论社1996年版），指宿信编著《借助互联网的外国法》（日本评论社1998年版）等，都有详细的介绍。

■文献质量信息的重要性

关于外国文献检索本身，这里要特别说明的并不多。但是，是不是说知道了这些检索方法，就得以检索外国法，特别是得以检索外国民法了？并非如此简单。如果仅仅是法令或者判例的检索，可能问题不大；但对于著作或论文来说，文献的"质量"信息就具有非常重要的意义。例如，除了各种文献的性质之外，如果不知道哪些是重要的文献、哪些并不一定是重要的文献，即使找到了文献，也可能会存在误判。从这层意义上来说，为了检索外国文献，就需要事先了解各个国家关于民法及民法学的讨论是如何展开的。从实际情况来说，若做到了这一点，其检索效率远远超过利用数据库从一开始检索的情形也不少。下面就以这点为中心，非常简单地介绍一下外国文献的检索方法。首先从德国法开始。

2-2 法令、判例

德国法相关的法令及判例的检索方法，前面介绍的田中等编的《外国法的检索方法》第 184 页以下有详细的介绍，请予以参照［德语的著作，可参考 Heribert Hirte, der Zugang zu Rechtsquellen und Rechtsliteratur, 2 Aufl.（Carl Heymann, 2000）］。这里的话，仅限于非常基本的文献和上述著作中未列举的文献。

（1）法令集

■法令集

首先是法令。德国的特色之一是，不存在像日本《六法》一样的简便法令集。经常使用的活页式法令集，依其领域不同共分成四册。

Shönfelder, Deutsche Gesetze（C. H. Beck）

Sartorius Ⅰ, Verfassungs-und Verwasltungsgesetze der Bundesrepublik Deutschland（C. H. Beck）

Sartorius Ⅱ, Internationale Verträge, Europarecht（C. H. Beck）

Sartorius Ⅲ, Verwaltungsgesetze, Ergänzungsband für die neuen Bundesländer（C. H. Beck）

其中，收录了民事法、刑事法、程序法等主要法令的是第一册的 Shönfelder。但是，每年都会需要数次的活页增减。要保持最新的状态，对于个人来说相当麻烦。最近也有了 CD-ROM 版，利用 CD-ROM 版可能会更好一些。

此外，就一些主要的法律领域，C. H. Beck 出版社也会出一些便携式的法令集。就民法来说，既有 Beck-she Textausgaben 系列的精装本 BGB，也有 Beck-Text im dtv 系列的软皮本 BGB（前者收录的法令数稍多一些）。

■最新法令的检索方法

要检索最新的法令，就有必要查阅最新的联邦官方公报（Bundesgesetzblatt）。虽然在大多数图书馆应该都可以查到，但现在已经可以通过互联网更加方便地检索。除了在官方公报销售者 Bundesanzeigerverlag 的网站

(http://www.bundesanzeiger.de）上可以直接阅读 PDF 版以外，德国萨尔布吕肯大学（Saarbrücken）的网站（http://www.jura.unisb.de japan）上也可以下载文本格式的法令。

除了德国萨尔布吕肯大学的上述网站之外，德国信息系统公司（http://www.compuserve.de/bc_recht/gesetze，原本为亚琛大学网站的一部分）的网站[1]也有非常详细的数据库。此外，收费的则有 JURIS 法令数据库（http://www.juris.de）。

(2) 立法资料

■民法典立法资料

要检索《德国民法典》本身的立法过程，则主要有两大资料。即：Beno Mugdan（Hrsg.），Die gesmaten Materialien zum Bürgerlichen Gesetzbuch für das Deutsche Reich，Vol. 5（R. v. Decker's，1899-1900），Horst Heinrich Jacobs und Werner Schubert（Hrsg.），Die Beratung des Bürgerlichen Gesetzbuchs in systematischer Zusammenstellung der unveröffentlichten Quellen, vol. 11（Walter de Gruyter, 1978- ）。但是，立法资料中特别受重视的第一草案理由书（Motive zu dem Entwurfe eines Bürgerlichen Gesetzbuches für das Deutsche Reich，vol. 6，J. Guttentag，1888，通常被称为 Motive），以及第二草案的委员会议事录（Protokolle der Kommission für die zweite Lesung des Entwurfs des Bürgelichen Gesetzbuches, vol. 7, J. Guttenlag，1897-1899，通常被称为 Protokolle），一般都引用其原典。另外，石布雅亮编的《德意志民法典的编纂与法学》（九州大学出版社 1999 年版）卷末附录了详细的《德国民法典》编纂资料，也请加以参考。

■债务法修改相关资料

此外，目前德国正在进行民法典债务法部分的相关修改。[2] 关于这点，从 1981 年到 1983 年的鉴定意见 [Bundesminster der Justiz（Hrsg.），Gutachten und Vorschläge zur Überarbeitung des Schuldrechts, vol. 3（Bundesanzeiger, 1981-1983)]，以及 1992 年的最终报告书 [Bundesminister der Justiz（Hrsg.），

---

[1] 经确认，该网站目前无法打开。——译者注
[2] 即 2002 年《德国债务法现代化法》。该书写作时，该法尚处于修改讨论的阶段。——译者注

Abschlußbericht der Kommission zur Überarbeitung des Schuldrechts（Bundesanzeiger, 1992）］，是非常重要的文献。日语方面的文献，前者可参考下森定等所著《关于西德债务法修改鉴定意见的研究》（日本评论社 1988 年版），后者可参考下森定与冈孝编的《关于德国债务法修改委员会草案的研究》（法政大学出版社 1996 年版）。

（3）判例

■第二次世界大战前的判例集

第二次世界大战前代表性的判例集主要有：帝国法院［Reichsgericht（RG）］的民事判例集 RGZ（Entscheidungen des Reichsgerichts in Zivilsachen）；地方高等法院［Oberlandesgericht（OLG）］的民事案例集 OLGRspr（Die Rechtsprechung der Oberlandesgerichte auf dem Gebiet des Zivilrechts）。此外，WarnJB（Warneyers Jahrbuch der Entscheidungen zum Bürgerlichen Gesetzbuch und den Nebengesetzen），JW（Juristische Wochenschrift），Gruchot（Gruchot's Beiträge zur Erläuterung des Deutschen Rechts）等也是重要的判例集。

■第二次世界大战后的判例集

第二次世界大战后重要的判例集主要有：联邦最高法院［Bundesgerichtshof（BGH）］的民事判例集 BGHZ（Entscheidungen des Bundesgerichtshofs in Zivilsachen），地方高等法院（Oberlandesgericht）的民事判例集 OLGZ（Entscheidungen der Oberlandesgerichte in Zivilsachen）；另外，联邦宪法法院［Bundesverfassungsgericht（BVerfG）］的判例集 BVerfGE（Entscheidungen des Bundesverfassungsgerichts），联邦劳动法院［Bundesarbeitsgericht（BAG）］的判例集 BAGE（Entscheidungen der Bundesarbeitsgerichts）也是重要的判例集。此外，NJW（Neue Juristische Wochenschrift）、JZ（Jrusitenzeitung）、MDR（Monatsschrift für Deutsches Recht）、JR（Juristische Rundschau）等各种法律杂志中也刊登判例。对于判例索引，也会经常用到的有 LM（v. Lindenmaier-Möhring u. a.，Nachschlagewerk des Bundesgerichtshofs）等索引。

■电子化资料

当然，判例也是一样，出现了 CD-ROM 以及在线检索等各种新型检索手段。例如，前述 BGHZ 除了 CD-ROM 版，还出了 BGHE Zivilsachen，收录了 1986 年以来联邦最高法院的几乎所有判例（均由 Carl Heymanns Verlag 出版）。综合性数据库，则有上述 JURIS 的数据库。在日本，虽然直接利用的人还很少，但将来应该会被得到很好的利用。除此之外，要参阅最新的判例的话，德国萨尔布吕肯大学网站上的新闻通告也是很有用的（http://www.jura.unisb.de/Entscheidungen/）。

2-3　法律评注

■评注的重要性

查阅了德国法以后，首先应该浏览的是评注。德国的评注，不仅数量和种类非常丰富，其评注质量也非常高。由于其罗列了全部的问题点，并对其学说和判例状况予以客观整理的意识非常彻底，所以，只要看评注就可以了解大致的情况。而且，在评注的各个地方，都罗列了文献一览，也可以以此为线索搜集主要的文献。当然，因多数情形都只是平淡的解说，并不能否认其欠缺作为研究的乐趣。但不管如何，先看一下评注就可以了解德国法的客观状况，至少可以让人放心。这一点还是非常重要的。

■代表性评注

几套评注中，最为传统的是施陶丁格评注。该评注，从《德国民法典》制定后就马上开始编纂，目前第 13 版正在刊行过程中［Staudingers Kommentar zum Bürgerlichen Gesetzbuch mit Einführungsgesetz und Nebengesetzen, 13. Aufl., vol. ca. 83（Walter de Gruyter, 1993-）］。此外，泽格尔评注也很有历史，从 1999 年起也开始第 13 版的刊行［Soergel Bürgerliches Gesetzbuch mit Einführungsgesetz und Nebengesetzen, 13. Aufl., vol. 25（W. Kohlhammer, 1999-）］。无论哪一套，与奥特曼评注［Paul Oertmann, Kommentar zum Bürgerlichen Gesetzbuche und seinen Nebengesetzen, vol. 6（Carl Heymann）］以及普兰克评注［Planck's Kommentar zum Bürgerlichen Gesetzbuch nebst Einführungsgesetz, vol. 7（J. Guttentag）］等评注一样，在第二次世界大战前都被当成圣经（权威）一样使用。

与此不同，相对较近编纂的评注则有慕尼黑评注［Münchener Kommentar zum Bürgerlichen Gesetzbuch, 3. Aufl., vol. 11（C. H. Beck, 1992-）］。该评注共 11 卷（其中民法 9 卷），不仅紧凑充实，内容方面也得到很高评价。目

前来说，反而可以说是该评注与前述施陶丁格评注一起，构成了代表性的评注。

■其他评注

除上述评注以外，以判例为中心的评注则有 RGR – Kommentar［Das Bürgerliche Gesetzbuch mit besonderer Berücksichtigung der Rechtsprechung des Reichtsgerichts und des Bundesgerichtshofes, 12. Aufl.（W. de Gruyter, 1970– ）］。面向实务的评注则有帕兰特评注［Palandt, Bürgerliches Gesetzbuch, 59. Aufl.（C. H. Beck, 2000）］。该评注不好的一点是读起来比较费劲。原因在于，该评注被缩编成一册，并且使用了很多简称，如果不太习惯这种做法，读起来会比较费劲。

同样是评注，也存在不太一样的评注，如 Alternativkommentar［Kommentar zum Bürgerlichen Gesetzbuch, vol. 6（Luchterhand, 1979– ）］。如同该评注的书名所表明的一样，该评注是左翼学者为中心编纂的评注；其性质上，更像就每个条文所写的理论书。

■一般交易条款（格式条款）规制法的评注

在德国，作为《德国民法典》的补充，一般交易条款规制法占有非常重要的地位。[1] 因此，上述各种评注也都将一般交易条款规制法的解说纳入其中（多数将其放在总则卷的最后部分，但施陶丁格评注将其作为单独的一册）。此外，就一般交易条款作单独评注的出版物也很多。其中特别重要的有：Peter Ulmer/Hans Erich Brandner/Horst–Diether Hensen/Harry Schmidt, AGB–Gesetz, 8. Aufl.（O. Schmidt, 1997），Manfred Wolf/Norbert Horn/Walter F. Lindacher, AGB–Gesetz, 4. Aufl.（C. H. Beck, 1999）。

2 – 4 概说书

接着是民法的概说书。民法概说书大致可分为三类。

（1）体系书

■体系书的重要性

传统上来说，与前述评注相并列，体系书在德国也对学说及判例产生了

---

〔1〕 依 2002 年《德国债务法现代化法》，《一般交易条款规制法》的实体部分并入了《德国民法典》。——译者注

很大的影响。这可以说是普通法时代的萨维尼（Friedrich Carl von Savigny）、普赫塔（Georg Friedrich Puchta）、温德夏特（Bernhard Windscheid）等以来的传统。在第二次世界大战前，恩内克策鲁斯（Ludwig Enneccerus）的体系书等，与前述施陶丁格评注及泽格尔评注一起，对于通说的形成贡献甚巨。即使在第二次世界大战后，拉伦茨（Karl Larenz）、弗卢梅（Werner Flume）、埃塞尔（Josef Esser）、鲍尔（Fritz Baur）等大家也同样写作体系书，引导了讨论的展开。当然，这一代学者之后，在德国也同样面临着真正的体系书撰写日益减少的局面。这一倾向背后究竟意味着什么，这本身也是非常有意思的问题。但这里暂且不讨论这点，仅就目前经常被参考的主要体系书作一大致介绍。

■民法总则

关于民法总则的代表性体系书有 Karl Larenz 的 Allgemeiner Teil des Bürgerlichen Rechts（C. H. Beck）。从 1997 年的第 8 版开始，该体系书由 Manfred Wolf 进行修订。此外，Werner Flume 的 Allgemeiner Teil des Bürgerlichen Rechts（Springer）也非常重要（其中，第 1 卷第 1 分册是 Die Personengesellschaft，1977，第 2 分册是 Die Juristische Person，1983；第 2 卷是 Das Rechtsgeschäft，4. Aufl.，1992）。特别是该体系书中的法律行为理论，对日本学界也产生了很大的影响。另外，稍微有些不一样的体系书是 Hans Martin Pawlowski, Allgemeiner Teil des BGB, 5. Aufl.（C. F. Müller, 1998）；教科书色彩浓厚的则是 Dieter Medicus, Allgemeiner Teil des BGB, 7. Aufl.（C. F. Müller, 1997），Heinz Hübner, Allgemeiner Teil des Bürgerlichen Gesetzbuches, 2. Aufl.（Walter de Gruynter, 1996）（该书承继了 Heinrich Lehmann 的教科书）。

■债权法

关于债权法的代表性体系书，当然是 Karl Larenz 的 Lehrbuch des Schuldrechts（C. H. Beck, Bd. 1, 14. Aufl.，1987, Bd. 2/1, 13. Aufl. 1986, Bd. 2/2, 13. Aufl.，1994）（其中，分则的第 2 分册由 Claus‐Wilhelm Canaris 修订）。得以与此媲美的是，Josef Esser/Eike Schmidt, Schuldrecht Bd. 1/1, 8. Aufl.（C. F. Müller, 1995），Bd. 1/2（C. F. Müller, 2000）以及 Josef Esser/Hans‐Leo Weyers, Schuldrecht Bd. 2/1, 8. Aufl.（C. F. Müller, 1998），Bd. 2/2

(C. F. Müller, 2000)。无论何者，对日本相关领域的讨论都产生了重大的影响。此外，重要的体系书还有 Wolfgang Fikentscher, Schuldrecht, 9. Aufl. (Walter de Gruyter, 1997)。教科书色彩浓厚的体系书则有 Peter Schlechtriem, Schuldrecht, Allegemeiner Teil, 3. Aufl., 1997, Besonderer Teil, 5. Aufl., 1998 (J. C. B. mohr)。

■物权法

关于物权法的代表性体系书是 Fritz Baur, Lehrbuch des Sachenrechts (C. H. Beck)（从 1992 年的第 16 版开始，由 Rolf Stürner 修订；目前已出到 17. Aufl., 1999 版）。此外，重要的体系书还有 Harry Westermann, Sachenrecht, 7. Aufl. (C. F. Müller, 1998), Hans Josef Wieling, Sachenrecht, 3. Aufl. (Springer, 1997), Jan Wilhelm, Sachenrecht (Walter de Gruyter, 1993)。

■家庭法

关于家庭法的代表性体系书有：Joachim Gernhuber, Lehrbuch des Familienrechts (C. H. Beck)（1994 年的第 4 版开始由 Dagmar Coester-Waltjen 修订），Heinrich Lange/Kurt Kuchinke, Lehrbuch des Erbrechts, 4. Aufl. (C. H. Beck, 1995)。稍微有些古旧的重要体系书则是 Theodor Kipp/Hermut Coing, Erbrecht, 14. Aufl. (J. C. B. Mohr, 1990)。此外，教科书色彩浓厚的体系书有 Dieter Giesen, Familienrecht, 2. Aufl. (J. C. B. Mohr, 1997), Dieter Heinrich, Familienrecht, 5. Aufl. (Walter de Gruyter, 1995), Dieter Leipold, Erbrecht, 12. Aufl. (J. C. B. Mohr, 1998)。

（2）一般的教科书

■利用方法

第二类概说书是一般性的概说书、教科书。简而言之，是面向学生的相对较薄的概说书、教科书。在日本，这类概说书日益增多，在德国，也可以看到同样的倾向。这类概说书，虽说从德国法研究的视角来看大多不够完美，但对于了解德国法基础知识的概况，还是有用的。下面就列举一些代表性的著作。

■关于民法整体的概说书、入门书

在这类著作中，最具人气的莫过于 Dieter Medicus 的 Bürgerliches Recht, 18. Aufl. (Carl Heymann, 1999)。该著作的特征在于，依请求权的发生原

因就民法整体做了体系化整理。对德国学生来说，该著作成了如同圣经一样的必读书目，不仅如此，作者梅迪库斯是德国民法学者的代表人物之一，该著作对于了解其观点来说也是重要的。该著作的第 16 版，正被逐步翻译成日语［河内宏、河野俊行监译《梅迪库斯·德国民法（上）》，信山社 1997 年版］。针对民法整体的其他入门书还有：Dieter Schwab, Einführung in das Zivilrecht, 13. Aufl.（C. F. Müller, 1997），Joachim Gernhuber, Bürgerliches Recht（C. H. Beck）（从 1998 年的第 4 版开始，由 Barbara Grunewald 修订），Eugen Klunzinger, Einführung in das Bürgerliche Recht, 9. Aufl.（F. Valen, 2000）等。

■民法各编相关的教科书

面向学生的民法各编的教科书，代表性的是 C. H. Beck 出版社的 Jüristische Kurz-Lehrbücher 系列及 Grundrisse des Rechts 系列。前者是包含了相对深入阐述的优秀教科书，对于了解德国法的一般状况非常有用（在研究性著作中，这些教科书在这一层面上也经常被引用）。具体如下：总则是 Helmut Köhler, BGB Allgemeiner Teil, 24. Aufl. 1998；债法总论、债法各论是 Dieter Medicus, Schuldrecht I, 11. Aufl., 1999, Schuldrecht II, 9. Aufl. 1999；物权法是 Karl Heinz Schwab/Hans Prütting, Sachenrecht, 28. Aufl., 1999；家庭法是 Alexander Lüderitz, Familienrecht, 27. Aufl. 1999；继承法是 Wilfried Schlüter, Erbrecht, 13. Aufl. 1996。与前者不同，后一系列的典型特征是将基础知识简明扼要地加以整理。具体如下：总则是 Bernd Rüthers, Allgemeiner Teil des BGB, 10. Aufl., 1997；债法总论、债法各论是 Hans Brox, Allgemeines Schuldrecht, 26. Aufl., 1999, Hans Brox, Besonderes Schuldrecht, 24. Aufl., 1999；物权法是 Manfred Wolf, Sachenrecht, 15. Aufl., 1999；家庭法是 Dieter Schwab, Familienrecht, 10. Aufl. 1999（该著作第 3 版的日文版，参见迪特尔·施瓦布著《德国家庭法》，铃木禄弥译，创文社 1986 年版）。

上述系列之外，相同性质的教科书系列还有：Carl Heymann 出版社的 Academia Juris 系列——除了上述 Medicus, Bürgerliches Recht 之外，还有 Hans Brox, Allgemeiner Teil des BGB 23. Aufl., 1999, Klaus Müller, Sachenrecht, 4. Aufl., 1997, Hans Brox, Erbrecht, 18. Aufl., 2000 等；Alfred Metzner 出版社的 Juristische Lernbücher 系列——Hein Kötz, Deliktsrecht, 9. Aufl.,

1998，Manfred Harder, Grundzüge des Erbrechts, 4. Aufl., 1997；C. H. Beck 出版社的 JuS – Schriftenreihe 系列——Ulrich Loewenheim, Bereicherungsrecht, 2. Aufl., 1997, Berthold Kupisch/Wolfgang Krüger, Deliktsrecht, 1983；以及 C. F. Müller 出版社的 Uni – Taschenbücher 系列——Ulrich Eisenhardt, Allgemeiner Teil des BGB, 4. Aufl., 1997, Hans Stoll, Grundriß des Sachenrechts, 1983 等。

（3）特定主题的概说书

第三类概说书是就特定主题加以梳理的概说书。这类概说书，对于所关心的主题来说，是深入了解德国法讨论状况的珍贵资料。

■ 研究书性质的概说书

该类概说书中，具有代表性的是共 8 卷本的 Joachim Gernhuber 主编的 Handbuch des Schuldrenchts（J. C. B. Mohr），分别是：Hermann Lange, Schadensersatz, 2. Aufl., 1990（第 1 卷）；Knut Wolfgang Nörr/Robert Scheyhing, Sukzessionen, 1983（第 2 卷）；Joachim Gernhuber, Die Erfüllung und ihre Surrogate, 2. Aufl., 1994（第 3 卷）；Dieter Reuter/Michael Martinek, Ungerechtfertigte Bereicherung, 1983（第 4 卷）；Walter Selb, Mehrheiten von Gläubigern und Schuldnern, 1984（第 5 卷）；Gerhard Walter, Kaufrecht, 1987（第 6 卷）；Wolfgang Gitter, Gebrauchsüberlassungsverträge, 1988（第 7 卷）；Joachim Gernhuber, Das Schuldverhältnis, 1989（第 8 卷）。每一卷都是大部头，其旨向，与其说是指引，还不如说是真正的研究书。

■ 面向学生的主题性概说书

关于面向学生的主题性概说书。在 C. H. Beck 出版社的 JuS – Schriftenreihe 系列中，也包含了一些特定主题的概说书。主要有：Volker Emmerich, Das Recht der Leistungsstörungen, 4. Aufl., 1997, Michael Martinek, Moderne Vertragstypen, Bd. 1 1991, Bd. 2 1992, Bd. 3 1993, Manfred Löwisch, Vertragliche Schuldverhältnisse, 2. Aufl., 1988, Dieter Medicus, Gesetzliche Schuldverhältnisse, 3. Aufl., 1996, Hartmut Reeb, Grundprobleme des Bereicherungsrechts, 1975, Walter Gerhardt, Immobiliarsachenrecht, 4. Aufl., 1996, Walter Gerhardt, Mobiliarsachenrecht, 4. Aufl., 1995, Hansjoerg Weber, Kreditsicherheiten, 6. Aufl., 1998, Horst Locher, Das Recht der Allgemeinen

Geschäftsbedingungen, 3. Aufl., 1997 等。

2-5 著作、论文

■检索方法

接下来是著作和论文。关于该类文献的检索方法，本节第 2 部分开头处列举的板寺一太郎著《法学文献的检索方法》第 43 页以下有详细的介绍。以前经常用的杂志，主要是 KJB（Karlsruher Juristiche Bibliographie）以及 NJW 的 Fundheft 等；目前，JURIS 数据库等电子信息的重要性日益增加。但这里不介绍相关的检索方法，而主要介绍一下德国著作、论文写作方式等通常的信息。

（1）专题论文

■日本式的论文集很少

首先从专题论文开始。这里不讲著作，而专门讲专题论文，理由如下：在日本，许多被称为著作的，其实质是论文集，大部分都是将已在杂志等公开发表的论文汇编成集出版。除了概说书，专门撰写新书在日本是非常少见的。而与此不同，在德国的话，几乎不存在如同日本一样的论文集。或许是因为以下感觉所致：既然已公开发表，并没有什么理由重新以书籍的形式问世。无论如何，这一类的论文集，也仅仅停留在一小部分的学问大家在其晚年或去世后加以编纂的程度。

■Dissertation（博士学位论文）与 Habilitationsschrift（教授资格论文）

因此，德国所谓的著书，通常都是指专门就特定主题重新写作的专题论文。代表性的有 Dissertation（博士学位论文）与 Habilitationsschrift（教授资格论文）。这类论文，是年轻的法学学者取得博士学位或取得教授资格所必备的论文，特别是后者，如同其文字所表明的那样，通常都是倾注了心血的力作。无论哪一种类型，都具备以下特征：至少全面整理了该主题所涉及的阐述，并从各种视角对其加以彻底探讨。要说支撑了德国法学理论水准的，恰恰是这些专题论文，也并不为过。要研究德国法，若自己所关心的主题存在着这样的专题论文，一定要仔细阅读。在这里，由于全面引用了相关文献（多数是列举在卷末的参考文献一览），以此为基础回溯查找主要文献，也会容易得多。

■ 注意文献的重要性

但要注意的是，这些专题论文并非都是同样重要，尤其是博士学位论文，更是如此。在德国，取得博士学位的人数相当之多，且与日本不同，其中成为法学学者——即，要写作教授资格论文的人——的人并不是很多。因此，至少就博士学位论文而言，不能否认有鱼龙混杂之感。发现了与自己的主题相关的博士学位论文后非常高兴，并以此为基础写作论文，但该关键的博士学位论文的存在，在德国则几乎没人知道，这样的情况并不是没有。因此，有必要谨慎地加以检索，了解所参考的博士学位论文在评注或主要的概说书中是否有被提及。但一般来说，同样是博士学位论文，被收录到大型丛书中的博士学位论文，较之自费出版的博士学位论文（自费出版的博士学位论文，多数是统一印刷的简易本），其水准要高一些。这类大型丛书主要有慕尼黑大学的 Münchener Universitätsschriften 系列（C. H. Beck），科隆大学的 Schriften des Instituts für Arbeits-und Wirtschaftsrecht der Universität zu Köln 系列（C. H. Beck），图宾根大学的 Tübinger Rechtswissenschaftliche Abhandlungen 系列（J. C. B. Mohr），Duncker & Humblot 出版社的 Schriften zum Bürgerlichen Recht 系列，Recht und Wirtschaft 出版社的 Abhandlungen zum Arbeits–und Wirtschaftsrecht 系列，Nomos 出版社的 Studien zum Handels–，Arbeits–und Wirtschaftsrecht 系列，Peter Lang 出版社的 Europäische Hochschulschriften 系列，Alfred Metzner 出版社的 Arbeiten zur Rechtsvergleichung 系列，以及 VVF 出版社的 Rechtswissenschaftliche Forschung und Entwicklung 系列，等等。

（2）论文

刊载专题论文以外的媒介，主要有以下两类。

■ 纪念论文集

其一是纪念论文集（Festschrift）。与日本一样，这些论文集多数是学问大家到了一定年龄时编纂出版的。早的话 60 岁，多数是 65 岁、70 岁及 80 岁。另外，大学或研究所的周年纪念论文集也有不少。这点与日本也没什么不同。这类纪念论文集，虽然较为短小，但刊载的多数是实力派学者的高质量论文，一定要仔细检索收集。

■ 杂志

其二是杂志。在德国，虽然杂志数量很多，但与日本不同，并不存在各大学纪要性质的杂志。若只是列举民法相关的杂志，首先要说的是 AcP（Archiv für civilistische Praxis,《民法实务档案》）。该杂志收录了民事相关的论文及书评，可以说是学术评价最高的学生杂志。通常的商业性杂志，除了 JZ（Juristenzeitung）、NJW（Neue Juristische Wochenschrift）、MDR（Monatsschrift für Deutsches Recht）、JR（Juristische Rundschau）等杂志之外，与家庭法相关的重要杂志还有 FamRZ（Zeitschrift für das gesamte Familienrecht）。此外，与商法、经济法相关的杂志有 ZHR（Zeitschrift für das gesamte Handelsrecht und Wirtschaftsrecht）以及 ZIP（Zeitschrift für Wirtschaftsrecht und Insolvenzpraxis），比较法相关则是 RabelsZ（Rabelszeitschrift für ausländisches und internationals Privatrecht）以及 ZfRV（Zeitschrift für Rechtsvergleichung, internationals Privatrecht und Europarecht）。实务类杂志，则有 BB（Der Betriebs-Berater）、DB（Der Betrieb）、WM（Zeitschrift für Wirtschafts-und Bankrecht）等；面向学生的杂志则有 JuS（Juristische Schulung）、JA（Juristische Arbeitsblätter）、Jura 等。

2-6 其他的一般性资料

除了上述文献，这里也简单介绍一下德国法检索中有用的一些其他一般性资料。

■法律辞典

首先是法律辞典。有各种法律辞典，但大部头的法律辞典是 Horst Tilch（Hrsg.）, Deutsches Rechts-Lexikon, 2. Aufl., vol. 3（C. H. Beck, 1992）等。因相对便携而被经常利用的是 Carl Creifelds（Hrsg.）, Rechtswörterbuch, 15. Aufl.（C. H. Beck, 1999, 目前已有 CD-ROM 版）。

■文献简称集

其次是法令、文献等的简称集，则有 Hildebert Kirchner/Fritz Kastner, Abkürzungsverzeichnis der Rechtssprache, 4. Aufl.（Walter de Gruyter, 1993）。研究德国法时，这可以说是必备的。

■人名录

此外还有关于德国民法学者的人名录之类的文献，如 Hyung-Bae Kim/Wolfgang Freiherr Marschall von Bieberstein, Zivilrechtslehrer deutscher Sprache

(C. H. Beck，1988)。针对每位民法学者，记载了其履历、师承、主要著作等，有时候也是珍贵的资料。

2-7 译文资料

最后，这里也罗列一些关于德国法的一般性译文资料。

■注释书

《德国民法典》的注释书，稍显陈旧的是神户（商业）大学外国法研究会编的5卷本《现代外国法典丛书·独逸民法》（有斐阁1937—1942年初版。1955年和1988年重新出版）。稍微近一些的则有椿寿夫、右近健男编《德国债法总论》（日本评论社1988年版），右近健男编《注释德国契约法》（三省堂1995年版），椿寿夫、右近健男编《注释德国不当得利·不法行为法》（三省堂1990年版），太田武男、佐藤义彦编《注释德国继承法》（三省堂1989年版）。另外，关于一般交易条款规制法，则有石田喜久夫编《注释德国一般交易条款法》（修订普及版）（同文馆出版社1999年版）。

■概说书

关于德国法的概说书，具有代表性的是山田晟著《德国法概论Ⅰ—Ⅲ》（第3版）（有斐阁1985—1989年版）。专门针对宪法和民法所写的，则是山田晟著《德意志联邦共和国法入门与基础》（有信堂高文社1987年版）。此外，稍显陈旧的是山田晟、村上淳一编《德国法讲义》（青林书院1974年版）。概括性的入门书，则有村上淳一、汉斯·彼得·马尔奇克（Hans-Peter Marutschke）《德国法入门》（修订第3版）（有斐阁1997年版）。

■法律用语辞典

德语的法律用语辞典，可参见山田晟编《德国法律用语辞典（修订增补版）》（大学书林1993年版），贝恩德·格策（Bernd Götze）《独和法律用语辞典》（成文堂1993年版）。相对早期的三潴信三《独逸法律类语异同辨》（有斐阁1935年版），现在仍然是值得一读的。此外，稍微普通一点的是田泽五郎《德国政治经济法制辞典》（成文堂1990年版），田泽五郎《独日英商事经济法制辞典》（郁文堂1999年版）。另外，现在已绝版的东畑精一监修、四宫恭二编《独和经济语辞典》（有斐阁1960年版）也是有用的辞典。

■拉丁语辞典

当然，在阅读德语文献时，经常也需要用到拉丁语。拉丁语的法律用语辞典，除了柴田光藏编《法律拉丁语辞典》（日本评论社1985年版），作为格言、引用句等的辞典，可参见柴田光藏编《法律拉丁语格言辞典》（玄文社1985年版），田中英央、落合太郎编著《希腊语·拉丁语引用语辞典（新增订版）》（岩波书店1963年版）。

3. 法国[1]

3-1 关于文献检索导引的书籍

■文献检索的关键点

关于法国法的文献检索，在法国，面向学生和研究者的书籍主要有Dune（A.），La documentation juridique（Dalloz, 1977），Tanguy（Y.），La recherche documentaire en droit（PUF, 1991）。日语文献的话，则是前述田中等编的《外国法的检索方法》。参照这些资料，可以系统地了解文献检索的方法。

然而，即使知道了上述书籍中介绍的各种资料的存在，但仅仅如此并不能说法国法的文献检索没有任何问题了。在各种文献中，既存在着我们写论文时频繁引用的文献，也存在着不常被引用的文献，而且，在这些检索方法当中，也存在着虽然并不全面但更加高效的检索方法。因此，下面在介绍主要资料的同时，也叙述一下利用这些资料时有用的关键点。从这层意义上来说，下面所叙述的方法，可以定位为是对上述概括性检索向导的补充。

3-2 法令集

要讲述作为近代法典来源的法国法的资料检索方法，首先从法令开始可能更为妥当。

---

[1] 因译者不懂法语，对于该部分涉及的法国人名及书名等，未特别翻译，均保持原著中法语的原貌；对于原著中依片假名出现的法国人名等，也尽可能转换成法语。——译者注

239

■民法典

对法学研究者来说最重要的当然是民法典的条文。收录了《法国民法典》及其附属法律的法令集有数册，但常用的是 Dalloz 出版社与 Litec 出版社的 Code civil（其中更流行的是前者，同时也存在 CD-ROM 版）。无论哪一本，都按照条文收录了相关判例，且每年修订。依其封面颜色不同，前者又被称为"红色法典"（code rouge），后者被称为"蓝色法典"（code bleu）。此外，Flammarion 出版社的口袋本系列丛书 GF-Flammarion 中，也有一册 Le Code civil［虽然封面颜色是白色，但并没有听说称其为"白色法典"（code blanc）］。该版本法典不含附属法律及相关判例，但因其收录了修订后被废止的原规定，可以了解从《法国民法典》制定以来的条文变迁。从这层意义上来说，也是非常方便的小册子（但因数年修订一次，有可能未能加入最新的法律修改）。当然，对于《法国民法典》本身，日本国内也有翻译，如《法国民法典——家庭、继承相关》（法曹会 1978 年版），《法国民法典——物权、债权相关》（法曹会 1982 年版）。虽然后来的修改并没有反映进去，但今天仍然被广泛使用。但遗憾的是，目前已是绝版（可以在图书馆找到上述书籍本身，也可以去找一下法务资料 1978 年第 433 号、1982 年第 441 号）。

与德国一样，法国也没有如同日本一样的、收录了全部法律领域的简便法令集"六法"。因此，要用到商法、民事诉讼法等条文时，就有必要查阅一下如同 Code civil 一样编纂的由 Dalloz 出版社与 Litec 出版社出版的 Code de commerce 或者 Nouveau Code de Procédure civile。

■其他法律

那么，没有被收录到上述法令集的新的法律，又该如何检索呢？参考后面介绍的法律杂志中登载的立法介绍虽然也是实用的方法，但最为常用的方法，还是如同日本一样，通过《官报（Journal Officiel）》检索。法国有各种《官报》，刊载法令条文的则是《法令（lois et décrets）》。由于该《官报》中同时刊登了《议会文书（documents parlementaires）》（法律草案、报告书等）及《讨论（débats）》等参考资料，以此为参照得以了解立法的过程。当然，上述各文书，除了在法国的官报销售处（以及两院附设的销售店）可以买到以外，也可以通过互联网查阅（http：//www. journal-officiel. gouv. fr）。

■互联网上的资料

关于互联网的利用，这里稍作补充。对于研究外国法时的互联网利用，整理得最为全面的是前述指宿信、米丸恒治的《面向法律学的互联网》。另外也存在着利用法国的搜索引擎中的"法"这一栏目加以检索的方法。这里仅仅列举其中之一，即 http：//www.jurifrance.com，该网站是汇集了各种各样信息的最为有用的网站。若能巧妙利用，就可以避免因图书馆没有收藏相应书籍而找不到相关法律条文的局面了。

■立法资料

要查阅《法国民法典》本身的立法过程，主要有两大资料，分别是：Fenet（P. A.），Recueil complet des travaux préparatoires du code civil, 15 vols.（s. n.，1827—1828），Locré（J. G.），Législation civile, commerciale ed ciminelle de la France, 31 vol.（Trerttel ed Wurtz, 1827—1832）[前者的抄录版，可参见 Ewald（F.）éd.，Naissance du code civil（Flammarion, 1989）]。另外，大革命时期起草的冈巴塞莱斯（Cambacérès）第三草案以及雅克米诺（Jacqueminot）草案，国内亦有部分译本[村井衡平：《法兰西民法典草案（1）—（2）》神户学院法学 1979—1980 年 10 卷第 1 号、第 3 号]。另外，第二次世界大战后立即着手的《法国民法典》修改，就草案的完成部分也有相关译本[民法典翻译委员会：《民法典修改草案（1）—（3）》，《比较法杂志》1958—1960 年第 4 卷第 1、2、3、4 号，第 5 卷第 2、3、4 号]。关于后一草案的相关审议资料，则有 Travaux de la Commission de Réforme du Code civil。

在法国，也存在着总统或相关阁僚等就重要的立法委托特定的个人或数人组成的委员会进行事前调查的情形。受托的个人或委员会，通常需要在特定时期内向委托人提出报告书。这类报告书，公开出版的也有不少。公开的方式各式各样，既有采取议会资料的方式，也有采取一般出版物的方式，但多数是通过 Documentation Française 公开刊行。若换成日本的方式，大概会是政府出版物的方式。

3-3 概说书

■关于概说书的文献

在法国，从名称上对教科书和体系书作了区别，教科书被称为 manuel，体系书被称为 traité，但两者之间的分类并不严密。而且，一般化地作如此区分也是进入了 20 世纪以后的事，在 19 世纪，常用的是注释书（commentaire）的形式［关于 19 世纪的各种注释书，可参见福井勇二郎著《19 世纪法国民法的发展——基于 Eugène Gaudemet 教授的演讲》，载同作者《法兰西法学的诸相》（日本评论社 1943 年版），野田良之著《注释法学与自然法》，尾高朝雄等编《法哲学讲座第 3 卷》（有斐阁 1956 年版）等著作中的评价］。这里不区分其具体的风格、形式，统一称为概说书。

19 世纪到 20 世纪前半叶的主要概说书，山口俊夫著《概说法国法·上》（东京大学出版会 1978 年版，第 106—111 页）作了介绍。18 世纪以前的概说书，可参见金山直树著《法国普通法学研究指引》（载《姬路法学》1989 年第 4 号）。另外，20 世纪后半叶的概说书，则可参见介绍和评论交织的下述文献：20 世纪 50—60 年代，参见野田良之著《介绍》（载《日法法学》1967 年第 4 号第 47 页以下）；20 世纪 70—80 年代，参见北村一郎著《关于私法——民法（及法学一般）领域的概说书》（载《比较法研究》1985 年第 47 号第 253 页以下）。目前仍再版或新版持续刊行的概说书，主要有以下几种。

■ 马佐（Mazeaud）

首先是 20 世纪 50 年代初出版的马佐（Mazeaud）三兄弟的 Leçon de droit civil, 9 vols. （Monchrestien），目前已是经典的概说书。后来由 Chabas 等加以修订，最近则是由以 Leveneur 夫妇为代表的年轻一代研究者逐步进行修订。

Henri, Léon et Jean Mazeaud, Leçons de droit civil.

tome 1, 1er volume. François Chabas, Introduction à l'étude du droit, 11e éd., 1996.

tome 1, 2e volume. François Chabas et Florence Laroche-Gisserot, Les personnes : la personnalité. Les incapacités, 8e éd., 1997.

tome 1, 3e volume. Laurent Leveneur, La famille : mariage, filiation, autorité parentale, divorce et séparation de corps, 7e éd., 1995.

tome 2, 1er volume. François Chabas, Obligations : théorie générale. 9e éd., 1998.

tome 2, 2ᵉ volume. François Chabas, Biens. Droit de propriété et ses démembrements, 8ᵉ éd., 1994.

tome 3, 1ᵉʳ volume. François Chabas, Véronique Ranouil et Yves Picod, Sûretés. Publicités foncières, 7ᵉ éd., 1999.

tome 3, 2ᵉ volume. Michel de Juglart, Principaux contrats, 7ᵉ éd., 1987.

tome 4, 1ᵉʳ volume. Michel de Juglart, Régimes matrimoniaux, 5ᵉ éd., 1982.

tome 4, 2ᵉ volume. Laurent et Sabine Leveneur, Successions, libéralités, 5ᵉ éd., 1999.

■威尔（Weill）与特雷（Terré）

另外，同样被作为经典得到尊敬的 Marty 与 Raynaud 的 Droit civil（sirey），虽然由 Jestaz 修订了，但 20 世纪 90 年代以后再没有新版发行。该书用语平实易懂，且观点阐述持平，是非常令人惋惜的名著。代替该著作成为标准版概说书的，大概就是 Weill 的 Droit civil, 7vols.（collection précis Dalloz, Dalloz）。目前，该概说书由属于 Terré 团队的年轻学者修订。

Alexis Weill et François Terré, Droit civil.

François Terré, Introduction générale au droit, 4ᵉ éd., 1998.

François Terré et Dominique Fenouillet, Les personnes, la famille, les incapacités, 6ᵉ éd., 1996.

François Terré, Philippe Simler et Yves Lequette, Les obligations, 7ᵉ éd., 1999.

Philippe Simler et Philippe Delebecque, Les sûretés. La publicité foncière, 2ᵉ éd., 1995.

François Terré et Yves Lequette, Les successions. Les libéralités, 3ᵉ éd., 1997.

Philippe Simler et François Terré, Les régimes matrimoniaux, 2ᵉ éd., 1994.

Phillippe Simler et François Terré, Les biens, 5ᵉ éd., 1998.

■卡尔波尼埃（Carbonnier）

作为富有特色的概说书，同样具有古典感的 Carbonnier 的 Droit civil, 5. vols.（collection Thémis, PUF）也同样不可或缺。尤其是该系列书中题为"问题状况"（état des questions）的注释部分，将其称为法国民法研究的宝库也不为过。然而，该概说书只有"绪论""人""家庭""物""债务"5册；同一系列的后续部分，则由其他作者撰写。

Jean Carbonnier, Droit civil.

Introduction, 26e éd., 1999.

tome 1, Les personnes, personnalité, incapacités, personnes morales, 20e éd., 1996.

tome 2, La famille, 20e éd., 1999.

tome 3, Les biens, 18e éd., 1998.

tome 4, Les obligations, 21e éd., 1998.

Gérard Cornu, Les régimes matrimoniaux, 9e éd., 1997.

■马洛里（Malaurie）与埃涅斯（Aynès）

与上述经典相对，出现于20世纪80年代，目前已拥有很大影响力的是马洛里（Malaurie）与埃涅斯（Aynès）的Droit civil, 10 vols.（Editions Cujas）。马洛里（Malaurie）单独执笔的卷册与被认为主要由埃涅斯（Aynès）操刀的卷册之间虽然存在着若干风格上的差别，但整体而言贯彻了马洛里（Malaurie）的强烈个性（最近，也加入了其他修订者）。

Philippe Malaurie et Laurent Aynès, Droit civil.

Introduction générale au droit, 2e éd., 1994.

Les obligation, 10e éd., 1999.

Les contrats spéciaux, 13^{e}éd., 1999, avec Pierre-Yves Gautier.

Les Sûretés, la publicité foncière, 9e éd., 1998.

La famille, 6e éd., 1998, avec Pierre-Jean Claux et Nathorie Couzigou-Suhas.

Les régimes matrimoniaux, 4^{e}éd., 1999, avec Pierre-Jean Claux et Nathorie Couzigou-Suhas.

Les successions, les libéralités, 4e éd., 1998.

Les personnes, les incapacités, 5e éd., 1999.

Les biens, la publicité foncière, 4e éd., 1998, avec Philippe Thery.

Index général des matières, 1993.

■ 科努（Cornu）及拉鲁梅（Larroumet）

除上述作品外，一个人独著的概说书系列主要有科努（Cornu）（collection Domat，Monchrestien 出版社）及拉鲁梅（Larroumet）（Economica 出版社）的概说书。两者都在最初的第 2、3 册的阶段就中断了（但已出版部分，则持续出版修订版。另外，前者由其他作者继续出版）。

Gérard Cornu, Droit civil.

tome 1, Introduction, 9e éd., 1999.

tome 2, La famille, 6e éd., 1998.

Alain Bénabent, Droit civil.

Les obligations, 7e éd., 1999.

Les contrats spéciaux, 4e éd., 1999.

Rémy Cabrillac, Droit civil, les régimes matrimoniaux, 2e éd., 1996.

Christian Larroumet, Droit civil.

tome 1, Introduction à l'étude du droit privé, 3e éd., 1998.

tome 2, Les biens, Droit réels principaux, 3e éd., 1997.

tome 3, Les obligations, le contrat, 4e éd., 1998.

■ 葛斯坦（Ghestin）

除上述作品之外，由数人写作的概说书，主要有葛斯坦（Ghestin）团队写作的概说书，是今天唯一被称得上体系书规模的概说书［Traité de droit civil, sous la direction de J. Ghestin, 14 vols.（LGDJ）］。尤其是 Ghestin 的《契约法》和维内（Viney）的《民事责任法》，因其各自都提出了独特的理论而为人所周知。

Jacques Ghestin（sous la direction de）, Traité de droit civil.

Jacques Ghestin et Gilles Goubeaux, Introduction générale, 4e éd., 1994.

Jacques Ghestin, La formation du contrat, 3e éd., 1993.

Jacques Ghestin, Christophe Jamin et Marc Billiau, Les effets du contrat, 2e éd., 1994.

Geuneviève Viney, Introduction à la responsabilité, 2e éd., 1995.

Geuneviève Viney et Patrice Jourdain, Les conditions de la responsabilité, 2e éd., 1998.

Geuneviève Viney, Les obligations : La responsabilité, effets, 1988.

Gilles Goubeaux, Les Personnes, 1989.

Jean Hauser et Danièle Huet-Weiller, La famille, 1re partie, Fondation et vie de la famille, 2e éd., 1993.

Jean Hauser et Danièle Huet-Weiller, La famille, 2e partie, Dissolution de la famille, 1991.

Jerôme Huet, Les principaux contrats spéciaux, 1996.

Jacques Mestre, Emanuel Putman et Marc Billiau, Les sûretés réelles, 1re partie, Droit commun des sûretés réelles, 1996.

Jacques Mestre, Emanuel Putman et Marc Billiau, Les sûretés réelles, 2e partie, Droit spécial des sûretés réelles, 1996.

■其他

此外，目前以多数学者共同执笔来撰写系列著作的情况逐渐多了起来，如 Starck 系列（Armand Colin 出版社）及 Flour 系列（Litec 出版社）。

Boris Starck, Henri Roland et Louis Boyer, Introduction au droit 4e éd., 1996.

Boris Starck, Henri Roland et Louis Boyer, Obligations,

tome 1, Responsabilité délictuelle, 5e éd., 1996.

tome 2, Contrat, 6e éd., 1998.

tome 3, Régime général, 5e éd., 1997.

Berrard Teyssié, Droit civil, Les personnes, 4e éd., 1999.

Christian Atias, Droit civil, Les biens, 4e éd., 1999.

Alain Bénabent, Droit civil, La famille, 9e éd., 1998.

André Colomer, Droit civil. Régimes matrimoniaux, 9e éd., 1998.

Michel Grimaldi, Droit civil, Les successions, 5e éd., 1998.

Michel Cabrillac et Christian Mouly, Droit des sûretés, 5e éd., 1999.

Jacques Flour et Jean-Luc Aubert, Les obligations,

volume 1, L'acte juridique, 8e éd., 1998.

volume 2, Le fait juridique, 8e éd., 1999.

volume 3, Le rapport d'obligation, 1999.

Jacques Flour et Henri Souleau, Les successions, 3ᵉ éd., 1991.

Jacques Flour et Gérard Champenois, Les régimes matrimoniaux, 1995.

另外，PUF 出版社的 Droit fondamental 丛书，一开始就是集聚了年轻的作者，以作品集锦的方式呈现出来。

Christian Atias, Les personnes, les incapacités, 1985.

Frédéric Zénati et Thierry Revet, Les biens, 2ᵉ éd., 1997.

Claude Colombet, La famille, 6ᵉ éd., 1999.

Alain Sériaux, Les successions, les libéralité, 2ᵉ éd., 1993.

Alain Sériaux, Droit des obligaions, 2ᵉ éd., 1998.

Philippe Théry, Sûretés et publicité foncière, 2ᵉ éd., 1998.

法国的概说书，尤其是今天，被非常频繁地修订。而且，判例和学说的引用也非常详细。针对某一主题，想要知道主要的判例及学说时，只要阅读了主要概说书的相应部分，也不会出什么大错。但是，对于判例的引用，因作者不同其偏差相当大，因此，应多查阅几本概说书（通常应该是查阅所有的主要教科书）。

3-4 法律全书等

■ 从主题开始

不是从教科书开始，而是从法律全书开始查阅的方法也非常实用。大型法律全书主要有 Jurisclasseur（Edition Technique），Encyclopédie Dalloz（Dalloz），两者都是以活页方式定期修订。而且，两者都是按照专业领域分类，仅民法就有好几卷。就某一主题想事先浏览一下并了解主要判例一览，利用这些全书就比较好。另外，后一套法律全书，就每个项目附录了详细的著作、论文目录一览，对论文检索来说也是最为实用的资料。

■ 从专业术语开始

另外，想要确认法律专业术语的意思时，要参照的不是全书，而是辞典。著名的标准法律辞典是 Cornu（G.），Vocabulaire juridique（PUF，7ᵉ éd.，1998），更加小型化的辞典是 Guillien（R.）et Vincent（G.），Lexique de terme juridique（Dalloz，10ᵉ éd.，1998）［Terme juridique 研究会译《法国法律用语辞典》（三省堂1996年版）是后者第9版的译本］。

3－5　法律杂志、判例集

■**判例杂志**

据说法国有 300 种以上的法律杂志，但其多数是不同学科领域的专业杂志。面向所有专业的法律杂志主要有 Recueil Dalloz, Semaine juridique（Jurisclasseur périodique）, Gazette de Palais 等三种杂志（法国文献中经常看到的简称 D, JCP, Gaz. Pal., 就是这些杂志的简称）。无论哪一本杂志，最大的特点是，除了刊登论文及立法介绍之外，都刊登判例。作为最高法院的官方判例集，虽然也有 Bulletin civil de la Cour de cassation, 但现在更多的是引用上述具有悠久历史的刊登判例的法律杂志（在这些杂志上刊登判例时，通常都会附有对各判例进行解说的 note, 这些 note 的存在，也提高了刊登判例的杂志的影响力）。1986 年以后，Lamy 出版社的 CD-ROM、Jutidique Cassation 等收录了所有的案例，其中包括未公开刊登的案例。另外，还出版有 Annuaire de la Cour de Cassation, 发布最高法院相关活动的信息。这对于了解判例的动向也有重要的参考作用。

■**理论杂志**

在上述通常的杂志以外，特别重要的是 RTDC（Revue trimestrielle de droit civil）。该杂志创刊于 20 世纪初，作为民法学者研究成果的共同载体受到相当大的重视。如同该杂志题目所表明的那样，该杂志每年出四期（trimestrielle 就是"每三个月"的意思），每期的卷首刊载被称为 article de fond 的 30 页左右的论文一到两篇。与 Dalloz 及 JCP 等杂志上刊登的仅仅数页的论文相比，RTDC 上刊登的论文，内容上相当厚重（在法国，超过 100 页的论文通常不会刊登在杂志上）。而且，被称为 chronique 的判例介绍栏目，则是出自各领域的专家之手，对于了解最新的判例动向非常有用。此外，该杂志中也附有以民事法为中心的文献一览及书评，都是非常有用的。

■**专业杂志**

虽然也有不少公证实务、银行实务等相关的实务类专业杂志，但这里略过其介绍，稍微介绍一下与法学理论相关的专业杂志，即 Archives de philosophie du droit（APD）, Droits, Revue internationnale de droit comparé（RIDC）, Travaux de l'Association Henri Capitant。前两本杂志多刊登诸如契约、责任等

基本概念的专辑，对民法研究也非常有用（尤其是 Droits 的文献介绍专栏，对于了解法律领域以外的相关文献非常有用）。后两本杂志，收录了各种比较研究，也是相当有益的（尤其是最后一本杂志，由于收录了就特定主题所作的法国与其他国家比较研究的学术研讨会的结论，对于了解法国法上该主题的法律状况，也是有益的）。

3－6　其他出版物

■学位论文

要说其他出版物中不可或缺的文献，那就是被称为 thèse（博士）的学位论文。说 20 世纪的法国民法学正是借助于此得到了发展，也并不为过。学位论文中特别优异的，则会成为商业出版的对象。存在着依专业分类的系列丛书。民法方面，著名的是 LGDJ 出版社的 Bibliothèque de droit privé。在过去的 40 年里，有 300 册左右的学位论文通过该系列丛书出版。此外还有 Economica 出版社的学位论文系列。另外，地方大学的出版社等也出版学位论文。未能成为商业出版对象的近 20 年左右的学位论文则通过缩印胶卷形式保存，在日本也可以购入这些胶片。不区分具体的页数，1 件 1000 日元左右。购买的具体手续等，参见金山直树《文献调查的最新信息》（《日法法学》1988 年 15 号，第 134—135 页）的介绍。

■研究会记录・纪念论文集

在提出学位论文、通过教师资格考试、就任相关教职以后，法国民法学者通常都不再撰写大型论文。当然，出版大规模研究型论文的学者并不是没有。但更多的是，除了撰写刊登于杂志的短小的论文或者是撰写判例、立法的解说以外，其主要研究活动集中于撰写被称为 colloque 的研究会报告以及被称为 mélanges 的纪念论文集文稿。因此，对于日本民法学者来说，也就有必要跟踪查阅各种研究会记录或纪念论文集。当然，除了特定的场合，一般不会出版如同日本一样的收录自身论文的论文集。例如，第二次世界大战后家庭法修改的草案起草者卡尔波尼埃（Carbonnier）的家庭法论文集［Carbonnier (J.), Essai sur les lois (Defrenois, 2e éd., 1995)］等，是一个例外；该著作是研究法国家庭法的必备著作。

■人名录

另外，要了解各学者的履历及主要业绩的话，可查阅在普罗旺斯地区艾克斯大学主导下制作的 Annuaires des juristes et politistes universitaires, Economica, 1986。该书非常方便，但并没有听说要出新版。

3-7 日本国内关于法国法的文献

■概说书等

最后简单介绍一下日本国内关于法国法的相关文献。法国大革命前法国法的历史概况介绍，参见野田良之著《法国法概论·上卷（1）（2）》（有斐阁1954年版，1955年版，但已绝版）；其后的历史，则须参见前述山口俊夫著《概说法国法·上》；也可同时参考滝泽正著《法国法》（三省堂1997年版）。另外，债权法则可参见山口俊夫著《法国债权法》（东京大学出版会1986年版）；家庭法，即为山口俊夫前述《概说法国法·上》中介绍的要领概况。此外，同时包含了法律修改历史的则是稻本洋之助著《法国家庭法》（东京大学出版会1985年版）。另外，关于20世纪法国民法及法国民法学的特色，则可参见杉山直治郎著《法源与解释》（有斐阁1957年版）、大村敦志著《法源·解释·民法学——法国民法总论研究》（有斐阁1995年版）。

■文献目录

以法国法为研究对象的论文数量很多。其出处等，通过查阅日法法学会的学会杂志《日法法学》卷末的文献介绍栏，可以在一定程度上了解最新的文献目录（由于是基于学会会员自己申报而作成的目录，因而并非是全面罗列）。此外，前面介绍的日本法的检索方法，当然也可用于检索处理法国法的日本文献。研究法国法时，首先阅读几册含有法国法研究的著名专题研究，应该是不错的。无论是在研究的方法还是资料的出处等方面，都会受益良多。

■研究水准

当然，虽然并没有作为单行本发行，但日本关于法国法研究最高水准的杂志论文，北村一郎著《法国最高法院对契约解释的控制（1）~（10·完）》（载《法学协会杂志》1976—1978年93卷第12号—95卷第5号）非常值得一读。虽然并不是要求大家都做到这么高的水准，但起码要知道有人可以做到如此极致。

4. 英美

4−1 教科书

■从代表性的教科书开始

英美，尤其是美国，全面检索文献的方法非常发达，对此已有非常详尽的介绍。除了前面已数次介绍的田中等编的《外国法的检索方法》之外，另外可参见田中英夫著《英美法总论（下）》第661页以下（东京大学出版会1980年版）、Cohen, Morris L. & Olson, Kent C.《美国法检索方法入门》（山本信男译，成文堂1994年版）。

当然，全面收集文献并全部阅读完毕，实在是不现实。这并非是出于"实在太困难了"这一原因，而是因为，文献收集的顺序，原本应该是从一开始就认真确定研究英美法的什么主题，然后收集相应的文献。随着研究的进一步深入，然后逐步确定应该查阅哪些文献，或者是，即使认为已暂时确定，但随着研究的进展，应予收集的文献也会逐步发生变化。尤其是，由于是以日本法为基础形成的问题意识，想要查找相对应的英美法资料，一开始可能连什么是相对应的都无法搞清楚。随着研究的推进，才好不容易开始明白。当然，对于德国法、法国法等来说，多少也会面临同样的情况，但对于法系相异的英美法来说，尤其要注意这一点。

基于上述考虑，比较好的方法是：首先从代表性的教科书开始，在掌握了该领域的基础知识以后，再逐渐延伸出去。为了避免在阅读最前沿的论文时由于基础知识不扎实而导致的意想不到的误解，最为重要的是打好基础。

■发现代表性教科书的方法

问题是，得以获得正确知识的代表性教科书又是怎样的？关于这点，最为可行的方法是，浏览一下日本的英美法教科书和论文，收集其中经常被引用的教科书等。而且，大学图书馆等也通常藏有代表性的著作。考虑到大学之间馆际互借手续繁琐以及书店订购和到货的时间问题等，从自己所在的大学图书馆中存在的书籍开始，在大多数情形下也是合理的。如果想要通过更加客观的方法检索，也可以用 NACSIS Webcat 综合目录数据库（载 http：//webcat.nacsis.ac.jp）。该数据库综合了许多大学在线图书目录的数据库。例如，在该目录检索中输入"property law"予以检索，会出来很多书籍，将其中多数大学采购的书籍视为代表性的书籍，大致也不会错。

尤其是在英国（英格兰），代表性的教科书被持续修订。例如，Chitty on Contracts（Sweet & Maxwell），目前是第 27 版；Cheshire's Modern Law of Real Property（Butterworths），目前是第 15 版。这些图书，从很早开始就是公认的好书，适合最初开始接触英美法时加以阅读。

可能会成为问题的是：在美国，存在很多案例书籍，又当如何选择？确实有许多公认的适合教学的精彩案例书，但多数的案例书，总会有一些编辑对其内容进行严厉批评。但是，本来就是以用于授课为前提的，并不适合一个人从头到尾、以把握整体结构的方式阅读。虽然有些误入歧途的感觉，但从 Nutshell series（West）进入可能是比较合适的方法。

4-2 论文、专著

■"顺藤摸瓜"的局限和优点

日本的民法教科书，多数引用了相当多的著作和论文。从这里开始追溯代表性的著作和论文，在某种程度上也是可行的。美国公认的教科书，其中大部头的教科书中，多数都准确地列举了代表性的著作和论文〔例如，J. D. Calamari & J. M. Perillo，Contracts（3rd ed.，1987，West），J. J. White & R. S. Summers，Uniform Commercial Code（4th ed.，1995，West）等〕。而且，各种重述虽然限于特定的专业领域，但也都按照问题点列举了代表性的论文。但是，英国法的教科书，通常并不引用著作和论文，顺藤摸瓜很困难。若找到了相关的专题研究的单行本，因其文末对文献都有梳理，尚可查询，但若非如此，就有必要使用一定的检索工具了。

但是，完全靠顺藤摸瓜也不行。在阅读论文时，用笔记整理所引用的文献，也是重要的。多数人加以引用的文献、最近受到关注的文献、无人问津的文献，等等，就自然而然地区分开了。

■期刊论文的检索

检索英美的期刊论文，以前常用的是 Index to Legal Periodicals（1908-   ）

(H. W. Wilson)。但目前明显是 Current Law Index（Information Access Company, 1980- ）更易于使用。两者都有 CD-ROM 版。此等用以检索的资料的好坏，并不是由所收录的期刊数量所决定的，重要的是如何善于设定检索用的关键词。在这方面，Current Law Index 下了不少功夫。

这里稍微介绍一下检索时应当注意的两点。

第一，外国法与日本法的概念并不完全一致，这点并不限于英美法。也就是说，检索论文时，先利用多个关键词广泛收集，根据实际阅读检索到的各论文后再决定取舍，排除不需要的相关论文，就显得十分必要。若一开始就限定在很小的范围内，有可能会遗漏重要的论文。而且，要知道什么样的关键词是合适的，事先认真阅读概说书就是不可或缺的工作。

第二，重要的文献并不仅仅限于在美国或英国得到好评的文献。如果只是整理了到目前为止的判例、学说的文献，在其本国并不一定能获得很高的评价。但是，这其中也存在着适合作为线索予以阅读的文献。尤其是，各期刊的"Recent Cases"栏目，或者是美国各种 Law Review "Notes"栏中的论文，虽然缺乏独创性，但多数都非常便利。考虑到这一点，即使刚好碰到引用了许多论文的著作，也可以试着利用检索资料进行全面检索，这可能会更好。

■著作的检索

与上述论文的检索相比，著作的检索则相当麻烦。实际上，简便的方法是首先检索论文，然后找到许多论文中都引用的著作。而且，尤其是在美国，案例书中引用的著作（论文也是），可以被认为是重要的著作。但是，若只是按照这些方法，就没办法发现相对较近出版的著作。要查找较近的出版物，可以利用书评（Book Review）。前面介绍的论文检索资料中，也附有"Book Review Index"。即，按照著作不同，将各杂志刊登的书评加以整理的检索资料。而且，几乎所有的优秀著作，都会成为书评的对象，从这些书评中可以了解最近的重要著作。若对比阅读各种书评，也可以了解该著作的评价以及争议的焦点。

4-3 判决

■美国的判决

美国的判决，基本的检索方法是利用 American Digest System（West）。

该系统收录了1658年以来美国的所有判决（当然是刊登于判例集、公开出版的判决），采取非常细致的分类方法（关键词索引号）加以整理，查阅该系统可以收集所有的判决。但是，日本法与美国法在概念上的区别，也可能会引起一些问题。也就是说，关键词索引号，不管如何始终是基于美国法上的概念添加的，若按照日本法上的问题意识收集相关判决，很难顺利进行。为了广泛收集判决，须利用貌似相关的多个关键词索引号。这点与前面说的论文的检索相似。而且，即使试图依据美国法的概念收集判决，若关键词索引号的编辑者与论文执笔者之间的问题意识不一致时，也可能会面临并不存在完全一致的分类的问题。此时，也需要从一开始就更为广泛地收集判决，并在此基础上，仔细认真地阅读每一份判决并加以甄别，收集其中必要的判决。本书的作者之一，也曾利用美国各州约100份判决撰写了相关论文。当时实际加以拷贝和阅读的判决，则超过了400份。利用多个关键词索引号收集400多份判决，拷贝后全部阅读，然后留下约100份必要的判决。

检索时，目前已可以利用LEXIS、Westlaw等数据库。判决本身也可以下载。当然，不管用什么方法，重要的是一边阅读一边仔细甄别确认。

但是，一开始就利用American Digest System，也并不现实。先在卡片索引上记下教科书、论文中被引用的判决，然后从这些判决开始阅读，进而确定具体的收集方针，这可能更为现实。

■英国的判决

英国的判决，也存在着Current Law Citator（Sweet & Maxwell）的书籍，收录了全部公开判决。但其分类的精细程度，则不如American Digest System。不过也有好的方面，教科书中的判决引用，较之美国要全面得多。也就是说，在很多情形下采用顺藤摸瓜的方式也是比较现实的。

4-4 法令

■法令在英美法中的重要性

英美属于判例法国家。但在各个领域也存在着重要的法令。对于英美法系各国的特征，虽然存在着这样的表述，即"诸如规定了违约损害赔偿范围一般原则的《日本民法典》第416条，或者是诸如规定了侵权的基本要件的《日本民法典》第709条一样的条文，在英美法系的成文法中是找不到的"，与此相反，反倒是"相当于日本法上作为补充法典的所谓特别法；这种制定法的数量之多并不比日本逊色"（田中英夫：《英美法总论上》，东京大学出版会1980年版，第15页）。

这些成文法中存在怎样的规定、与自己的研究相关的成文法又有哪些，要自己去挖掘此等问题，不仅十分困难，通常也没有这样的必要。只要看论文、教科书及判决中引用的制定法就足够了。

法令集中都有些什么，可参阅前述田中等编的《外国法的检索方法》，这里主要补充两点。

第一是写作《外国法的检索方法》的时代尚未出现的互联网的利用方法。尤其是美国，其联邦法与州法，在互联网上都可以获取原文。详细内容可参见东北大学法学部的美国法主页（http：//www. law. tohoku. ac. jp/uslaw-j. html），以及前述指宿信与米丸恒治的《面向法律学的互联网》。政府资料、议会资料也同样如此。

第二是面向学生的法令集，相当方便。虽然各个出版社都出版了各种各样的法令集，但与日本不同，并不存在将各领域的基本法令收录于一册的法令集。以 "Commercial Law Statutes" "Property Law Handbook" "Company Legislation" 等名称将学习该领域所必要的法令收录其中。去图书馆等地方看看，若有看起来便利的，建议买上一本。

4-5 其他

■日本的文献

这里再说一下其他两点。

首先是日本关于英美法的文献。田中英夫、堀部政男编《英美法研究文献目录1867—1975年》（东京大学出版会1977年版）和日美法学会编《英美法研究文献目录1976—1995年》（东京大学出版会1998年版）及其补遗《美国法》（日美法学会的学会杂志）每期刊登的文献目录，已近乎完美。另外，田中英夫主编《英美法辞典》（东京大学出版会1991年版）则是手头必备的书籍，以便随时查阅。

■引用方法

其次是引用方法。美国试图统一论文、判例、法令等的引用方法，其中，有相当多的法律杂志采用了 A Uniform System of Citation 的引用方法（日本国内有该书第 13 版的译本，山本信男监修《法律文献的引用方法——以美国法为中心》，三浦书店 1984 年版）。但并不是所有的文献都遵循该书的引用方法；而且，该书中的一些使用要求，诸如小体大写字母（Small Capital，例如，像 HANDBOOK 的第二个字母开始一样的稍微小一点的大写字母）、斜体字、特定的符号（例如，"¶"）等，在日本的一些大学纪要中并不使用（考虑到印刷厂的印刷能力以及印刷成本等）。

但不管如何，因与日语文献的引用混杂在一起，要完全遵循美国或英国的引用方法，也是不可能的。因此，虽然有必要懂得这些引用方法，但应当随机应变地加以处理。

第二节

"磨" ——文字的推敲

1. 形成结构

1 – 1　逻辑结构

■结构形成

"写作最重要的是形成结构,对论文写作来说,这点最为要紧。"这句话,引自泽田昭夫著《论文的写作方法》(讲谈社学术文库 1977 年版,第 103 页)。

到现在为止,本书阐述了论文结构的形成。到了这一节,"文字的推敲"这一标题,可能会被认为接着将讲述有关"优秀论文的撰写方法"的各种秘诀。确实,关于这点,后面也会讲到。但"推敲文字"时最重要的还是整体的结构。就个别的文句来说,最为重要的是,其在论文整体的结构中居于什么地位、发挥怎样的作用,作者要有清醒的认识,通过使得每个个别的文句都恰当地实现其作用,以便形成论文整体的合理结构。并不存在比这更为重要的"论文秘诀",原因在于,"大量的短文,就如同组装机械时相互作用的零部件一样"(清水几太郎:《论文的写作方法》,岩波书店 1959 年版,第 17 页)。

1 – 2　层次须鲜明

■依学习顺序写作是不行的

以前述为前提,在讲述个别文句的写作方法之前,首先应考虑一下论文的结构框架。这点已反复地详细说明。因此,这一节只是补充一点更加具体的建议。也就是说,章、节、款、项、段落等,全都要组成一个逻辑清晰的结构。此时最为重要的就是层次鲜明（同一层次的内容放在同一层次的位置）。

例如，以探讨契约缔结前说明义务的论文为例，其第三章的标题是"关于说明义务违反的法律性质的相关学说"。若该章按照下面的章节结构撰写，这个论文就是失败的。

  第一节 绪论
  第二节 侵权说
  第三节 对侵权说的批判
  第四节 说明义务的基础
  第五节 预先效力的概念
  第六节 诚信原则的功能
  第七节 小结

虽说这是虚构的例子，但类似的实例非常多。

采用这种章节结构的作者的心理状况，也并不难以理解。作者的思路或许可以这样理解：关于说明义务，存在着将其违反作为侵权行为予以处理的判决及学说（第二节），但从事后来看，这是因契约结合在一起的当事人之间的、与该契约相关的问题，将其作为侵权行为看待难道不反常吗？于是，对其加以批判（第三节）。但这样一来，就会产生"为什么得以作为契约上的问题予以处理、说明义务又是由契约上什么样的内容构成"等问题，有必要加以分析讨论（第四节）。此时，又会产生如下问题：从根本上来说，即使双方当事人后面缔结了契约，对说明义务的违反，不管怎样都只是契约缔结前的事情，契约的效力及于这一点，难道就不奇怪吗？为此，有必要讨论契约的预先效力（第五节）。

但是，既然第二节的标题是"侵权说"，第三节的标题不采用"债务不履行说"，就显得非常奇怪。同一层次的目录归纳（章、节、款、项），应当是同一层次的话语。当然，有些场合，按照时间序列展开也是合适的。此时，第二节的标题可以改成"侵权说的登场"等，但由于上述章节结构并非完全按照时间序列展开，这样修改也无济于事。因此，只是按照学习的顺序将章节名称罗列在一起，并不可行。

1–3 清晰的理解是一切的基础

■层次意识

在同一层次梳理该层次的内容时，有必要判断什么和什么属于同一层次。该判断，与如何理解所要判断的对象密切相关。在讲述理解学说时应予以注意的点时也曾提到"将学说倡导者的名字作为学说名称的危险性"与"结构化的必要性"（参见第三章第一节第1款3–2、3–3）。在具体写作论文时，为避免层次方面的无意识而将同一层次的学说（的归纳）置于论文结构的同一层次，这一点也是非常必要的。

这并非只是针对各学说的定位问题，类型化裁判例时也当然适用。在说明某一制度的效果时，若列举了"对第三人的效力"这一标题，也需要同时列举相对应的"当事人之间的内部效力"这一标题。而且，稍微抽象一些的层次，也同样如此。例如，在分析数个外国法时，就需要考虑各外国法在自己论文中该如何定位，以便形成结构。内田贵著《抵押权与利用权》（有斐阁1983年版）中就讨论了比利时法、德国法和英国法。然而，该书中将德国法与英国法分别置于第四章、第五章的位置的同时，却将比利时法置于第二章第二节第2款的位置。这是因为，德国法与英国法的研究是表明各国关于租赁权保护的样态并不相同，并将其与日本法的规制加以对比；与该定位不同的是，比利时法则是从作为日本法母法的视角加以考量，其目的是分析探讨日本法的沿革。

对阐述对象及阐述目的有清晰的理解，才有可能形成清晰的结构。因此，清晰的结构是不令人误解地传递论文主旨的必要条件。不仅如此，时刻意识到对象的层次，时时对结构化上心，才能发现从前研究中的欠缺之处和矛盾之处，才能确定开展比较法研究时的视角及调查对象。所以，层次意识，并不是束缚了作者的手脚，而是帮助作者撰写论文。

2. 形成文句

2-1 最重要的是清晰明了

■明确指示代名词的指示对象

就每个个别文句而言,最重要的是其含义清晰明了。

首先,指示代名词的指示对象不能是不明确的。这可能会被认为是当然之理。但在撰写论文时会陷入各种主观前见,事后仔细、客观地确认时,经常会注意到指示代名词的指示对象并不明确。

代位物若丧失了特定性,物上代位权当然不得再行使,对扣押来说,确实存在<u>这样</u>的意义。

这段文字中的"这样的",其指示对象并不明确。其大概是为了表明"不得丧失代位物的特定性"。但从日语的语法来说,并没有表明这样的意思。

下面的例子又如何呢?

就构成意思表示内容的法律行为的要素存在错误时,根据《日本民法典》第95条表意人应该可以主张<u>该</u>意思表示的无效,但就<u>这点</u>,存在问题。

虽然"该意思表示"的"该",其指示对象明确,但"这点",究竟是什么点?例如,若作者的问题意识是"从裁判例析出是否构成法律行为要素的判断标准","这点"就会被先入为主地、当然地认为是"'法律行为要素'这一点"。但从客观实际来看,并非如此。

■主语和谓语牢牢对应

主语和谓语要牢牢对应。虽说这也是无须多说之事,但因自己主观深信,也会出现根本想不到的文句。这里举个不太恰当的例子。

是否承认契约缔结前的说明义务这一问题,说明义务究竟是什么,就要被明确。

之所以说是"不太恰当的例子",是因为并不存在承接"问题"这一主语的谓语。"被明确"的主语,乃是"说明义务究竟是什么"。也就是说,若作最低程度的修改,可以改成如下的表述:

如果不能明确说明义务究竟是什么，是否承认契约缔结前的说明义务这一问题，就无法被讨论。

然而，这实际上还存在另外一个问题。"是否承认契约缔结前的说明义务"这一段文字的含义也不甚明确。也就是说，要表达的是"在各个具体情形中，是否得以肯定说明义务的存在"这一问题，还是说"是否得以承认契约缔结前的说明义务这一观念"的理论问题，该段文字本身并不明确。在这点上，主观深信也同样是大忌。

2-2　短，还要短

■变形的句子

各句子应尽可能地短小，也是重要的。当然，并不是短小的句子都是出色的文章，而且，也存在着即使长句子也同样清晰的论文。但是，对于尚未习惯写作论文的人来说，若用长句子写作，句子结构往往会在中间出现变形。

不要像下面这样写句子。

采取移转不动产所有权的形态的<u>让与担保的权利人</u>，虽然在契约书的书面记载上受有所有权的移转并拥有登记的名义，进而使其拥有了所有权人的外在状态，但因<u>债务人</u>得以通过清偿债务而回复其所有权，或者是在让与担保实现时得以要求清算金，只不过是仅仅拥有担保范围内的所有权而已，难谓完整的所有权人。

或许有人会认为，怎么会存在使用了如此过分句子的论文。但确实有很多这样的论文。上面这段文字，就是以某论文（也是非常有名的著作）中实际存在的句式为基础、以让与担保为素材改写的。句子结构本身，是实际存在的。

■因句子太长而引起混乱

更糟糕的是，"只不过是仅仅拥有担保范围内的所有权而已"这一句的主语是"让与担保的权利人"，而其前面一句"得以通过清偿债务而回复其所有权，或者是在让与担保实现时得以要求清算金"的主语则是"债务人"；而且，尽管前后两句的主语不同，但却被省略掉了。但是，无论怎样，最重要的原因还是句子本身太长了。因句子过长，行文途中就产生了混乱。

可以作如下修改。

不动产的让与担保，采取移转不动产这一标的物的所有权的形态。让与担保的权利人，在契约书的书面记载上受有该不动产的完整所有权的移转，且受有所有权移转登记。因此，完全拥有所有权人的外观。但是，对债务人来说，若清偿了债务，得以回复其所有权；或者是，让与担保被实现、债务人已不能再回复其所有权时，则可以向让与担保的权利人要求支付清算额。正因为如此，让与担保的权利人只不过是拥有担保范围内的所有权而已，难谓完整的所有权人。

另外，养成了写短句子的习惯，也可以避免写成"树木逆向茂盛型的文章"。所谓"树木逆向茂盛型的文章"，是出自木下是雄著《理科系的作文技术》（中公新书1981年版）一书中的用词，指的是随随便便添加修饰节、修饰句的文章。例如，下面这段文字就是如此。

将拥有共同目的及使命的有体物的集合，例如，军队的武器、家畜群、店铺里的商品等作为整体的物加以把握，立足于平野义太郎对肯定了集合物的概念的基尔克的观点的介绍而建构的日本的集合物说，虽然因我妻荣通过对恩德曼的观点加以介绍的方式而形成的著名论文，在学说上逐渐成为了通说性的见解，但通过判例予以肯定的，则是关于集合动产让与担保的日本昭和54年（1979年）的最高裁判决。

像这样的文字，很难说一下子就能读懂。

2－3　注意"が"这个接续词

■ "が"会让句子变长

让句子变长的简单方法是用"が"来连接。以刚才改写的文段为例。

不动产的让与担保，采取的是移转作为标的物的不动产的所有权这一形态。在契约书的文字上要规定让与担保的权利人接受该不动产的完整所有权的移转，及其所有权的移转登记。

该段文字由两句构成。但是，通过"が"连接，可以简单地变成一个句子。

不动产的让与担保，采取的是移转标的物作为不动产所有权这一形态，而（即"が"——译者注）在契约书的文字上要规定让与担保的权利人接受该不动产的完整所有权的移转，及其所有权的移转登记。[1]

乍一看，这并没有什么问题。但是，正因为乍一看没问题，才会对"が"的滥用没有任何心理抵抗，也正因为如此才造成了"长句子"这一可怕的效果。

对"が"，一定要小心谨慎使用。前面援引的清水几太郎著《论文的写作方法》第三章的标题就是"警惕'が'"。这就是说，这本书是在用完整的一章来说明这一点。

■逆接？顺接？

在本多胜一著《日语的作文技术》（朝日文库1982年版，第182—183页）中阐述了一定要对"が"保持警惕的另一个理由。"使用'が'之所以会令人困惑，原因在于，读者的思考过程会被瞬间打乱。一旦出现了'が'，虽然潜意识里会认为这大概是逆接，但事实上，不读完后面的，并不能明确是否是逆接。光这点就会让句子变得理解困难。'が'的这种用法，若是面对面交流时所用，可能并不会像写作时那么难以理解。原因在于，面对面交流时，会通过抑扬顿挫的语气及表情等来辅助表达。但写作时，若不时刻留意，就很有可能成为句子理解困难的肇因。"

前面设例中的"が"表示的是顺接，但也可能是下面这样的句子。

不动产的让与担保，采取移转不动产这一标的物的所有权的形态，<u>但</u>这并不妥当。

这里所用的"が"，则是表示逆接的接续助词。"が"之后是以顺接的方式继续话题，还是逆接的转折，如同前述本多胜一所言，不读完整个句子，是无法了解的。也正因为如此，"が"的使用，会影响文章的可读性。

---

〔1〕 原文为"不動産の譲渡担保は、目的物である不動産の所有権を移転するという形態をとる<u>が</u>、譲渡担保の権利者は、契約書の文言上は当該不動産の完全な所有権の移転を受け、また、所有権移転登記を受けることになる。"此处通过"<u>が</u>"，将两个句子连接成了一个句子，但翻译成中文时，如何将日语中的这一语法现象用中文语法表达，颇费思量。因"而"在汉语中也有顺接和逆接两种用法，这里暂时用"而"来承接两句。另外，本部分很多地方涉及的论文写作坏习惯，多与日文的特定用法相关，很难原汁原味地予以翻译；但对于中文写作来说，长句子的滥用等，当然也是值得重视的对象。——译者注

2-4 论文中常见的毛病

■肃清存在两个"は"的句子

词语的顺序、尤其是修饰语的顺序，以及句读点等，在撰写句子时不得马虎的地方有很多。就这些一一举例说明并一一修改其行文毛病，不管有多少页码都不够。就这些问题，除了前面援引的本多胜一著《日语的作文技术》以及木下是雄著《理科系的作文技术》之外，只能是通过阅读大量的文章加以学习掌握。作为入门书，也可以参见成川丰彦著《成川式文章撰写方法（修订版）》（PHP研究所1998年版）。

在此，举例说明论文写作中常见的毛病。[1]

「わが国の多数説は、民法760条は強行規定であると考えている。」

（中文翻译："我国多数说是，民法第760条是强行性规定。"）

「上記の理論は、賛成することはできない。」

（中文翻译："上述理论，赞成是不可能的。"）

「この問題は、それを取り扱った下級審裁判例は少ない。」

（中文翻译："这个问题，处理该问题的地方裁判所裁判例很少。"）

三个句子的共同特征是一个句子中同时使用了两次"は"。可以将其改成以下表述方式。

「わが国の多数説は、民法760条を強行規定であると考えている。」

（中文翻译："我国的多数说将民法第760条看作强行性规定。"）

「上記の理論には、賛成することができない。」（「上記の理論は、賛成することができないものである。」）

（中文翻译："难以赞成上述理论。"或者，"上述理论，是难以被赞成的理论。"）

「この問題を取り扱った下級審裁判例は少ない。」（裁判例の少なさを強調するとき）

［中文翻译："处理这个问题的地方裁判所裁判例很少。"（强调的是裁

---

〔1〕 这里强调的是日语语法中的现象，在中文语法中，找到相对应的用法很困难，且翻译后的中文很难体现出日文语法使用中的纰漏，这里将原有例子及修改后的例子一并放在此处，以供参考。——译者注

判例的稀少）]

「この問題は、下級審裁判例でもほとんど取り扱われていない。」（当該問題の検討不足を強調するとき）

[中文翻译："就这个问题，即使在地方裁判所裁判例层面，也几乎没有涉及。"（强调的是对这个问题的讨论很少）]

实际上，修改前的三个句子当中，第一个句子，也并不一定不能被允许（但其他两个句子，从语法上来说，有些怪异）。但对读者来说，在阅读论文过程中，一旦出现"は"，通常会预期该词后面会跟着相应的说明和阐述（~だ）。然而，在该说明和阐述中又出现"は"，就会突然不知所措。

虽然可能会认为这些不是大问题，但文章的可读性，恰恰是由这些细节问题积累而成、是由这些细节问题决定的。若得以改正，一个句子中最好不要数次出现"は"。

■切忌翻译腔

习惯于经典契约概念的法学家，若被问及"不存在契约关系的当事人之间是否得以肯定契约上的债权债务关系"，要从中得到肯定的回答大概是相当困难的。

有些人会非常自然而然地写下类似这样的句子。这也是作者自己认为是好句子进而导致不好的结果的例子。

确实也存在着这样的情形：为了引起一些特别的效果而有意识地采用上述文章表现形式，并达成了所预期的效果。但是，若并非文笔非常出色的名家，很难驾驭这样的文字。最好还是放弃。

而且，由于受到外语的影响，非常随意地创造新词的人也屡见不鲜。最近有点担心的是，"前提"（前提する）这一动词。该词大概是德语voraussetzen的翻译，但实际上，并没有"前提"（前提する）这样的日语。而应该是"将……作为前提"（前提とする）。也许是从以前的翻译腔文章中看到了这种用法，但现在的日本国语辞典中，"前提"并没有被归类为可以通过添加"する"而构成动词形态的名词。

■句尾切忌千篇一律

要在本书中阐述句子间的排列堆砌，已超出本书的范围。可以参考前述援引的木下教授、本多先生等的著作。但这里想说两点需要特别注意的地方。[1]

其一是，不要重复同样的句尾。论文中最常见的例子是，连续出现"のである"。这是导致论文丧失其行文的流畅，进而丧失阅读兴趣的重要原因之一。

其二是与前述毛病相关的问题。即，一个句子中不要重复同样的用词。最常见的例子是"あるからである"与"あるのである"的重复。另外，"であり""であり"不断重复的也很多。例如，如同下面这样的行文：

"中川教授の見解は家族制度のもとで説かれたものであり，その後の学説の批判にもあるように，理論的には問題があるものであり……"

在短句的使用上多下功夫，"であり""であり"这种重复，是可以避免的。

2-5 外文的处理

■尽可能翻译

阐述外国法时，就每个用词要翻译到何种程度，也是相当苦恼的。但大的原则是：用日文翻译表示外语词汇。

特定的语感上的细微差别，确实会因翻译而丢失。但果真要实现不牺牲任何语感上的差别，那用日语这种"外语"去阐述德、法、英等其他国家的法律的阐述方法本身就得放弃。因撰写的是日语的论文，尽可能加以翻译也是当然之理。

当然，也存在着无需翻译的情形。例如，法国法中的"faute"，使用时不翻译成日语的人也有很多。[2] 当然，也有人将"faute"翻译成"过失"。但是，因"过失"的表述在日语中已具备特定的含义，因此有可能会招致读者的误解。为避免此等误解，也有人将其翻译成"不正当行为（非行）"；但总会有让人联想起"失足少年"的微妙感觉。也正是因为如此，就不加

---

〔1〕 本书这部分阐述的是日语中的句式和语法，所举例子很难在汉语中找到相对应的翻译，因此这里保留其日语句式和语法。当然，在汉语写作中，为增加可读性，也同样需要注意避免句尾、用词等的重复。——译者注

〔2〕 直接用片假名"フォート"表述。——译者注

翻译而用原词表示（虽说如此，也是将其转换成片假名的形式）。

当然，若是如此，由于日本法及日语中的"契约"与英美法中的"contract"并不相同，也可能会认为不能将其翻译成"契约"。因此，也要切忌过度，且需要说明不予翻译的理由。

另外，为避免上述误解，翻译时用括号注明原词，也是一种方法。例如，法国法中的"cause"概念，虽然多将其翻译成"原因"，但"原因"一词，一是过于日常用语化，而且也是已形成了特定的惯常意思的日语。为此，就用"cause（コーズ）"表述，或者用"原因（cause）"表述。

但是，这也要切忌过头。要时刻清醒地认识到为了什么目的将原文和译文并注。例如：

即使是罗马法，也难以压制如此充斥于生活的现象（diese lebensvolle Gebilde）。

这是不好的例子之一。插入原文本身，完全没有增进读者的理解。虽说意识到了未加以翻译这一点，但其插入原文的目的在于找一个"并不是自己不好，而是因为原文就是这样，我也没办法"的借口而已。这里顺便说一下，"如此充斥于生活的现象"的翻译，已近于翻译错误。即使是直译，也应该是"如此活生生的产物"；其实际的含义是，"因生活的必要性产生的（法律规避型的）表现形态"。

■对既有翻译的尊重

翻译成日语时，是否遵循现有的翻译，也是考虑之一。若要先下个结论，则是"应予以遵循。若加以变更，要认真地说明理由"。轻率的变更，多数只是徒增混乱而已。

而且，随意地赋以外语简称的人也屡见不鲜。例如，"c. i. c. 责任""c. s. q. n. 理论""r. v."等，像这样的简称，还是不要为好。在讲座中做笔记时，用过"→""but""∵""∴"等各种符号的人可能会很多，但论文并不是个人私事。

另外，这里再讲一点非常琐碎的细节。翻译法律条文时，对原文的句子数量最好不要有所变化。通常来说，外语中用一个句子表达的原文，翻译时并不一定拘泥于用一个句子翻译。必要时，可以将其分成数个句子，以使其成为日语中容易理解的文章。但是，就法律条文来说，后面会以"第几条第几句中规定……"等方式展开讨论。此时，若译文与原文的句子数目不一致的话，会引起讨论的混乱。

2-6　句子间的关系

■段落意识

各个句子相互串联在一起形成一个段落。此时重要的是接续词的用法。接续词被分成顺接、逆接、并列·添加、说明·补充·举例、对比·选择、总结、话题转换等种类，前一个句子与后一个句子的关系，究竟是其中的何种关系，必须要有清醒的认识。刚开始的时候，最好在所有句子的前面都添加接续词。这样的话，会提升对各个句子之间逻辑关系把握的意识。

各个句子组成的这样的段落，在内容上也要构成一个整体。另起一行组成新的段落，完全不是因为"实在是太长了，是该另起一行的时候了"。前述木下是雄著《理科系的作文技术》第62页作了如下定义：

段落，乃是内容上联系在一起的数个句子的集合（也存在一个句子构成的段落）。整体上来说，是针对一个小主题言明（记述、表明、主张）其中的一个观点。

然后，上述段落相互串联组成项或款。此时，各段之间的逻辑关系也是重要的。这点与前述各句子之间的关系一样。项组成款、款组成节、节组成章，此时要注意的点，也同样如此。

要确认是否构成"一个整体的内容"，可以通过是否得以用一个句子概括该段内容来检验。然后，将概括每段的各句子排列在一起观察时，是否顺畅地表现了意图表现的内容，也是必要的。这样一来就可以说，段与段之间的逻辑结合关系紧密了。

■计算机的弱点

与此相关，这里也想指出使用计算机、打字机撰写论文时的几点注意事项。

在以前，写作通常会有这样的过程：阅读判例和论文时，先是将其记在笔记本或卡片上，然后一边写作一边看这些笔记或卡片。此时，记载在笔记本或卡片上的表述，肯定会重新改写。然而，随着计算机的使用，这种改写变得并不一定是必然的了。例如，关于1976年德国的某个判决，若已将其案情和判旨记载在文档之中，在整理论文草稿时，将该文档插入相应的部分，或者是将文档中的必要部分复制后粘贴于相应的部分，就按笔记整理的原样填入了论文中的相应部分。

从时间效率上来说，这非常节约时间。但是，也因此导致论文整体的逻辑关系并不清晰，相互关系不清晰的段落无声无息地罗列在一起的论文不断增加（更大的视角的观察，也可参加第三章第二节3－1）。

可以用一个班级的小学生一起画巨龙来比喻。各个儿童用8k的画纸就自己分担部分分别作画，同时也指定了颜色。但由于是每个人分头作画，将其合在一起时，无论怎样都会出现色彩浓淡的差异，或者是接缝无法对应的情况。将判例或学说各自分别写作，然后再粘贴的方法，也同样会产生多人画龙这样的问题。这是自己一个人用一大张画纸作画时不会出现的问题。

虽说使用计算机已是必需的了，但也要留意其需要注意的事项。

3. 形成内容

3－1　论文写作中随意贴标签的功与过

■不要感觉良好

为了组成合适的内容，需要从一个一个的用词开始注意。其中，第一点需要注意的是用词不要过于轻率。这点又可以分为两种情形。其一是，并非特别重大的言明，不要感觉良好地使用夸张的名称。其二是，因赋予特定的名称而舍弃了丰富的内容。

前者的例子如下。

在日本民法中规定了一般侵权行为的要件和效果的条文，只有《日本民法典》第709条一个条文。但是，作为侵权行为的救济方法，对于得以肯定停止侵害的情形来说，难道就不存在与仅止于金钱赔偿的情形并不相同、需要加以特别考量之情形？例如，构成停止侵害对象的行为具有一定公共性的情形，通常会认为该公共性也应成为考量的对象。笔者将其称为"停止侵害考量因素的多样化"。

然而，这段文字只是表现出了作者对现有学说、判例的理解力的缺乏，或者是其没有认真学习，甚或是将论文与参考答案混同等各种不足。"难道就……""通常会认为……"等表述，只会进一步增加作者的丢脸程度。自己给自己的学说命名，也是这样的例子；除非有特别情况，只是让人耻笑而已。

■ 内容的舍却

后者的例子，可稍微变化一下前述例子加以说明。

在日本民法中规定了一般侵权行为的要件和效果的条文，只有《日本民法典》第709条一个条文。但是，作为侵权行为的救济方法，对于得以肯定停止侵害的情形来说，与仅止于金钱赔偿的情形并不相同，被认为有必要进行一定的考量。例如，应当对构成停止侵害对象的行为的公共性加以考量。这里拟将其称为"停止侵害考量因素的多样化"。

初看起来，好像没什么问题。但在此后的论文阐述中，也可能会逐渐变成展开分析的"魔术用词"，进而造成不良影响。例如，假设存在着两个同样涉及停止侵害的判决。这两个判决，无论是理论结构还是要素判断的框架结构，都存在着相当大的不同，相互之间的比较应该会非常有意思。然而，一旦形成了"停止侵害考量因素的多样化"这一术语，仅此就感觉良好的作者就很有可能仅仅说"无论何者，都可以称得上是'停止侵害考量因素的多样化'的具体例子"，不再进行更进一步的分析探讨。当然，并不一定都会如此。但是，因创造了特定的表述进而产生该现象的可能性确实是存在的。需要特别加以注意。

上述问题，与贴标签的可怕性息息相关。贴标签，便于处理，可实现简单化。但将此等贴标签的方法适用于现有的学说等，则容易出现"主观臆断"。例如，将某学说评价为"特别德国化"，就是其中一例。假如该学说根本无视日本法中并不存在相应情况的事实，主张立足于德国法特有情况的德国法学中的观点也是适合于日本法的观点，应当认真指出这点并加以批判，而不是武断地贴标签。"赤裸裸的利益衡量""罪恶的概念法学"等表述，也是这样的例子，表述本身并没有什么实质内容，未加深入考察就可以使用。此等用词，恰恰是未深入研究和深入思考将德国法学中受到支持的学说作为日本法的学说加以主张等为什么不好，就将其用来作为批判工具的"魔术用词"。作者的思考本身，也因此而止步不前。

■亦有精彩的命名

当然，也存在有效使用新的表述产生良好效果的例子。近年来，"原状恢复型损害赔偿"就是其中一例。这是潮见佳男教授创造的表述［潮见佳男：《规范竞合视角的损害论现状及课题（1）》，载《法学家》1995年第1079号，第94页］，表示的是如下意义上"损害赔偿"的含义。即，"成立后的契约（及其履行）被认为构成不公正交易或欺诈型经营方法时，以侵权损害赔偿为由令其支付相当于契约名义下支出金额的数额，对受害人来说，与契约无效（或部分无效）基础上的不当得利返还具有同样的经济效果"。该"损害赔偿"乃是在意识到其与不当得利制度之间的密切关系的基础上所创造的表述，可以说是非常精彩的命名。

3-2 批判要直接

■批判的前提是要正确理解

批判要认真细致地进行。

年轻学者撰写论文时，相当烦恼的是如何批判以前的学说。要批判老前辈的学说，有时甚至是导师的学说，如何撰写比较合适，经常会陷入烦恼之中。就这点而言，首先要说的是，对研究生或助手来说，这一点无需多虑。

"衣食足而知礼节"，对研究生或助手来说，尚未到"衣食足"的地步。也就是说，要有礼节地从事一定的活动，需要具备与此相应的从容和富余；没有这样的富余，也只能冒失地与学术前辈相互碰撞了。不管是谁的学说，坦率鲜明地加以批判即可。没有必要字斟句酌。

但是，要加以批判，作为其前提，就需要努力。首先，最重要的是正确理解该学说（也请一并参见第三章第一节第1款）。不能只是提取某一学说的特定部分断章取义地加以批判，一定要对学说的整体有清晰的理解。而且，若针对某一学说存在数个可能的理解，就应该尽可能宽泛地去理解和阐述。比如可以这样："若是这样的含义是合理的，但若是另外一种含义则是不合理的"，等等。如果有可能，应在正确评价该学说的长处、贡献的基础上展开批评。例如，可以这样写："虽然确实存在着这样的贡献，但在逻辑上而言，也仍然存在一些问题。"

■认真附理由

若要加以批判,一定要充分阐述理由。前述"魔术用词"式的批判是毫无道理的。理由不充分的批判,既没有作为批判的价值,也非常失礼。

而且,由于自己也是在批判学术前辈,同样的道理,自己撰写的论文,今后也会处于被批判的立场。对于这一点,一开始就应该有这样的精神准备。大部分的学说都是几乎没有人理解,因此,成为许多人批判的对象是应该高兴的事情。而且,如果因自己的学说被批判而促进了民法学的发展,是非常了不得的。就这点来说,事先就坦率地承认自己所主张的学说或观点的不足,也是非常重要的。比如,"以前的学说存在这样的问题。为此,笔者认为这样考虑会更好。但是,笔者的主张也存在着后述几点不足。"通过这样的方式,坦率地表明自己内心的想法,这才会促进民法学的发展。

3-3 加注的方法·其一

■表明出处的注释是绝对必要的

将哪些写入正文,将哪些放入注释,甚或是不是索性将其删去等问题的判断,一开始是比较困难的。

首先,表明出处的注释是绝对必要的。刚开始,不管如何可以先加注,甚至可以达到固执的程度。若想着不要暴露剽窃、抄袭等,则是大错特错了。先行研究的学者们,即使未加引用,也读了大量的文献。切不可小看。若是认为属于"刊载于澳大利亚二流杂志的论文,因此谁也不会阅读",或者是认为"由于是行业内的内部报告,很难轻易获得"等,则是想得太简单了。认真阅读各种意料之外的读物的,大有人在。即使没有被公开出来,但剽窃、抄袭等成为问题的,也不在少数。另外,关于引用的方法,比如杂志名等如何简称等详细的方法,法律编辑座谈会制作了统一的标准,即《法律文献等出处的表示方法》;《法律相关的8学会共同会员名册》的末尾也有转载。

当然,也并不是说,将所有的内容都加注释就是好的。需要注意下面四点。

(1) 引用数个文献时,依年代顺序列举。

就抵押不动产出售款的物上代位否定说列举相对早期的文献时,切不可如同下面这样列举：

铃木禄弥著《抵押制度研究》（一粒社 1968 年版，第 118 页，原载于《民商法杂志》1950 年第 25 卷第 4 号）、近藤英吉著《修订物权法论》（弘文堂 1937 年版，第 206—207 页）。

学说的先后顺序非常重要，切不可改变其顺序。假若是想特别突显铃木教授的详细讨论，可以作如下表述：

近藤英吉著《修订物权法论》（弘文堂 1937 年版，第 206—207 页）最先主张了该学说，但对其展开详细分析讨论的是铃木禄弥著《抵押制度研究》（一粒社 1968 年版，第 118 页，原载于《民商法杂志》1950 年第 25 卷第 4 号）。

但是，也不是说不管三七二十一依年代顺序将所有的文献予以引用都是好的。从这层意义上来说，不单单是年代顺序的罗列，最好是用若干文字的补充说明，进一步明确表明近藤教授、铃木教授在学说史上的意义。

（2）引用符合目的的文献。

例如，想要说明立法起草主旨是如何如何时，下面这样的引用就显得非常奇怪：

梅谦次郎著《民法要义卷之二物权编》（有斐阁 1896 年版），星野英一著《民法概论Ⅱ（新合订本）》（良书普及会 1976 年版）。

之所以奇怪，是因为星野教授压根就没有参加《日本民法典》的起草。作者大概是想表达星野教授著作中已指出了立法起草的主旨。若是如此，可以作如下修改：

梅谦次郎著《民法要义卷之二物权编》（有斐阁 1896 年版）。关于这一点，星野英一著《民法概论Ⅱ（新合订本）》（良书普及会 1976 年版）已有阐述。

（3）通说的文献引用，止于代表性的著作。

例如，想要说明关于债务不履行的通说是履行迟滞、履行不能和不完全履行的三分类法时，并没有必要引用有斐阁双书等纯粹面向学生的教科书、实务类用书（诸如《无论如何都要债权回收》之类的书籍），甚至在末了还将预备学校的教科书等也引用上，就完全没有这个必要了。引用具有代表性的若干体系书就足够了。

阐述"多数说"时，也同样如此。此时，要稍微多引用一些文献也是必要的。例如，在家庭法领域，若只是列举我妻荣著《家庭法》（有斐阁1961年版）和中川善之助著《新修订家庭法》（青林书院1965年版），要表明"通说"是可以的，但并不能表明其为"多数说"。

（4）不作意义不明确的引用。

仅以"参照""cf."等列举文献，难以让人明白究竟是为了什么目的予以引用。最好是明确说明引用的目的，如"学说史的详细情况，cf.……"或者是"虽然其本身并不是主张反对说，但就反对说的形成等可参见……"等。

而且，正文中只是写了"因场合不同，也可能构成权利滥用"，却刻意加注释，"当然，关于权利滥用，存在以下文献……"此时，全面列举文献并没有任何意义。原因在于，这样的注释，既没有表明正文所阐述观点出处的意义，也没有补充的意义。制作文献目录并不是加注释的目的所在。

■ "目前的话""姑且""辛苦之作"

与前述相关，"关于其学说史，目前的话，可参考……"等引用方法，这里也想做若干提醒。此等表现形式，或许也会有人在"首先可以试着看一下这些内容"等积极意义上加以使用。而且，很多人并不会如此上心。但是，所谓"目前的话"，乃是"将来会如何并不清楚"的意思。若是如此，"关于其学说史，目前的话，可参考……"就可能会带有这样的含义。即，"哎，虽说该论文并不充分，将来会发表更好的论文，但好歹有关学说史的论文目前也只有这个，没有办法只好列举，参考……"此外，也有使用"姑且"的，但这也可能会变成以下的含义，即"本来应该有更加细致的论文存在，但目前也只有这种程度的论文，没有办法只好列举"的意思。即使是少数人，也会有人感受到这样的语感，进而会感到不舒服，最好要了解这一点。至少应避免使用"姑且"的引用方法。

而且，虽然说"辛苦之作"本身绝不是贬义或否定的表述，但其与内容好坏、水平高低的评价也没有关系。所谓"辛苦之作"，指的是"费劲心力辛苦完成的作品"，并非指"出色的作品"。因此，若被评价为"辛苦之作"，可能会让人感觉是"虽说内容上并不多，但却花费了大量时间的论文类型"。此外，"力作"的表述，虽然其语感上也带有若干内容方面的正面评价，但即使这样，也并非不会给读者留下"只不过是很长"的印象。无论如何，若是学术大家对年轻作者作上述表述可以另当别论，年轻学者将前辈学者的论文评价为"辛苦创作的论文"，或者评价为"费尽心血的论文"等，都是非常失礼的。内容非常出色就直接说"非常出色"即可；内容不好，就应该直接加以批判。

3-4 加注的方法·其二

■补充说明的注

用以补充说明的文字，哪些应纳入正文，哪些应放到注释当中，不太容易判断。从抽象层面来说，可以这样判断：若没有该段文字，正文的逻辑分析是否明显不足，进而无法实现逻辑合理的结果；与正文文章主旨的展开并非直接关联的补充说明，则放到注释当中。虽然从具体层面来说很是头痛，但应当这样考虑：将其纳入正文是否可以将自己想传达给读者的内容更加有效地传递。大致上来说，若开始考虑到"可能放到注释中更好吧"的内容，至少有很多都是最好是放在正文中的内容。

虽说如此，但不能因此认为注释中写什么都可以。只有在通过注释中的说明能够便于读者理解正文或者可以让读者更深入理解正文的情形，注释中的补充说明才是被允许的。不能仅仅以"因为学到过"为由，就以注的方式添加与正文的分析展开没有任何关系的内容。这里可教给大家避免不必要的注释的秘诀之一。也就是说，要有意识地避免使用"顺便说一下""然而"等表述。若用了"顺便说一下"，什么都有可能被写进去。正因为如此，也就成了开始写下不必要的赘述的缘起。

而且，"关于……这里想补充说明一点"这种叙述方式，容易导向毫无关系的或者是难以构成论证基础的主张。关于这点，如前所述（第三章第二节4-1）。

3-5 引用要正确

■引用要恰当

直接引用判决、教科书、论文或契约书等文字时，正确地誊写很重要。若中间有省略，则有必要用省略号准确表明这一点。

第四章 "技"——写作的技巧 **221**

而且，以"……であり，それは……"接续的句子，只引用前半部分时，切不可轻率地写成"'……<u>である</u>'と述べられている"。而应当写成"'……であ'ると述べられている"或者是"'……であ（る）'と述べられている"[1]。

引用后面重新整理出版的论文集的论文时，一定要写上原载刊物、出版年份等。实际上，也存在着不写也可以的情形，其判断相当困难。对于年轻学者而言，养成仔细检索、认真写作的习惯非常重要，可以让论文整体看起来建立在坚实的基础上。

■引用要建立在准确理解的基础上

将一部分省略后加以引用、或者只引用其中一部分时，一定要仔细斟酌是否因此会改变所引用判决或论文的主旨。

与此相关的是，虽然作者只是将其作为判决的理解加以陈述，但将其当作作者对该问题的见解加以引用的例子很是常见。例如：

依该判决，就赌博债权的让与即使作出了无异议的承诺，债务人仍然可以主张该赌博契约的无效并拒绝其履行。在这点上，判决认为，赌博行为严重违反了公序良俗，对赌博债权的实现应予以禁止是法律的强烈要求。同样的情况在毒品买卖价款债权的情形下也可以这么说，也就是说，即使就毒品买卖价款债权的让与作出了无异议的承诺，该债务人仍然可以主张债权并未有效成立。

不可以将"即使就毒品买卖价款债权的让与作出了无异议的承诺，该债务人仍然可以主张该毒品买卖契约的无效并拒绝其履行"作为作者的见解加以引用。原因在于，作者只是认为，若以"该判决"为前提，判例法理上应当如此；但是否与作者自己的主张相一致，作者并没有任何表示。

然而，如此引用的例子数不胜数。虽说这只能怪罪于读者的理解有问题，但也与日本民法学的现状有关。也就是说，如前所述，民法学当中，存在着揭示历史认识、晓明判例法理的现状等各种各样的工作。但有不少人错

---

[1] 本书作者在这里想说明的是，若引用某一句子中的一部分时，应当体现出并非引用全句，在断句上要准确。——译者注

误地认为阐述特定条文的解释论才是民法学者的作用。对这些人来说,可能压根就想不到论文中表明了"依判例法理应该会是这样"的主张。

3-6 关于敬称和职称

■ 宽泛一点的差错稍好一些

姓名前是否加上敬称,如果加敬称又该加什么样的敬称,也是令人头疼的事。是否区别"教授""助教授""讲师"等,或者对有博士学位的作者是否加上"博士"等,各种头疼之处都有。要确定各作者现在的职务等很是困难,而要确定是否有博士学位则是近乎不可能的事。

因此,一种方法是所有的人都省略敬称。写成"星野英一认为……"也很难说一定就是失礼的事。

但对此有一些抗拒、无论如何都想添加职务名称时,这里只能说应当尽可能地调查确认。但是,若搞错了,宽泛一点的差错,问题可能会小一些。

而且,对于已退休的,即使成为"名誉教授",写成"教授"即可。假使没有成为"名誉教授",写成"教授"也没问题。若刻意写成"原教授",就好像是犯了什么罪被抓起来的感觉,反而很怪。

另外,对已逝去的作者,也可以用"教授"。但是,如果是很久以前的作者,"教授"的用法也会有奇怪的感觉。例如,现在引用时用"梅谦次郎教授",总会有不搭调的感觉。若是如此,对已逝去的作者,一律用"博士"加以统一,也是办法之一。当然,也会有没有拿到博士学位的作者,但认为"已故者为'博士'的原则"也没什么问题。

对于律师、法官,或者是银行及商社等的实务专家来说,则不能用"教授"。可以用"××律师""××法官""××氏"等仔细区别(顺便说一下,"××法务部长"则显得有些怪)。

只是针对日本人,称呼其为"平井宜雄教授""前田达明教授"等,而忽然出现"拉伦茨""卡尔波尼埃"等,原本是非常奇怪的,但也可以被允许。另外,虽然也有很多论文用原外语称呼外国人的姓名,但应尽可能地用片假名表示,同时用括号注明原外语姓名〔如"拉伦茨(Larenz)"〕。

4. 还有几点

4-1 推敲、推敲、再推敲

■用他人的眼光重读

写好的草稿，要来回多次反复阅读加以推敲。因情况不同，有时候不仅仅是句子段落的修改，甚至也可能出现对论文结构本身加以修改的局面。

逻辑是否紧密。形容词或副词所修饰的词汇是否清晰明确，判决的年月日、引用页码等是否正确，行文是否流畅，诸如此类，要一一检查确认的地方有很多。

利用文档处理器或计算机时，这些检查确认不要在电脑屏幕上确认，最好是尽可能在打印出来的纸质版上加以推敲。在推敲时，暂时甩开自己的草稿，用他人的眼光、尽可能客观地观察，也是重要的工作。打印输出，就是为了创造这样的环境。

使用文档处理器或计算机撰写论文，也使得客观检视自己的草稿变得非常方便。以前都是以自己手写的草稿为对象，用他人的眼光对其加以阅读很是困难。

但是，即使是文档草稿，也无法比得过请值得信赖的朋友帮忙阅读。对自己来说，总是有些自恋。由于内容是到了最后逐渐得以了解，因此，即使是指示代名词所指并不明确的情形，也很难注意到。如果拥有跟你说"这里无法理解"的朋友，可以得到很多意想不到的有益建议。

4-2 细微之处却是重要之处

■不要让人误会

撰写论文时，时不时会出现急躁和郁闷的循环反复。既有可能存在"多精彩的论文，出色得应该可以成为该问题的经典之作了"等自信满满的时候；但接下来的一天又会忽然陷入郁闷，"努力了这么多年，为什么只能写出这种内容的东西？像这样的东西，谁也不可能阅读"等对自己的资质本身产生疑问的情形，也不是不可能存在。

但是，没有自信时自不必多说，即使自信满满时，也不应该对别人表现出"我的论文相当出色"的态度。虽说是当然之理，但现实中的确也多次碰上这种被大家认为"是不是搞错什么了"的行为。

首先，向导师等递交论文时，必须整整齐齐地装订好。虽说是"整整齐齐装订"，也并不是说一定要提交通过复印店等制作的附有硬皮封面的装订本。这样做当然也可以。但不管如何，用夹子随便一夹、页面内侧的文字都很难看清楚的论文"嘭"地一下扔给导师，有时真的不知道这样的学生心里到底在想什么。"自己的论文很没意思。即使老师抽空阅读，也难以有所收获。但是，对自己来说，也是自己拼命写作的结果，还请多多指导。"如果是这样想的，向对方递交论文时，当然应该是以便于对方阅读的形式。难道不是这样吗？

对于出版社或印刷公司的态度，也同样如此。

如果要是持有诸如"自己的论文，要刊登在如此权威的刊物，并不是十分合适。但很幸运，有幸得到这样的机会。给您添麻烦了，还请您多多关照"这样的心境，一定要严守页数限制及截稿日期。超过限制页数、超出截稿日期等不合规矩的行为，只能说是想表达"自己的论文是杰出的论文，值得超过页数和超出截稿日期"的意思。

提交底稿后的校对，也一定要认真仔细。在校对过程中大量进行修改，会给出版社和印刷公司增加不少麻烦，这也同样只能说是认为自己的稿子值得如此麻烦他人。对于年轻学者来说，应当以完全不需要校对为目标提交完全成形的底稿。当然，即使如此仍然会有一些差错。此时，则应该认真地，以容易让人理解的方式在必要的、最小的范围内进行修改。

4-3 为完成最重要的事，最要紧的是什么？

■心境有多大

如同本节开头所说，"最为重要的是整体的结构"。接着就清晰结构的论文、章、节、款、项、段落等的具体形成方法作了些不是十分完全的说明，同时也指出了若干相关的问题。但是，要达成"最为重要的事"最要紧的乃是，想写出拥有清晰结构的论文这一心境。

或许谁都有这样的心境。但是，对于文章的写作方法，你又到底读了多少书呢？这世上，题为"论文的写作方法"或者是类似题目的书很多。"文章读本"等书名的书也很多。漫步于书店，或者是在图书馆的书架上发现这样的书籍时，心里想着"必须得读，想读"的人，能写出清晰结构的文章的可能性很高。而对这些书压根没有兴趣，或者将来也不会有兴趣的话，其结局就只能是无法拯救的"无缘众生"[1]了。

这里仅仅列举一下笔者手头的书籍，就有如下各种各样的书。除了前述引用的清水几太郎著《论文的写作方法》（岩波新书1959年版）、泽田昭夫著《论文的写作方法》（讲谈社学术文库1977年版）、木下是雄著《理科系的作文技术》（中公新书1981年版）、本多胜一著《日语的作文技术》（朝日文库1982年版）等著作以外，霍华德・S. 贝克尔（Howard S. Becker）著《论文的技法》（佐野敏行译，讲谈社学术文库1996年版），安伯托・艾柯（Umberto Eco）著《论文的写法——调查・研究・执笔的技术与流程》（谷口勇译，而立书房1991年版），谷崎润一郎著《文章读本》（中公文库1975年版），丸谷才一著《文章读本》（中央公论社1977年版），川喜田二郎著《构思方法——以开启创造性为目的》（中公新书1967年版），小林康夫、船曳建夫编著《知的技法》（东京大学出版会1994年版），齐藤孝著《学术论文的技法（第2版增补）》（日本编集学校出版部1998年版），广中俊雄、五十岚清编著《法律论文的构思方法、写作方法》（有斐阁1983年版），木下是雄著《报告的组建方法》（筑摩图书1990年版），大野晋著《日语习题集》（岩波新书1999年版）等，也都堆在桌子边上。

这其中有些是发挥作用的书籍，有些也可能是没有什么用处的书籍。对我们有用的书，对其他人来说也可能是没用的。但是，问题不在这里。为了使得自己的文章更加清晰、更加便于阅读，到底要付出多少努力，到底有多少那样的心境，才是最为重要的。我们也经常有头疼的时候，并因此而付出相应的努力。

Column④ 电脑

电脑是研究人员的必需品。不对，应该说正是为了像研究人员一样的人

---

〔1〕 原文为"縁なき衆生"，源自"縁なき衆生は度し難し"的谚语，指的是对于佛法无缘的人无法施以救助，意指没有办法听别人意见的人，因没有缘分而无法帮助。——译者注

的目的，才会存在电脑。如此断言也没有任何问题。

首先，要说电脑，其实就是文档处理器。文档处理器，虽说对谁来说都非常方便，但对研究人员来说，尤其如此。除了论文之外，研究人员每天的工作就是不断书写研究笔记、讲义笔记等长篇大论的文章。正是因为这样的工作，文档处理器才得以发挥其莫大的威力。例如，随时录入想到的东西，今后可以随时自由修改、自由添加替换等。仅仅能够做这些，就已经是非常厉害了。若对部分内容有些迷茫，边写边删，边删边写，都非常方便。这恰恰是研究人员日常的样子。文档处理器，恰恰就是为了有助于这些工作而存在。而且，用文档处理器写作，存储也变得更加容易。需要的时候，可以随时调取以前写下的东西用以参考。几乎没有人不利用这些便利。

实际上，现在的话，手写的讲义梗概等，谁也不愿意帮你看了。即使是导师，若让其阅读手写的草稿，除了痛苦以外没有其他的了。出版社也是如此，若拿到电子化的底稿，直接可以变成活字，但如果提供的是手写的草稿，大概是会不太高兴的。甚至是，为此而降低稿费也并不奇怪。

电脑的作用还有很多。例如，利用数据库软件，不仅可以进行文献管理，而且也可以发挥判例整理的威力。如果充分利用 CD-ROM 等资料，通过复制粘贴从中下载的数据等，可以很容易地做成自己的判例数据库。如果再添加上关键词等，以后检索起来也非常方便，类型化整理也变得更加容易。

此外，表格计算软件也非常有用。例如，在整理判例时，经常会将其类型化，同时整理其如何按照年代顺序发生变化等，这样的工作，如果使用表格软件，会非常容易。一瞬间就做成了图表，不仅感觉很痛快，而且图表化以后可以让人产生各种联想。当然，表格计算软件，不仅仅是处理这样的数值计算，制作普通的表格时也非常有用。当然，文档处理器也可以制作普通的表格，但后面修改起来会麻烦一些。而表格计算软件制作的普通表格，修改加工起来则会非常简单。

另外，使用电子邮件和互联网也是很重要的。电子邮件，原本就是从研究人员的世界发展而来。研究人员相互之间的联系，以几乎意识不到的成本、在桌子前坐着就可以实现了，是革命性的变化。如果是电话，还会担心打断别人的工作，而电子邮件并不需要担心这点。使用后就会发现，再没有

第四章 "技"——写作的技巧

比这更方便的了。互联网，也同样如此。用一台电脑就可以找到各种需要的信息，这是非常了不起的。甚至有可能会冒出这样的想法：以前那样辛苦，究竟是为什么呀。近年来，虽然有些迟缓，但日本也逐渐在网页上公开最新的信息。不管是国外的信息也好，还是日本本身的信息，都可以说明互联网已是不可替代的必需品。

要说结论的话，那就是一句话：最好现在就马上去买电脑。虽然说电脑变得便宜了，但对于研究生或助手来说，还是昂贵的物品。但是，没有它就无法活下去了，希望能有这样的觉悟。

第五章 "响"

—— 产生的影响（impact①）

① 英文"impact"在日文中标示为"インパクト"，基本是同音同义，大致有"刺激""影响""回响""共鸣"等意。——译者注

1. 什么叫 "有意思"？

1-1 为什么呢？

■发表后的纠结

第一篇论文终于完成。今天是要在研究会上就论文发表研究报告的日子。具有新颖的问题意识，与既有研究的关系明确，涉猎的文献广泛，结构合理。无论从那一点看，都可以认为已经达到本书前述的标准。你满怀自信，走向研究会的会场。

当天有两位报告人。其中一位，自然就是你。另一位是与你一样，最近刚刚完成第一篇论文的 A。两人的报告结束了，对质疑的回应也结束了。人们对你和 A 的论文提出了各种质疑。虽然作了回答，但因为紧张，你不知道回答得是否令人满意，甚至连怎么回答的都不大记得了。

尽管如此，你却想，在研究会上 A 的论文好像获得的评价更高。这难道是心理作用？你的论文和 A 的论文采取的是同样的结构，研究的是同样的问题，结论也相同。不应该有不一样的评价啊！你会这样自问自答。尽管如此，还是有点担心。于是，你试着去问出席研究会的学弟 B。他与你关系亲近，应该会直言相告的吧。但他却吞吞吐吐地说："我也感觉 A 获得的评价更高。"

果真如此吗？这又是为什么呢？

■impact 的有无

相同（至少你这么认为）的两篇论文，评价为什么会不一样？一言以蔽之，评价取决于论文有无 impact。A 的论文报告在听众心中产生 impact，而你论文却没有。作为一件作品，只有完成才算是论文。可是，即便构成一篇论文，也不当然有 impact。没有 impact 的论文虽然能给你带来硕士学位，但几乎再也无人问津，继而被人们遗忘。它既然是论文，就不会是毫无意义的存在。然而，在毫无意义与有（一定程度的）积极意义这两种存在之间，又会各有不同。

那么，什么样的论文才是有 impact 的呢？实际上，这个问题很难回答。其原因在于，"impact"一词具有多义性。诚然，今天的研究报告会上 A 的论文获得了较高的评价，可是 10 年后又会怎样呢？因为某种事由，你的论文有可能突然受到关注，最终在学说史上留名的是你的论文而不是 A 的，也是有可能的。此外，尽管在研究会上 C 老师和 D 老师好像都称赞了 A 的论文，但理由不见得相同。如果 E 老师也出席的话，或许他会更欣赏你的论文。

若读到这里就恢复自信，则为时过早。因为在绝大多数的情形下，今天你没有得到称赞的论文，10 年后也不会得到称赞。此外，E 老师即便出席，也很有可能如你所预料的，不夸赞你的论文。虽然没有绝对唯一的基准，但具有一定程度之客观性的基准还是存在的。

1-2 "有意思"与"没意思"

■ "有意思"的语源

有 impact 的论文什么样？再重复一遍，要用言语描述有无 impact 的判断标准，并不容易。可是，并非没有基准。基准是是否"有意思"。多数人觉得"有意思"的论文，就是有 impact 的论文。C 老师和 D 老师不是说 A 的论文"有意思"了吗？可是……你还是不满的样子。那么，"有意思"又是什么意思呢？你肯定想问。

"有意思"的日文汉字是"面白"。在语源上，"面"指"目之前"，"白"即"变亮"，两者合在一起就是"眼前变亮"，即"看到明亮的景色，眼前敞亮，心情愉悦"的感受。实际上，某篇论文"有意思"，指的就是这种忠实于语源的情形，即"读了这篇论文，眼前敞亮，心情愉悦"。这样的论文就是"有意思"的论文。给很多人带来这种感觉的论文，才是有 impact 的论文。

那么，要撰写"有意思的"论文，该怎么做呢？

在探讨这一点之前，笔者想简单谈一谈与"有意思的论文"正相反的论文，这样可以加深对"趣味"的理解。某篇论文（例如你的论文）得不到"有意思"的评价，多半是因为它"没意思"。"这不理所当然嘛，不要嘲弄人了！"你或许有点扫兴。可是"无趣"="没意思"中有超越单纯转换表述的涵义。

■"没意思"的语源

"没意思"的日文汉字是"詰まらない"。"詰まる"是指"充满"，意思是"达到完全信服"的状态。这个词的含义大得出乎意料。首先，假定你的论文本身有缺陷，作为论文并不能完全成立，例如问题设定不鲜明，或者论证不充分。在此情形，（即使站在你的立场上）你的论文也未达到令人完全信服的状态，这便是"没意思"的论文。可是，如果你的论文是按照本书前文所述的方法撰写的，那在这个意义上不可能是"没意思"的论文。关于这一点，你可以有自信。然而，"没意思"还有另外一层含义。你的论文或许对于读者来说（从读者的立场看）"没有充满"。在这个意义上，是"没意思"的论文。

如果"并非没意思"="有意思"，那么"并非没意思"的论文也是"有意思"的论文。如此一来，所谓"有意思"的论文，就是给读者以开放（心情爽朗）感和充足（充满）感的论文。

让我们来迫近"趣味＝开放感、充足感"的真身。

2. 孕育 "趣味"

2-1 "定位"决定"趣味"

■那该怎么办呢？

在论文报告会上（好像）被评价为"没意思"的你的论文，题目是"法国法上非婚生子应继承份额的差别对待"；（好像）被评价为"有意思"的 A 的论文，题目是"魁北克州的成年监护"。两篇论文都是以特定的外国法上的一个制度为对象，概述其状况，并试图从中汲取对日本的启示。的确，乍一看两篇论文大同小异。尽管如此，评价却不一样。究竟是什么导致了差异呢？

能想到的理由有几项，其中最大的可能（常常从外观上看）是两篇论文在主题定位上的好坏差异。无论是"法国法上非婚生子应继承份额的差别对待"，还是"魁北克州的成年监护"，尽管此前有人断片式地提及，但之前都未曾作为总括式探讨的主题。在这个意义上，两篇论文均满足新颖性要件。此外，两篇论文均涉及日本法上受关注的问题，在这个意义上可以说顺应了学界的潮流。分歧点在下面。你的论文完整地回溯了法国法上的争论，其内容与人们在日本所说的没有多少不同。你的论文仅仅指明：在法国存在同样的争论，结论是差别对待原则上已被废除。多数读者只会想："然后呢？"读者会觉得有缺憾，不够充分。这种时候你的论文就"没意思"了。然而，A的论文虽然跟你一样介绍了魁北克的争论，但在思考中加入了要件一元化的可能性，最终阐明设定多元化要件的理由。阅读了这部分内容的读者会（超越立场的差异）认为"有道理"。这是因为，学界强烈地意识到日本法上存在二元论抑或多元论的问题，由此衍生出应当阐明各自优缺点的问题意识。A的论文回应了这样的要求，所以读者觉得"有意思"。

■ **主题与共通课题的联结**

即使以"法国法上非婚生子应继承份额的差别对待"为主题，也不见得写不出"有意思"的论文。在法国，有人在立法论上主张从原则平等化迈向完全平等化，但难以实现。新晋升的副教授F发表了论文，将焦点对准反对完全平等化的理论，介绍并分析了其论据。该论文认为，由于完全平等化会动摇既有的亲子、婚姻观念，所以遭遇强烈的抵抗。这篇论文出现于你的论文之后，而且是论点凝缩的小论文，却获得了较高的评价。因为这篇论文启发我们，日本法上推进平等化的理论应当克服的难题是什么。

"趣味"并不内在于所选主题，而是依存于作者能否以影响同时代的研究者作为共同课题所面临之诸多问题的方式，给主题定位。换言之，解决多数人期待解决的问题（或者找到线索）的论文，或者对多数人正在思考的问题作新展望（或者提供新线索）的论文，才是"有意思"的论文。

如果这样思考，在撰写"有意思"的论文时，就需要知道学界期待什么。本书曾指出，在设定论文主题时了解"民法学潮流"的重要性（第一章第二节2-5）。所谓"了解潮流"，是指在准确把握学界状况的基础上把握下述事项。

2－2　潮流的追踪、对潮流的影响、潮流的创制

■流行的主题并不担保"趣味"

再次提醒读者注意。诸如非婚生子、成年监护等是近年来经常被探讨的主题，因而或许你会认为只要研究流行的主题就行，但并非如此。实际上，尽管探讨的是流行的主题——非婚生子问题，A 的论文却被评价为"没意思"。

反之，即使选择"物权请求权的法律性质"这个古典的主题，作者提出的基础性数据、分析如果能导向各种问题，也可能与潮流相吻合。从对显示有关物权请求权之观点的历史变迁的数据分析，揭示出这种变迁与有关物权、债权之严格区分之观点的发展有密切的关系。如此一来，这篇论文必然影响到"债权是什么"的问题。而且，会进一步刺激读者的想象力。拿物权请求权之历史变迁的探讨与债权救济方法的问题作比较会有什么结果？侵权行为法以"可否请求禁令"形式与物权请求权的问题产生直接的关联。此外，若将此问题与"债权是什么"之问题的重新探讨联系到一起，又会对"契约是什么""债务不履行与侵权行为有什么关系"这样的问题产生影响。"允许禁令的侵权行为"在侵权行为中有何特色？据说与契约的问题接近的"交易性侵权行为"的情形会怎样？另外，在日本就契约的不履行允许直接强制的范围比英美宽，这与物权请求权的问题如何关联到一起？契约的强制履行问题在与物权请求权的关系上应当如何理解？在英美法上是怎样的？在既有的各种潮流中这样的论文会成为意义重大的"有意思"论文。

另外，同样选择"法国法上非婚生子应继承份额的差别对待"，也可以写出"有意思"的论文。F 副教授的论文，在探讨"法国法上非婚生子应继承份额的差别对待"问题的同时，由于描绘了与既有之父母子女、婚姻观念的相克，能够延展到父母子女是什么、婚姻是什么这样更具一般性的问题，在这一点上该论文在承接学界争论状况的同时，也蕴含了使其自身发生变化的契机。该论文可能给潮流的流向带来较大的影响，所以是"有意思"的论文。

■"重组"的"趣味"是危险的

如果是这样的话，彻底改变潮流，或者创出崭新潮流的论文，岂不更

"有意思"？一般来说，的确如此。例如，被认为是第二次世界大战后民法学领域最成功的第一篇论文——平井宜雄教授的《损害赔偿法的理论》（东京大学出版会1971年版），就在很大程度上转换了有关损害赔偿范围的观点。此外，虽不是第一篇论文，内田贵教授的《契约的再生》（弘文堂1990年版）设想了"关系契约"这种契约观念。其后，以这些成果为前提的研究一直在持续。这样的论文最"有意思"。要以这样的论文作为奋斗的目标，或许你会这么想。

的确，上述两篇研究是有魅力的。年轻的研究者想以此作为奋斗目标的心情完全可以理解。可是，重组问题意识时一定要慎重。尽管志向高远是好事，但现实中有不少论文未经充分探讨，就打算从宽广的视野作很多论述。这就好比在高楼林立之处站在水果箱子上绘制鸟瞰图。只经简短的判断就提出"大理论"的论文中，不少都会有错觉，误以为水果箱子比高楼大厦还要高。我们已经说过，"大问题没有必要一次解决"（第一章第二节2-1）。重要的是准确地测量周围高楼的高度和自己的位置，实实在在地推进研究。

■ "深度"连着"趣味"

首先应当选作目标的，不是撰写看起来射程较远的论文，而是应该去拓展潜在的（本质的）射程。可以说，应当追求的不是"广度"，而是"深度"。正因为针对恰当限定的对象，认真地回溯历史，精细地分析厚重的数据，才能触发读者在知识上的兴奋点，扩展其视野。因其"深度"，读者身不由己地置身于全新的场景中，体验"眼前变得明亮"的状况。

星野英一教授这样评价山本桂一教授的论文：

上述评价，同样适用于未完成的绝笔《论法国各种法领域中所有权特别是无体所有权的观念（1）》[1]（载《法学协会杂志》第87卷第3号）。该文仅仅探讨了法国的"所有权"概念，带来的启迪是：实际上在日本常被提及的所有权概念绝非普遍，这一点也让我深受教诲……

深潜于对象的结果，自然而然地对以往之通说构成重要的问题提起，可以说较之于直观的设想，是更坚实的重要成果（星野英一：《心中的小

---

〔1〕 原文为《フランス各種法領域における所有権とくに無体所有権の観念について（1）》。——译者注

琴》[1]，有斐阁1987年版，第70页）。

要撰写"有意思的论文"，除了彻底地搜集素材，仔细地分析外，别无他法。若心里想着"因为有意思所以写""把它写成能进一步拓展的程度"，难免肤浅，写出来的论文就没意思。

不过，同时还要思考自己此刻深潜之处将会连通到哪里。山本桂一教授的论文之所以令星野教授感到"连通到对所有权概念之普遍性的质疑"，是因为山本教授的意识连通到"所有权概念的历史性、多样性"。这一点塑型了分析的视角。不过，山本教授并没有从自己的发现那里再跳跃一步，主张"所有权概念的历史性、多样性"。因为谈论"所有权概念的历史性、多样性"有些性急，所以他没有草率地深入探讨素材。这正是"深潜于对象的结果，自然而然地对以往之通说构成重要的问题提起"，因而引发感慨。

2－3　"断片"很难"有意思"

■小处也藏"趣味"

论文整体所揭示的深入考察本身就带来"趣味"的论文，是极其优秀的论文。可是，小处也可藏"趣味"。

到这里本书已就既存的学说、判决例、外国法介绍了各种各样的分析方法。关于判例研究，将在补论中详细探讨。例如，关于日本的学说，在作共时[2]性分析时，本书强调了结构化（第三章第一节第1款4-3）；在作历时[3]性分析时，本书叙述了绘制整体配置图（matrix）的重要性（同节第1款4-3）。在分析外国法时，本书说道，重要的是把握大潮流，意识到相互的影响关系、与背景事项的关联（同节第3款4-5至4-7）；内在理解的必要性亦是如此（同节第1款1-4）。在大论文的情形中，这些内容有时每项只占整个论文的一部分，然而，例如在我妻博士就一定的场景并未得出具体结论的情形中，在内在理解我妻学说的基础上，仅仅揭示出从中理应推导出来的结论，读者也会感受到"趣味"。在叙述学说史时，作者所提供的框架在整理歧义颇多的既有学说史时所利用的分类轴，每一项都足以制造出"趣

---

〔1〕 原文为《心の小琴に》。——译者注
〔2〕 即横向的、同时代的。——译者注
〔3〕 即纵向的，沿着历史的脉络。——译者注

味"来。

乍看起来多种学说林立，处于混乱状态时，如果能揭示出这些学说因对某种观念的理解不同而可以划分为两大类，仅这一点你就会令读者置身于全新的场景之中。之前的混乱得到整序，并非因论文整体的"深度"，而是依靠对各个场景之分析的尖锐性，可称作探讨的"断片"，而制造出"趣味"。

■"断片"的统合

然而，研究生、助手最好不要仅仅依靠随处存在的"断片"来一搏输赢，因为研究生、助手时期，是培养今后所需之基础能力的重要时期（参照第二节2-4）。可是，要通过"深度"产生"趣味"，必须在若干处有"断片"存在。而且，因那个"断片"所发出的光辉，必须凭借经过认真整理的恰当定位成为构成要素，支撑着整个论文。

有不少的论文尽管在各个部分都有尖锐的分析，但整体上却不知道在说什么，结论是什么。本书之所以第二章全部篇幅都用来说明"论文的'型'"，并在第三章第二节就论文的结构作了详细的说明，就是因为如何统合多个"断片"非常重要。

2-4 "解释论"不担保"趣味"

■增加条文解释的目录不是论文的功用

很多人会认为，作为论文的 impact，最醒目的莫过于新解释论的提出。因为如果能提出有"断片"的解释论，就能让人感受到"趣味"，可事实上未必如此。

有时发表的第一篇论文中好不容易提出了新的解释论，却得不到褒扬。例如，假设撰写探讨"可否解除遗产分割协议"的论文，提出了在存在一定事由时可以解除的新学说。当然，既有学说主张在存在一定的事由时可以解除，自己就"一定的事由"提出了新的基准。实际上，这样可以得到公平的结论，后来日本最高裁判所也提出了同样的立场。

尽管如此，你作为这个领域专家的地位并未得到承认。可是，后来撰写了详细的判例评析的另一位年轻研究者却确立了自己的专家地位。你会觉得："为什么会是这样？我比日本最高裁判所都要早地得出了同样的结论，是先驱啊！而判例评析什么的不过是后来跟上的，原创在我这里！"

那是因为，那篇论文因深耕而培育出了"趣味"。坦率地说，作为结论的解释论本身，对于经过一定修炼的人来说并不太难。例如，可以轻而易举地提出如下的解释论："就遗产分割协议而言，当其中一位继承人不履行其对其他继承人所负担的债务时，不适用《日本民法典》第541条，该不履行重要到足以瓦解协议的基础，且只要不损害到第三人，依诚信原则允许解除。"相应的理由也不难找到，偶然地比日本最高裁判所更早地发表这个观点并不值得骄傲。而且，即使依简单的理由展开解释论，其后也不会带来什么。话到这里就说完了，因此得不到什么好的评价。相反，优秀的判例评析，例如可以通过给该判决以精准的定位，诱发今后研究的进一步展开。

本书反复说明，增加条文解释的目录不是论文的功用。此外还提到，你的条文解释谁也不会感兴趣。希望读者再次体会（第一章第二节1-2，第三章第二节4-2）。

■为"场域"的"趣味"作贡献

在论文报告会上自己在老师们的面前好不容易就"遗产分割协议可否解除"整理了判例、学说，推导出恰当的结论，但谁也不提问。经常会有这样的体验。老师们只是围绕着遗产共有的法律性质、错误理论这些乍看起来不相关的点提问。你感到困惑：为什么不以自己的学说作为争议的对象呢？

那是因为，确认所报告论文的"可拓展性"才是重要的，或者老师们在指导、暗示论文的"可拓展性"。深入研究"遗产分割协议可否解除"，才会意识到分割究竟是什么，协议的解除与通常的契约解除有什么不同。意识不到这些可不行，必须思考连通到哪里。

民法学上的突破，并非是通过解释论层面的探讨来实现的。如前文所述，就遗产分割协议的解除而言，以解除否定说与解除肯定说为两极，受两者的影响而主张折中说并没有多大的意义。重要的是，阐明探讨"遗产分割协议可否解除"这个问题的意义。如果能做到这一点，解释论的方向一定会自然而然地变得明朗。也可以说，应该努力的方向，不是具体的"解释论"，而是为"解释论"确定方向的"解释理论"。

这样说来，或许有人会产生疑惑："这与谋求对问题的重组才是重要的这种说法有何不同？不是说那条道有危险的吗……"针对该疑问，本书这样回答：谋求对问题的重组是重要的，可是如果认为这一点可以通过单个研究者的一篇论文就能轻松实现，那就麻烦了。潮流因为某一篇论文的登场而发生剧变的情形确实会有，但这是例外。多数情形下，随着各种试验性探讨的积累，争论的"场域"发生流动，因为某个契机潮流开始发生变化，最终形成新的"场域"。问题的重组，需要多名研究者多年的协作。希望研究者尤其是正在撰写第一篇论文的年轻研究者以撰写能够使得争论的"场域"变得"有意思"，能够因此为"场域"的"重组"作贡献的论文为目标。

3. 培育"趣味"

3-1 小"趣味"与大"趣味"

■"趣味"的萌芽

仅仅凭借第一篇论文，难以让学界认可已经形成了"新的'场域'"。如果能做到，那可了不起。一般而言，如果能在朦朦胧胧中让"新的'场域'"浮出水面，就非常成功了。说得更直白一些，一生当中如果能构建出哪怕一个"新的'场域'"，作为学者的人生就算成功了。

可是，现实中大多数的论文达不到这个水平。而且，这样也就可以了。即使没有大"趣味"，有小"趣味"也行。因为大大小小的"趣味"相互叠加、相互作用，可以使得"场域"的重组取得进展。

实际上，自己论文的小"趣味"常常由他人来培育。由他人来发现作者自己没有意识到的小嫩芽，将其培育长大，这是非常有意思的事情。为此，最重要的是正确而地道的基础研究。为论证而提出的基础数据，成为学界的共有财产，成为他人从事新研究的拐杖。将要培育成长的"趣味"就埋藏在这样的数据里。

反过来，发现他人论文的"趣味"萌芽，将其作为养子收养下来加以培育也很重要。只有对既有之研究作正确而地道的分析，才有可能做到。

通过执笔第一篇论文，本书的读者将成为民法学界的一员。而且，只要成为学界的一员，就将背负站在前人的业绩之上为民法学的发展尽哪怕微薄之力的使命。一方面，必须从由他人来培育自己所提供之"趣味"的萌芽中发现喜悦。必须持续向他人供给能够提供"趣味"萌芽的基础数据。另一方面，必须正确地评价他人所提供的萌芽并将其培育。

如此，你将在与前人以及同时代同仁的共同作业中发挥出应有的作用。

3-2 从小"趣味"迈向大"趣味"

■第一篇论文的展开、发展

当然，"趣味"也可以自己来培育。以第一篇论文的成果为基础，在后续论文中将其展开、使其发展的例子不在少数。例如，曾多次援引的平井宜雄教授的《损害赔偿法的理论》，准确地说也不是第一篇论文，而是将第一篇论文和一系列的后续论文合在一起而成的著作。假设平井教授的研究止步于第一篇论文，大概就不会有如今的 impact。平井论文成功地开辟了"新的'场域'"：在损害赔偿范围论领域内，超越契约责任而延及侵权行为责任；在侵权行为责任领域内，统合了赔偿范围论与过失论。

怀揣某个终极目标，"深潜"于当前的"对象"，向纵深处挖掘的论文，具有被培育成"有意思"论文的资质。我们说过"第一篇论文具有证明研究能力的意义"（绪论1-3、第一章第二节2-3），指的就是这个意思。不是看到作者具备了各项具体的能力，例如能够阅读外国文献、正确理解既有之学说、能够检索和整理判例，就可以判断"作者有研究能力"的。能否作培育出"有意思"论文的研究，才是判断的基准。

此外，本书还论及思考第一篇论文对自己将来之研究有何种意义的必要性（第一章第二节2-6），告诫读者应当将其定位明确标明在论文上（第三章第二节2-7、4-3）。其意义在于向读者主张"这篇论文将要被培育成'有意思论文'"，宣示自己的研究能力。同时，对于时刻提醒自己论文应当加以"培育"，也很重要。

这样的情况要多少有多少：有两篇论文，一篇早早地就给判例和学说带来了具体的影响，另一篇当下并没有带来任何的变化，但后者却显示出作者研究能力的高超，人们预料其将会茁壮成长。第一篇论文即使没有获得赞誉，也不必在意。只要论文扎实，随着研究能力的提升，作者本人也能成长为出色的民法学者。

Column⑤ 抽印本的寄送方法

自己首次执笔的论文发表了，实在让人高兴。你想让尽可能多的人都读到它。可是，通常来说，不是谁都会关心你的论文，无论杂志是否刊载都会去阅读的。大多数的民法学者不知道你的论文的存在，连你本人的存在也不知道。

于是，你决定寄送论文的抽印本。你挑选出作为你的论文依据的学者和受其影响的研究者（尽管有程度的差异），以及你推测会对你所研究的主题感兴趣的研究者，告知他们你的论文的存在。刊载你论文的杂志社（有偿或者无偿）提供的抽印本数量有限，你必须好好考虑寄送给谁（对于一直给予你关怀的老师，尽管与你的专业和主题不相干，至少就第一篇论文，或许应该带着谢意寄送一份）。

寄送抽印本时，需要附上寄送状。随随便便地塞进信封并在收信人栏里写上"星野英一先生"，是不礼貌的。需要意识到，给不认识的人突然寄送邮件是失礼的。寄送状上要简洁地说明自己是谁，寄送的是什么样的论文，对自己的失礼表达歉意，并恳请收件人于百忙中浏览。

针对抽印本的寄送如果有回复，那将是很愉快的事情，值得感谢。可是，按照自己的意愿寄送抽印本的你，不应当期待回复。即使内心期待回复，采取不期待的态度才合乎礼仪。注意在书写"敬请批评、指教"之类的语句时不要给人近似强加之感。另外，有时有的年轻学者在寄送状中会表示"不必回复"。这种表述有时会被理解为"本来你应该回复的，我特别赦免你"。大人物可以这样说，但你不可以。

反之，如果你收到了抽印本，一定要用心回复。

补论 判例评析的写法

1. 判例评析的意义和目的

1-1 倡导设立"判民"的末弘博士的"判例"研究方法

■末弘博士的问题提起

如绪论所述,本书将"判例评析的方法"列为独立的栏目——"补论"。主要理由在于,在与通常之研究论文的关系上,进而在与通常以判例为素材之研究的关系上,"判例评析"作为一个类别具有独立性和特殊性。判例评析有一定的意义和目的,这已经成为共识。

为了理解这一点,不妨从构成如今"判例评析"模式之滥觞的东京大学民法判例研究会[1923年(日本大正12年)开始改称为"民事法判例研究会",即所谓的"判民"]的末弘严太郎博士的问题提起开始说起。

末弘博士的主张如下。截至日本大正期中叶,"多数学者在'判例批评'之名下对判决中作为理由支撑而运用的理论说明作理论性的批判,这些批判均将判决的理论说明与学说等同看待,仅仅对其作抽象的批判"[末弘严太郎:《判例的法源性与判例研究》[1],收录于《民法杂记账(上)"末弘著作集Ⅱ(第2版)"》,日本评论社1980年版,第29页。首次发表于《法律时报》1931年,第13卷第2号、第3号]。也就是说,"仅仅批判判决中所写明的法律解释在学理上是否正确,而对应当成为法律适用对象之事件本身不作具体的观察、研究"[末弘严太郎:《判例的研究与判例法》[2],收录于《法学入门〈末弘著作集Ⅰ(第2版)〉》,日本评论社1980年版,第125页。首次发表于《法学问答》,日本评论社1928年版]。可是,"认为应

---

[1] 原文为《判例の法源性と判例の研究》。——译者注
[2] 原文为《判例の研究と判例法》。——译者注

当从法院就某一具体案件所赋予的结论中提取出抽象的原理乃至理论，进而赋予其'判例'之名，并以此填补成文法的欠缺"这样一种以往学者的判例研究方法可谓"太过离谱"［民法判例研究会编《判例民法（2）（日本大正11年度）》，有斐阁1924年版，序第6页］。"在法律判断中，事实、法律与结论之间既存在综合性的联系，同时又具有所有层面上暂时相互决定的关系"，"它们就具体的案件而言，在选择、构成事实的同时，通过解释、适用法律而得出结论"。这样一种法官的运作，是一种对法的创造，因此以上文所示的那种态度"无论研究多少判例，其结果在学理上也仅仅是隔靴搔痒，不能具体明示真正形成该判决的理由"（末弘严太郎，前引《判例的研究与判例法》，第125页）。

■ "判例"研究的方法

基于上述见地，末弘博士就判例研究的方法作了如下阐述：

"判决的实质性本体存在于……法院为了裁断该案件而创造的规范中。法院类型化地把握该案件的实质，在创造被认为应当适用于与之同类型事件之法规范的基础上，适用该规范裁断该事件。因此判例的研究者首先需要付出努力的，应当是从整个判决中读出该规范是什么"。为此，"首先在整个判决中研究、确定在该案件中成为具体问题之事实关系的实质为何"，在此基础上，"进而有必要从整个判决中读出法官为规范该事实关系的实质而创造出来的法规范为何，只有通过这样的研究性操作而发现的法规范，才是正确意义上的判例，是对其后的法官具有法律拘束力的判例"（末弘严太郎，前引《判例的研究与判例法》，第39—40页）。

1-2 "判民型"与"民商型"

■ 判例研究的两种"型"

在末弘博士的阐述中，作为判例研究的方法，以下两类"型"是被比对着探讨的。也就是说，他要做的是在与该案件的具体事实关系相对应的同时，从整个判决中提取由某个判决所判示的法规范，亦即探寻某个判决所阐述的抽象法律论并对其作出评论。末弘博士提出的问题意识是，此前的判例批评（《法学志林》刊载的梅博士的"最近判例批评"、《京都法学会杂志》的"判例批评"等）完全以后者为其目的，他针锋相对地提出，在作为先例的"判例"研究中应当更重视前者。这两种类型在后来，前者被称为"判民型"，后者被称为"民商型"。

前者"判民型"，以提取某个判决所确立的先例性规范为主要目的，因为它是被作为个别性案件的具体解决而揭示的，所以探讨时重点置于案情与结论的对应上。

而后者"民商型"，以针对某个判决之法律论的批评为主要目的，一般认为它将具体的案情剥离，将判旨叙述的抽象论当作学说那样来对待，批判该法律论的妥当性。按照这种理解，"仅仅是将判决理由中叙述的某一理论作为契机，予以批判的同时展开自己的观点"（末弘严太郎：前引《判例的研究与判例法》，第30页）。简而言之，所谓"民商型"的判例批评，可以看作将判决的抽象论作为自己观点的展开的素材或者媒介来利用的研究类型。

■两种"型"的目的、对象的差异

两种"型"作为论文的一种风格能否成立，不是这里要关心的。重要的是，有必要明确地确认，在"判民型"和"民商型"之间存在着这样一种"错位"——虽说都是"判例"研究，但各自的目的不同。此外还应当确认，同样是"判例"这个表述，一方面存在着在"裁判上的先例"意义上使用这一表述的情形，另一方面也存在着"裁判例""判决例"，甚至在"判决"或者"判决中的法律论"意义上使用这一表述的情形。另外，"'判例（裁判上的先例）的研究'与'对裁判中所表明的法律论的评论'，应当在明确两者基于不同的目的探究不同对象的基础上，阐述各自的价值、使命"［川岛武宜：《判例与判决例——以民事裁判为焦点》[1]，收录于《川岛武宜著作集第5卷》，岩波书店1982年版，第193页。首次发表于《兼子一还历"裁判法的诸问题（下）"》，有斐阁1970年版］，重要的是明确自己从事研究的目的和对象。

如果能在此事上达到自觉，就可以说判例研究的模式可以多种多样。不过需要注意的是，实际上，在多数情况下发表判例研究之媒体的宗旨和特征决定了目的。鉴于未能充分认识到各种刊发媒体对执笔人的要求，而错误地

---

［1］ 原文为《判例と判决例——民事裁判に焦点をおいて》。——译者注

将其理解为施展个人学说之舞台的人不在少数（众所周知，判例评析的质量严重参差不齐），即便现在再强调这一点也并非无用。

1-3 "判民型"方法的一般化

■ **"民商型"不存在吗？**

针对上述之"民商型"，有必要作进一步的补充说明。

"判例民事法型"这个表述，据说由来自于椿寿夫的《不法占领"综合判例研究丛书·民法（25）"》（有斐阁1965年版）。不过，针对与此相对的"民商型"的命名，也有人指出，根本就不存在统一的民商"型"〔小桥一郎等：《座谈会·围绕判例批评的方法论（一）》所载"谷口知平发言"，载《民商法杂志》[1] 1967年第56卷第1号，第103页〕。这是因为，《法学协会杂志》所刊载的"判民型"，经历过东京大学民事判例研究会的讨论，可谓是协同作业的产物；而《民商法杂志》所刊载的"民商型"却不存在与前者对应的研究会，是接受约稿者的单独作业。

■ **"判民型"的共识化**

不管怎么说，末弘博士、川岛博士之后，在经历了围绕"判例"研究之应有形态的问题提起的当今，上述"判民型"的影响广泛波及整个学界，在某种程度上已经成为共识。在这个意义上，称"曾经的民商型"更为准确。不过，据说依然存在着程度差异，但"尽管存在个体差异，在重视沿革或者事实与结论的对应关系这一点上，几乎所有'民商型'的学者都留意到了"（小桥一郎等，前引座谈会所载"泽井裕发言"，第86页）。因此，如果将是否重视判决理由中的法律论看作是"判民型"与"民商型"的差异，也不过是个程度问题而已。

这一点在某种意义上或许是自然的流向。因为只要将判例作为研究的对象，那么究竟什么才是作为先例性规范的"判例"，一定是所有的判例研究的共同课题。即使是以评价（批评·批判）"判例"为目的的情形，当务之急仍需要确定评价的对象。如下文所述，实际上，提取、确定作为评价对象之先例性规范是一项困难的作业。"判例批评"如果不精准地实施该项作

---

[1] 原文为《座談会·判例批評の方法論をめぐって》。——译者注

业，而以判决理由中所表述的抽象法律论或者公开出版的判例集所刊载的"判决要旨"作为研究对象加以评论，那只会是稚拙的"判例评析"。

果真如此，那么无论怎样，在研究判例时将有关从各个判决中提取作为先例性规范的"判例"之方法的共识了然于胸，都是至关重要的。不了解这一点，肯定没有资格谈论"判例"。

■ "判例"提取方法的普遍性

不过，即便是从某个判决中提取"判例"的通用规则，也可能因国家和时代的不同而各异。未必就有在所有的国家都普遍具有妥当性的规则。因此，学会了从日本最高裁判所判决中读取先例性规范之人，将其原封不动地应用于法国最高法院判决，所得到的先例与法国的法律家共同体所理解的先例不相一致，也是理所当然的。下文将要介绍的，是当下在日本法律共同体中存在共识的，从日本最高裁判所判决中提取先例性规范时的规则，希望注意该规则的界限。

1-4 培养、训练研究者过程中的判例评析、判例研究

■ 判例评析的教育意义

本书之所以将判例评析的方法作为独立的篇章来安排，原因之一是人们认识到了判例评析中所蕴含的教育意义。关于这一点，略作说明。

一般认为，通过评析判例来把握一个具体的案件，从多角度彻底地探讨是非常好的解释论训练。此外，不局限于自己的专长领域而在各个领域中评析判例，还可以拓展视野（小濑保郎等：《座谈会·判例研究的再检讨》[1]所载"星野英一发言"，载《法学家》1971年第469号，第241页）。有人指出，解释论的能力是一种综合的能力，若不在年轻时热心地训练，其后作为学者的发展也会受到限制。这种说法颇具说服力。

此外，寻找第一篇论文的主题时，判例评析也会提供重要的线索。因偶尔接到指令报告判例评析，以此为契机发展成为论文主题的事例不在少数（参照第一章第一节3-3）。

■ 围绕判例研究"方法论"的争论

围绕判例研究的方法论，前文所介绍的末弘博士的主张是先导，时至今

---

[1] 原文为《座谈会·判例研究の再検討》。——译者注

日已有各种"方法论"的谱系［其中最具代表性的，是柚木馨博士和川岛武宜博士之间的论战。最近的，则有平井宜雄：《判例研究方法论的再检讨（1）～（3·完）——法律学基础备忘录·之三》[1]，载《法学家》1990年第956—962号，同《续·法律学基础备忘录》，有斐阁1991年版，第44页以下］。此外，研究生、助手在作判例评析或者在论文中作为分析的前提时，可以回溯这些通用的方法论及其发展史，思考各种方案。

关于从构成评析对象的判决中提取先例性规范的方法，首先应当确认的是，在现阶段形成共识的最低限度规则。当然，围绕究竟什么才是共识，认知会存在一定程度的偏差。可是，大概没有人会否定，在我们之间存在一个共同的平台，用作"判例是……"的叙述，至少在一定范围内存在这样的共识。以下的说明，不过是尽可能地将被认为是已广为接受的这种共同规则用言语表述出来而已。

从这个意义上讲，本书并不打算主张全新的判例研究"方法论"。本书的目的在于：考虑到研究生和助手在作判例研究时常常困惑于对共同规则的理解，或者就该规则的涵义产生疑义，而预先针对那些疑问给出的一定程度的（暂定）解答。

2. 判例研究的诸多样态

2–1　仅作判例评析并非判例研究

■ "判例研究"的分类

一般而言，以判决、裁决为素材的研究有多种类型。就判例评析的方法提出问题的川岛博士也没有主张说，只有"裁判上的先例"研究才是"判例研究"的唯一类型。川岛博士主张，要明确区分有关裁判的多种研究对象和问题焦点，通过纯化方法论以期提升研究的高度。

川岛博士本人将判例研究分类为：①裁判上之先例的研究，②裁判中所

---

〔1〕 原文为《判例研究方法論の再檢討（1）～（3·完）——法律学基礎論覺書·その三》。——译者注

表明之法律论的研究和批评，③对裁判之政治、经济及社会涵义、背景和影响等的研究，④裁判之心理判断过程（所谓裁判过程）的研究，认为各自有其实际上和理论上的有用性（川岛武宜，前引论文，第199页）。

以下从几种略微不同的观点出发，以判决、判例为"素材"之研究的各种样态，尝试进行若干种分类和说明。当然，大凡是研究，就可能有无限种类型，而且也可能存在将下述若干类型融合在一起的研究。作为素材之判例的利用目的，对应于论者所设定的课题，例如为了深化理解、为了提取理论、为了发现问题等，理所当然也存在多种。可是，无论是哪一种类型的研究，研究判例的目的与实际所作之分析、探讨的方法相契合、相对应，才是重要的。

2-2 判例评析

■"判例评析"的特殊性

如上文所述，"判例评析"作为一个独立的类型已经形成。然而，说判例评析是判例研究这种论文的一种特殊形态，也未尝不可。只不过其问题设定（先例性规范的提取，即分析某个判决具有怎样的先例性规范意义）以及能援用之方法（抽出先例性规范时的规则）固定，在这一点上具有特殊性而已。后者之先例性规范的提取方法通用于所有的在这种意义上以"判例"为对象的研究。

关于判例评析，说其探讨的对象和方法固定，反过来就意味着不允许随意地设定问题或者限定讨论的平台。作为判例评析，不可以从评析者主观的关心出发仅截取判决的某个方面进行研究，而需要从相关联的所有视角作多角度的探讨。

■所谓"综合判例研究"

若从更广阔的视角看，以作为先例性规范之"判例"为对象的研究，还包含两种类型。

一种是以作为单体之判例为对象的研究。它从个别的判决中提取先例性规范，上述之"判例评析"与之相当。

另一种是以作为集合体之判例为对象的研究。实际上，在概括性地探讨某个主题的长篇论文中，就有不少包含以作为集合体之判例为对象的研究。

它从围绕某个主题的多个判决的总体出发，来提取先例性规范。此外，还有的研究在阐明各个判例之内容的基础上，通过探明彼此间的关系，赋予其目的论式的构成，将其体系化。这种研究一般被称为"综合判例研究"。这种研究的代表，有《综合判例研究丛书》〔有斐阁1957—1966年版（限于民法部分）〕、我妻荣主编的《判例评注》[1]（判例评注刊行会1963—1975年版）的系列。不过，如下文所述，即使在判例评析中，如何整合地理解对象判决与相关联之多个判例之总体之间的关系乃是问题之核心，因此两者的差异仅仅体现在着力点上。

2-3 以判例理由中之法律论为素材的研究

■ "商判型"的判例研究

要探讨以具体的案件为前提的法律论，采用以判决为素材的研究是一种可能的选项。主要以大量的下级裁判所判例为素材的"东京大学商事判例研究会"所作的研究（刊载于《法学家》），被认为属于这种类型（小灏保郎等，前引座谈会所载"前田庸发言"，第226页，第241—242页）。其方法是"阐述如果自己是法官将会怎样判断"。这种类型的研究，在评析部分的开头都会有"赞成（或者反对）判旨""赞成判旨的结论，但对其理由存有疑问"这类的表述。

这种类型的判例研究带有构成以下契机的含义：将某判决的具体案情置于眼前，尝试彻底反省以往之理论、自家之学说。常常能够看到带有"以某某判决为契机"之副标题的论文，基本就属于这种类型。此外，对于撰写过体系书的学者而言，有就具体案件作理论展开的意思在内。

如前文所述，以判决理由中的法律论为对象的研究，将判决中法官所陈述的法律论作为一种"学说"对待。考虑到通常不认可下级法院判决的先例性规范价值，对下级法院判决的探讨便会被如此定位。关于以下级法院判决或者下级法院判例为对象的研究需要注意的事项，请参考第三章第一节第2款的说明。

---

[1] 原文为《判例コンメンタール》。——译者注

2-4 以对判决的"深化理解"为目的的研究

■ "客观的实际事实"的探究

还有这样一种研究，就某个判决，探讨、分析法院为什么会作如此判决的诸多要因。

分析判例的进路，可以是①调查该判决为何会有这样的结论（尽可能详细地调查估计影响了判决的事实），还可以是②探讨该判例其后将会产生怎样的影响（例如，镰田薰等：《研讨会·续·民法学的课题与方法》[1] 所载"能见善久发言"，载《法律时报》1989年第61卷第5号，第16页），上述那样的研究，追寻的是其中①的进路。

这种类型的判例研究，有时不局限于事实审所认定的事实，而去探究活生生的事实（实在事实）。通过向当事人、律师询问调查，或者探究某个纷争的社会、历史背景，在广义上分析决定法官行动的诸多要因。

一方面存在一种立场，认为在作以提取先例为目的的判例评析时，需要探究可以想到的影响判决的诸多要因。例如，依照濑川教授的观点，当事人对法律构成的选择背后有实在事实存在，"不以此为基础"，仅仅依照判决中认定的事实和法律构成来预测判例的定位是不充分的（镰田薰等：前引研讨会所载"能见善久发言"，第17—18页）。此外，虽然没有彻底到这般程度，还有中间立场主张最好在可能的范围内探究实在事实。另一方面，川岛博士认为，提取先例之际在认定事实以外不存在能够检证的事实，因而强调试图探究诸多要因的这种研究所抓取的事实，不见得能与客观的实在事实一致（川岛武宜：《判例研究的方法》[2]，载《川岛武宜著作集第5卷》，岩波书店1982年版，第165—167页。首次发表于川岛武宜：《作为科学的法律学·新版》，弘文堂1964年版）。

■ 呗孝一教授之判例研究的特色

这类判例研究中有名的当属呗孝一教授关于婚姻预约效力的相关研究。参见呗孝一著《内缘及婚姻预约的判例法研究》[3]，收录于《呗孝一·家族

---

〔1〕 原文为《シンポジウム·続·民法学の課題と方法》〔能見善久発言〕。——译者注
〔2〕 原文为《判例研究の方法》。——译者注
〔3〕 原文为《内縁ないし婚姻予約の判例法研究》。——译者注

法著作选集（第3卷）》（日本评论社1992年版）的一系列论文。

关于研究的动机，呗孝一教授的想法是，提取先例之际在审视与案情相对应之结论的情形的所谓"事实"，不是认定事实，应当是法官所直面的所有的活生生的事实。而且，他认为要理解与"书写出的判决理由"不同的"实质判决理由"，不能无视与"活生生的事实"相连的"脐带"。而且他认为，"无限接近'活生生的事实'几乎不可能，不得不通过借用'表象事实'止步于近似值的推测"，对这一点必须要有心理准备，因此，"作为结果，没法说'这才是实质的判决理由'，重要的是完全有可能存在能够判定'实质的判决理由不是这个'的情形"（着重号为原文所加），这种情形显然不具有先例性价值。

不过，呗孝一教授本人认为，即使是那种意义上不具有先例性价值的判决，实际上也有可能发挥先例的功能（"先例功能性的裁判规范"）。可是，这种先例性的功能，"超越了该判决的个别性研究，严格来讲需要对其后关联判决的个别研究的积累才能明晰"（以上参见呗孝一，前引书中"自著解题"，第316—323页）。

像这样，在确定先例价值时，存在这样一种立场：应当超越判例集的记载，探究"活生生的事实"，思考对判决的影响。可是，正如呗孝一教授的研究，是需要巨大的精力投入的。

2-5 对裁判例中所呈现的纷争形态的研究

■作为社会"事实"的判决

有一种研究，通过裁判例探究社会上实际发生什么样的纷争。以裁判例为素材，为阐明某种法理的现实功能和实际样态，尝试将各种纷争作类型化的研究，便属于此种类型。

这种类型的判例研究，可以说是将判决作为社会事实，作为"活法"的一件材料，即将判例视作"事实"的法社会学研究。由于不以对作为先例之"判例"的研究为其目的，因此其对象不限定于被认为具有先例性价值的最上级审判决，它将包含下级审在内的所有裁判例都广泛纳入视野之中。

这种观点下广泛收集、整理下级审判例的研究方法，一方面因为下级审判决中认定的事实展示了社会现实的一个侧面，因此被认为是把握活生生之社会的法律事实的手段。另一方面这种观点还认为，因为法官受到社会之法律意识的因果影响，其所作的判决或多或少地反映了社会的法律意识，对于阐明社会的法律意识而言是不可或缺的资料。关于以下级审判决以及下级审裁判例为对象的研究需要注意什么，请参照第三章第一节第2款的说明。

2-6　探究判决给某一纷争所带来影响的研究

■纷争过程中的判决的意义

还有一种类型的研究也是可能的。它不关心判决本身，某个纷争过程中虽然有判决的介入，但研究的直接对象却是该纷争过程的整体。例如，公害、药物损害等事件中，以检验相关判决或者和解对于该纷争过程具有怎样的意义为目的的研究，便属于此种类型（若要举例，当属淡路刚久：《SMON事件与法》[1]，有斐阁1981年版）。

3. 作为先例性规范的"判例"

3-1　作为裁判规范的先例

■判例的"规范"性特征

到这里为止本书一直使用的是"先例性规范"这样的用语，所谓判例的规范性特征，究竟是什么呢？为了关照在意这一点的读者，有必要从确认先例、裁判"规范"的涵义开始入手。

学说上可以划分出两大类观点，即肯定判例之法源性的见解，和认为其仅具有事实上之拘束力的见解。然而，某个判决对其后的判决产生规定性的影响是事实，这一点得到了肯定、承认也是事实。因此，某个判决作为一种裁判"规范"在发挥着功能，在这一点上不存在争议。

不过，人们并不认为所有的判决都是具有同样强度的"规范"。也就是说，判决的拘束力程度存在各种层级。例如，有强判例和弱判例、确立的判

---

〔1〕　原文为《スモン事件と法》。——译者注

例（判例法）与不安定的判例（判例法）等表述，显示了拘束力的高低不同。

如此一来，构成判例评析对象的，仅仅是有可能作为先例性规范发挥功能的判决，将其先例性规范的内容作为判例提取，考察其拘束力强弱和范围的研究，便是判例评析。

■对判例的"理解"的多重性

在此需要注意的是，这种对判例的"理解"中未必只有唯一正确的理解。正式出版的判例集的开篇所列的"判决理由""判决要旨"（判例委员会的公认理论）不是判例。对判例的"理解"，因提取先例性规范时着眼点的不同，而总有可能产生多种读法。

若认为对判例的"理解"可能有多种，那么在决定应当选择其中哪一种时，评析者的评价便有了发挥作用的空间。评析者希望这种先例性规范发挥功能，就很有可能主张这是"合理的'理解'"。当然，虽说是价值判断，这里提出的终归是对判例的"理解"，与学者作为自己的见解主张某种解释之情形的价值判断，属于不同的层次。

3-2 由判例与学说（法律家共同体）的协同形成判例法

■对判例的"理解"的形成过程

虽然说对判例的"理解"有时会有多个版本，但并非这些理解都会作为判例得到通用。通常，在判例评析中围绕判例的读法反复展开争论，在多个对判例的"理解"中，某个特定的"理解"最为恰当，作为对判例的共通"理解"而被法律家共同体所接受。之后，那个对判例的"理解"将作为先例发挥功能。即法官、当事人将其作为裁判规范而接受，获得一定的行动指南。所谓判例具有事实上的拘束力，依据的便是这样形成的理解。最终，一旦对判例的理解确立，在体系书和教科书中的记述也会确定下来："判例是这样理解的……"

有时学说对判例的理解始终有分歧，无法断定哪一方的见解更有说服力，这种对抗状态会一直持续（例如，围绕《日本民法典》第96条第3项之第三人是否需要登记之判例的理解）。可是，即便在对判例的通说性"理解"已经确立的情形下，这种理解的确立也经历了一个过程：通过学说围绕某个判决在判例评析上的争论，形成对判例的一定的通说性"理解"。

■通过解释而成立的"判例"

若站在承认存在这种过程的立场上，那么即使某个判决作出，仅凭此并不会产生先例性规范。实际上，有时通读一遍判决理由后会判断不了其中含有何种规范性的涵义。通过解释的加工，去发现该判决中确立了怎样的先例性规范后，判例才第一次被提取出来。在这个意义上可以说，某个判决作出的当时，对判例的理解尚处于未形成"例"的状态。因此，这种情形下的判例评析具有所谓的"新法解说"的意味。

3-3 对判例之"理解"的修正、变更

■判例的渐进式形成

此外，即便对判例的理解已经确立，其后也有可能会发生变化。对某个判例的已确定的理解因其后学说的批判而被认为是不恰当的，而这种观点被广泛接受，那么作为先例性规范发挥着功能的判例，实际上就会发生变更。

实际上，像这样对判例的理解的修正和变更，日本最高裁判所自身有时也会做。在后来的判决中修正在先的判决，是典型的做法。例如，以往被认为具有较大射程的判例，在后的判例中在与具体案情的关系上限定了其射程。

因此如下文所述，所谓判例，不限于单独观察个别判决而提取，还有另一个侧面，即通过后续的判决渐次形成。这一点需要注意。

3-4 判例评析中所期待的学说作用

■学说通过判例评析所作的贡献

如上所述，如果认为判例是在法律家共同体内通过围绕对判例的"理解"的争论提取出来的，那么就可以谈论，在判例评析的整体运营中学说发挥了什么样的作用。

如前文所述，学说通过判例评析就判例的"理解"反复展开争论。在此之际，期待的不仅仅是提出对判例的"理解"，而且还包括对其中的问题点作内在的探讨（例如，特别指出某个问题与其他问题之间的体系平衡应当考虑的因素），包括修正、补充判例以使其得以发展的提案。尤其是对于在判决结论中表明就某一个问题避免进一步的深入，而将其留给学说去探讨的

判决，这时学说的作用非常重要。而且，通过判例评析，学说所作的贡献对于其后判例法的展开也具有一定的意义。

■作为学说之实践性行动的判例评析

这样看来，可以通过判例与学说的协作互动，描绘出"判例法"持续形成的景象。

不过，围绕判例评析中学说的作用，迄今为止出现了若干种略微不同的见解。其代表例有：认为判例是"生成中的法"，通过判例研究为"正确之法"的形成作出贡献是学说的作用的观点（柚木馨：《判例与判例研究》[1]，载《神户法学杂志》1951年第1卷第2号，第238页）；指出应当如何通过过去的判例去控制将来的裁判这种当为层面的问题，主张"通过判例驾驭"将来之裁判的观点（川岛武宜：《"法律学"的现代问题点》[2]，载《川岛武宜著作集第5卷》，岩波书店1982年版，第289—291页。首次发表于《法学论坛》1968—1969年第146—161号）等。

■期待学说发挥的作用

法官阵营对这种判例评析之作用的见解是一致的（中野次雄编：《判例及其读法》[3]，有斐阁1986年版）。具体而言，法官阵营对学说的期待如下：

第一，在法官难以创设新的法理论，从正面阐明其具体内容的基础上作出判决的情形，由学者跟进，去构筑新的法学理论。

第二，有时需要由学说来"发现"判决叙述的判决理由中所包含的"隐藏的法律论"，确定其涵义。

第三，通过若干判决的积累形成一个新法理的过程中，由学者作理论上的支撑〔例如，在有关信赖关系破坏之法理的判例形成中，广中教授的一系列判例研究（广中俊雄：《不动产租赁法的研究》[4]，收录于《广中俊雄著作集3》，创文社1992年版）〕。

虽说像这样在判例的形成中期待学说发挥作用，但其间重要的是采取内

---

〔1〕 原文为《判例と判例研究》。——译者注
〔2〕 原文为《"法律学"の现代的问题点》。——译者注
〔3〕 原文为《判例とその读み方》。——译者注
〔4〕 原文为《不动産賃貸借法の研究》。——译者注

在的视角。即使说有学说的意见和批判也不错，但外在的批判却没有意义。因此，与已经确立了的判例没有共同前提的类型，作为判例评析没有意义（例如，站在从理论上看形成权服从除斥期间而不罹于诉讼时效的立场上，批判有关解除权的消灭时效）。判例评析应当形形色色，例如认为判例的理解有可能成立的见解，再如提出判例可能接受的提案等。

3-5 易犯的错误

■若干留意点

以下依次讲述提取判例规范时的主要方法以及分别需要留意之处。不过，在这之前先汇总指出研究生和助手这样的年轻研究者容易犯的错误。

（1）依照学说的对立框架理解判例。

最容易犯的错误，是原封不动地依照学说的对立框架来理解判例。围绕某个论点将以往的学说对立状况按照图示并列整理为"A说、B说……"，在此基础上论述判例遵从了A说，或者与B说近似。当然，不能否定这种分析方法有效的情形。可是，某个日本最高裁判所判决提出的先例性规范常常会不同于既有的任何学说。特别需要注意，这种时候通过以往的学说整理判例，只会得到对判例的不正确"理解"。

应当铭记在心的是：在判例评析中，学说的探讨对于先例性规范的提取仅仅具有辅助性的、附随性的意义（在同样的意义上，判例评析最好回避从既有学说的整理切入）。

（2）依据外在于判例的框架切割判例。

同样地，还有一种错误是，分析判例所用的分析轴的设定外在于判例，可以说是自己随意设立的那种类型。当然，为了阐明判旨的涵义，设立分析轴有时候是有用的。但是，前提终究是分析轴对于理解判旨有用。这一点也与评析者的分析能力有关，因此，对于研究生、助手来说，避免从一开始就作大段论述是无可非议的。

（3）对判旨作外在的评价。

再重复一次，在判例评析中，与判例没有共同前提的外在评价、批评没有意义。不可忘记，这里不是展开自己学说的舞台。从这一点来看，在判例评析中尽力避免使用"我个人的观点"这样的表述是恰当的（例如，不要作"以我个人的观点……"这样的叙述）。

（4）脱离具体的案情展开过度的抽象论

在反复将判例理由中的法律论抽象化、一般化的过程中，探讨常常会陷入过度的抽象论。此外，将判旨的抽象论分段为几个部分，对各个部分的文本分别作注释同样没有意义。分段本身并不坏，但是若因此造成支离破碎的抽象理解就成问题了。

上述种种容易犯的错，均是因为忘记了判例是为了具体案件的解决而提供的裁判规范而导致的。要避免判例的单纯一般化，避免自己随意的理解，在"评析"开头列举本案案情具有哪些特征，也是一种行之有效的方法。

4. 先例性规范的提取方法·其一——基于案情与结论的对应关系的方法

4-1 法律家共同体通用的规则

■先例性规范的提取方法的组合

该怎样完成判例评析的中心作业——从某个判决中提取裁判规范呢？

关于提取先例性规范的方法，存在若干不同的路径。尽管有多种方法，并非从中选择一个。而是将这些方法组合在一起，揭示出对判例具有说服力的"理解"是什么。而且，在组合之际因援用提取方法的手法以及着力点不同，在逻辑上就有可能成立多个对判例的"理解"。下文就具有代表性之先例性规范提取方法的内容，作稍微详细的说明。

■基于案情与结论的对应关系的方法

在各种各样的先例提取方法中，从来都占据着中心位置的，是通过案情与结论的对应关系确定构成先例之部分的方法。下文将会提到，为在与事实的对应关系上提取判例这种方法提供理论依据时，论者之间存在着微妙的差异。可是无论怎样，毫无疑问的是，这样的方法作为日本法律家共同体通用的规则得到了认可。

这一点，恰好得到了日本最高裁判所自己所采取的手法的支持，其手法是通过与案情的对应来限定先例的范围。

首先，有时在作判决时日本最高裁判所自己试图限定其射程。被称为

"事例判决"的判决,便是如此,它仅仅提示一定的结论,有意回避一般论的展开。

其次,有时就某个判决而言,其后日本最高裁判所试图限定其作为先例性规范的射程。即使在先的判决展开了一般论,后来的判决常常将其"解释"为仅就该案情所作的判决。即宣称上诉人所援用的判例"案情不同,对于本案不是合适的先例"。

那么,为什么要在与案情的对应关系上限定构成先例的范围呢?关于其理论依据,存在多种正当化的主张。争论有高度理论化的背景,有必要简单地了解。

4-2 为何以与案情的对应关系限定先例?

■作为具体事件的解决而提示的裁判规范

关于理论依据,主张可以分为两个大类。

一类所主张的理论基础是:所谓判例,是就具体的案件提出解决方案的裁判规范。不过,其中又包含若干立场。

肯定判例之法源性的立场是这样说明的:判例是法院为了裁断具体案件而创造的法律规范,法官正因为受制于事实关系的实质而创造出来的应当用以规范该案件的法律规范,因此有必要确定具体的成为争执对象之事实关系的实质(末弘严太郎,前引《判例的法源性与判例研究》,第39页)。

然而,不从正面承认判例之法源性的立场也认为,判例是就具体的案件提出解决方案的裁判规范,因而不具有超越该案情的一般性射程。也就是说,判例是在特定的裁判中给出的判断,裁判的使命终究在于个别的、具体的案件的解决,而不是宣示一般性的法律原则。因此,判例是从结论命题中舍去该具体事实中不重要的成分,经过某种程度抽象后的内容(中野次雄,前引书,第52页)。另外,还有人从利益考量论的立场出发,认为判例受制于在客观上重视何种利益、价值,因此必须分析其与具体事实的关系(小濑保郎等,前引座谈会所载"星野英一发言",第224页)。

■基于法官心理过程之模型的说明

另一种立场从法官推导出判决结论的心理过程(所谓"裁判过程")的假说来说明。判决理由中通过言语表达的法律性说明,不是法官实际心理过程中的裁决基准，在多数情形下不过是获得该判决结论之正当性的逻辑而已（川岛武宜，前引《判例研究的方法》，第 145 页；川岛武宜，前引《"法律学"的现代问题点》，第 229—230 页）。这种立场认为，现实的法官行动，恰恰针对个别具体的事实形成具体的裁判规范，判决中的先例性要素只能从该事件的事实关系以及对其作出的判决结论这种客观事实中推导出来。

针对后者之"基于裁判过程的正当化"，早就有批判认为，这种法官心理过程的模型，并不适用于所有的情形。此外，针对判决理由不过是将结论"合理化"的见解，法官阵营也提出反驳，认为尽可能将实际的价值判断过程忠实地表达在判决书里是法官通常的做法［小桥一郎等，前引《座谈会·围绕判例批评的方法论（一）》所载"藤原弘道发言"，第 80 页］。即使从理论上看，如果认为事实在法官作判决时达成裁判结论的心理过程中会带来某种影响，将这种"事实"与结论的正当化手段——"判决理由"割裂开来定位，也是不合逻辑的，不免让人产生疑惑：难道"事实"不也是将结论"正当化"的一种手段（平井宜雄，前引书，第 56 页）？再者，更为根本的，还存在这样一个问题：法官的心理过程只能依靠评析者推测，多数情形下没法确定。加之，参与日本最高裁判所判决的数名法官的心理过程不一定相同，并且一般认为，"判例"不是个别的判决，而是存在于多个判决的整体之上。既然参与多个判决的法官不是同一群人，其心理过程也一定不会相同。这样看来，作为先例性规范的判例，不就应该作为独立于各个法官心理过程的客观存在来把握吗？

4-3 定型化事实与定型化结论的提取及其关联结合

■提取的三个阶段

从案情与结论的对应关系提取先例性规范的作业会经历怎样的过程呢？一般来说，整个过程由三个阶段构成，即"提取定型化事实的作业""提取定型化结论的作业"，以及"关联结合的作业"。质言之，这种针对什么样的事实关系作了什么样的法律决定的理解，便是定型化事实与定型化结论关联结合之作业的涵义。

■"定型化事实"的提取

其中最困难的，是"定型化事实"的提取这项作业。如果将构成某判决之前提的事实关系中的全部要素都事无巨细地捡拾起来，那么事实关系将极其独特（独一无二），便没有再发生相同事件的可能。针对这样独特的案情所作的法律决定，无法作为判例发挥功能。因此，若要从某个判决中发现先例性规范，就有必要将该案情重构为在一定程度上定型化了的事实。这便是使用"定型化事实"这种听起来颇感生疏的表述的理由。

在定型化事实提取中重要的是，应当从什么样的事实出发，以及抽象化的程度，即应当就案情作何种程度以及何种样态的抽象。

4-4 事实的抽象化程度及其样态

■从原审认定的事实中提取的方法

前文已经介绍过，也有一种观点认为，提取"定型化事实"之际，为了确立基础有必要探究法官直面的"活生生的事实"（实在事实）。可是，若依据被认为是如今之通说的见解，在提取构成先例性规范之定型化事实时，成为其对象的"事实"，是在事实审——原审中法官认定的事实。

从作为认定事实载入判决的事实中甄别重要的事实，制造出定型化事实的主体，终归是评析者。具体来说，一般参照采用将判旨嵌入案情的部分。在判决理由中，多数情形下会存在这样一部分内容：在叙述一般意义的、形式上的法律论后，多将该法律论嵌入原审认定的事实中，在此基础上得出结论（对原审之判断的评价）。需要分析、探讨的是这个部分。在构成判决之法律结论的前提的事实被捡拾起来记载于判决理由的情形，是该法院认为属于"重要的事实"才载明的，因此这是了解"重要的事实"的有力线索。

可是，在日本最高裁判所的判决中，即使是不属于法律论嵌入对象的事实，只要在原审中被认定，那么也并非不能将其计入"重要的事实"。即便是这样的事实，一般也允许在提取定型化事实时将其纳入。在指明被推测为或许无意识地影响了结论之得出的事实的基础上，构建先例性规范，有利于发现所谓的"隐藏的法律论"。

■与"傍论"[1]的区别

与确定对应于事实之先例的范围的作业相关联，必须简述所谓的"傍论"。

---

〔1〕 所谓"傍论"，虽与"补论"有共同点，但更强调的是从另一个角度作补充说明。因其包括"佐证"等多种含义，故采原文。——译者注

所谓"傍论"（obiter dictum），通常的定义是，"并非作为推导出该裁判结论的逻辑前提而表明的规范命题或者法律论"（川岛武宜，前引《判例研究的方法》，第159页），不认为傍论是具有先例价值的规范，这也是立足于重视案情与结论对应关系之立场的逻辑归结。

不过事实却是，傍论也会作为先例对其后的判决发挥功能。因此，在判例评析中探讨傍论的内容是可能的。如果预想到傍论在事实上作为先例发挥功能，那么探讨还是必需的。然而，需要注意的是，那不是严格意义上的"具有先例价值的裁判规范"，而是事实上作为先例发挥功能的规范（"具有先例功能的裁判规范"）（川岛武宜，前引《判例研究的方法》，第159—162页）。

另外，在裁判理由中出现的规范命题或者法律论中，究竟什么才属于"并非作为推导出该裁判结论的逻辑前提而表明的规范命题或者法律论"，也不可能整齐划一地判断。这里，评析者有解释的空间。而且，当怀揣尽可能地限定在与案情相对应关系上构成先例之规范的范围的意图时，有时也会扩大解释傍论的范围。尤其在评析者认为某判决所确立的先例性规范不妥当的情形下，多采用这种手法。在这个意义上，究竟什么才是傍论（obiter dictum），难以在理论上作唯一的理解，理解会因实践目的的不同而存在多种可能。

5. 先例性规范的提取方法·其二——解读判旨文本的方法

5–1 解读判旨文本的重要性

■对"判民型"的误解

如果站在重视"判民型"的立场上，对批评判决理由中之抽象法律论的"民商型"展开批判的话，或许有人会不认可判旨中所展开的理论构成在提取先例性规范中具有重要的意义。然而，这是对"判民型"的误解。

实际上，即使在所谓的川岛理论中，判旨的理论构成也未被轻视。在川岛博士看来，因上诉审判决中得到"适用"而被阐述的规范命题，通常是在明确意识到作为"先例"发挥功能的前提下阐述的，因此应当认可其作为先例之价值的情形不在少数，之后法院在事实上将其作为先例准据的盖然性也很大，总而言之只不过是程度的问题（川岛武宜，前引《判例研究的方法》，第 158 页）。因此，应当这样看：针对"民商型"之批判的要点，在于判决理由原封不动地直接成为先例性规范这种见解。

多数学者指出，应当重视的是法院在推导结论之际采用了什么样的理论构成。提取先例性规范之际，将判决理由中的法律论作为重要的要素予以考虑，可以说是现在的同行规则。

5-2 构成判决理由之各部分的含义

■判决理由的区分

提取先例时需要注意的是，如何区分判决理由这个文本。一般来说，判决理由可以分为三个部分：①该判决所判示的结论部分，②其理由支撑部分，以及③将结论部分的法律命题嵌入事实关系的部分。在准确把握判旨各部分的涵义的基础上学习各自的读法至关重要。

以下，就各部分的读法说明若干注意点。

（1）判旨结论部分的法律命题的定式化。

在判旨中常常可以看到，成为该判决之结论的法律命题以一般的形式被定式化。毫无疑问，这是探讨的重要出发点，但不可以原封不动地直接将其作为先例性规范的判例予以接受。这一点前文多次重复。就是说，有必要通过案情与结论的对应关系来验证。

（2）判旨的理由支撑部分的法律论——"理由支撑命题"。

判旨中还有为使得结论部分的法律命题得以正当化而阐述的理由支撑部分。典型的例子是以"けだし（诚然）……"开头而引出的部分。

在提取先例性规范时，该如何考虑理由支撑部分呢？首先，理由支撑部分的一般性法律命题并不直接构成判例，关于这一点几乎没有争议。其理由如下：即，即便是日本最高裁判所，在裁判这个层面也不拥有超越审理所受理之具体案件权限范围以外的权限，虽说日本最高裁判所有统一解释法令的功能，也只能透过具体的案件事后发挥，一般不在事前谋求统一。承认一般论就是判例，就等于认可一般性的指示，这是不妥的（中野次雄，前引书，第 55—64 页）。

这一点虽说理所当然，但在研究生和助手的阶段，常常有人不能有意识地区别结论部分和理由支撑部分,所以在此提醒注意。

不过,用以支撑理由的法律命题,可以为理解判旨所阐述的结论命题提供线索,因而确实又值得考虑。既然判例也是规范命题,其中包含一定的逻辑,因此一般来说理由支撑部分的法律命题是确定这种"判旨的逻辑"的有力线索。

(3)结论命题嵌入案情的部分。

这部分对于从案情与结论的对应关系中提取判例具有重要的意义,这一点前文已述。即便抛开这一点不论,从将判旨的一般论嵌入原审的认定事实的部分中常常也能获得理解判旨的一般论所作抽象叙述之具体意味的线索。

5–3 判决的类型——"原理判决"与"事例判决"

■ "事例判决"的注意点

此外,理解判旨文本还有一点很重要,即判旨是展开了一般论,还是采取了在判旨中回避提出一般论的判示方法?前者称为"原理判决",后者称为"事例判决"。

不过,即便是事例判决,通过案情与结论的对应关系这种方法,也是有可能从中提取出先例性规范的。有意见针对"事例判决"这个观念本身提出批判,认为所有的裁判在某种意义上都是"事例"。

然而即便如此,坦率的看法依然认为,在被称为"事例判决"的类型中,日本最高裁判所基于试图回避抽象化、一般化为先例的意图,才采取了这样的判示方法。因此,在多数情况下从"事例判决"中提取射程长远的一般论,有时比较勉强。刚开始撰写评析的研究生、助手特别要注意,不可着力过猛,过度深挖,作不恰当的一般化处理。

6. 先例性规范的提取方法·其三——对判例法整体作整合性理解的方法 (共时的看法)

6–1 对被视为所评析对象判决之先例的判例作整合性的解释

■作为整体的判例法

前文着眼于从各个判决中提取先例性规范,并介绍了相关的方法。可是，通常在对象判决以前往往已有多个涉及同一问题的判决存在。因此，不仅要将成为评析对象的个别判决作为单体来观察，还有必要采用在整体上观察所有这些判决的方法。

所谓判例或者判例法，一般被理解为由多个判例之整体构成的，而不仅仅是作为单体的判例。而且，在出现"判例采取……的立场"之类的表述时，人们观念中所设想的是通过多个判例，揭示出某种一贯的解释。这里采取的解释方法，就好像在判例法的背后有一个统一的人格存在。不过，作各个判决的法官构成会随着时间的流逝而发生变化，实际上不存在统一的人格。可以说，这样的判例法观念，是法律规范的无矛盾性或者说一贯性本质投影的产物，也就是说，它基于如下的设想：既然判例法也是法规范，那么（至少在某一时点）其具体内容不可相互矛盾（"不存在相互矛盾的法"）（这同时也是来自正义——"相同事物相同对待"的要求）。

如上所述，出于将判例法作为一个整体来作整合性理解的观念要求，在理解对象判例之际，通过探讨其与先行判例的关系可以确定其意义。

■ **判例法上的定位**

现如今，一般是"在判例中定位"该判决，这样的做法被广泛应用。这种做法的目的是，在既有的先例性规范或者先例性假说中定位一个一个的先例性规范或者先例性假说，阐明其逻辑关系、体系关系。并且，通过此做法，既有的规范、假说的体系意义也得以明确。此外，有时还可能通过基于逻辑关系的推论预见将来的裁判（川岛武宜，前引《判例研究的方法》，第178页）。

不过，上述对判例法的整体作整合性理解的做法应该追求到何种程度，却是一个问题。有时单单过度地重视这一点并不妥当。这是因为，对应于社会上之利害关系、价值观的变化，裁判也不可避免地发生变化，不能保证所有的裁判内容在逻辑上、体系上不存在矛盾。实际上，这种变化在给既有的法律体系吹起逻辑上、体系上的波纹的同时，也会改变既有的法律体系（川岛武宜，前引《判例研究的方法》，第178—179页）。这一点与判例演变的观点也存在关联，稍后将再次论述。

6-2 应作为探讨对象的判决

■登载于正式判例集的意义

在将判例作为一个整体观察的情形下，与如何选择作为研究对象而应当包含的判决的范围这一问题相关联，如何对待未登载于正式判例集的日本最高裁判所判决，也会成为问题。以下稍作探讨。

在这一点上，据说曾经有所谓的"公认理论"（参见川岛武宜，前引《"法律学"的现代问题点》，第304页以下）。持这种立场的人认为，由正式判例集的编纂者亲自认定具有先例价值而选择的，收录于正式判例集的公开刊行判决、为标示判例而摘出的法律论——"判决要旨"，才是"判例"。在这种观点之下，"判例"有别于"裁判例"。日本大审院的"判例集"于1922年起开始取代"判决录"公开刊行；第二次世界大战后日本最高裁判所和高等裁判所的"判例集"、下级裁判所的"裁判例集"开始公开刊行。

这种"公认理论"受到学界的严厉批判，如今法官们似乎也不支持。因为正式判例集的"判决（决定）要旨"不是由作裁判的法庭制作的，而是由第三方（判例委员会）制作的，并不是判决、决定的组成部分。制作者自认为是"判例"才作为要旨而编写的内容，只不过在发现"判例"时可供参考而已。

因此应当说，在严格意义上确定"先例价值"之际，是否登载于正式判例集并不重要。然而，在先例功能的层面上存在差异却又是事实。这一点在探讨"判例的演变"时最好铭记于心。

6-3 "判例理论"——将先例性规范作为一个体系重构的做法

■"判例理论"的发现

着眼于与先例的关系，将多个判决作为整体进行探讨时，有时可以从多个判决归纳导出某个法律理论或者法律构成。不妨称其为"判例理论"。

所谓判例理论，是位于涉及一定法律问题的多个判例（结论命题）的基础位置，孕育出这些判例的法院的一般性法律观点。如果认为在多个个别判断中存在一以贯之的东西，那么就存在着作为支撑这种一贯性的、更一般性的、更抽象的思考——判例理论。可是，从外表看不到它的存在，应当通过事后归纳推理的方法从作为多个判例的结论命题中去发现。而且，应当从第三方的客观立场进行推论，随着判例的积累自然而然地成立、确立（中野次雄编，前引书，第69页）。

像这样，所谓判例理论，作为可以说明若干判例之结论命题之全部的通用理论，于事后被归纳地发现。而且，如前文所述，若从判例与学说协作互动来形成判例法的观点看，所谓判例理论的发现，是学说应当发挥的重要作用之一。

这里，特别需要注意的是，不要将判例论过度地嵌入既有的学说中。判例理论不限于学说所主张的既有理论，完全有可能是有别于学说的新理论。在对照既有学说的同时，不要轻易地断定"判例理论采取了某某学说"。要注意，小刊物中的"判例评析""判例研究"中那样的例子真不是少数。

7. 先例性规范的提取方法·其四——其他

7-1 基于"判例的演变"的方法（历时的看法）

■把握"判例的演变"的方法

基于"判例的演变"的方法，是指"通过一个一个的判决，从与以往针对类似事实之判决的关联角度眺望，努力去把握基于各个判决之事实的定位，以及从过去到现在、再面向未来的判例倾向的演变"（小濑保郎等，前引座谈会所载"星野英一发言"，第225页）。

这种基于"判例的演变"的方法，在（评析者认为）与构成评析对象之判例相关的先例的关系上探讨判例，在这一点上也与观察判例之整体的方法相通。然而，后者采取共时的看法（查明现在的判例法理），而前者采取的却是历时的看法，两者之间终归存在差异。

针对这种基于"判例的演变"的方法，在认为同属于"判民型"的论者当中，评价也存在微妙的差异。可是，即使采取消极的立场，也并不否定基于"判例的演变"的方法。

更为重要的是，虽说都是对"判例的演变"的把握，但却存在两种稍微有些不同的视角。一个是从案情与结论的对应、利益状况的差异，与对其价值判断的对应这个侧面把握的方法；另一个是在理论层面把握判例如何变化的方法。只需要根据需要决定是采取其中某一种方法，还是用两种方法探讨。

■对判例的预见、预测

此外，与把握"判例的演变"这项作业相关联，对判例的预见、预测也会成为问题。这是因为，以往人们一般多主张对判例的预见、预测才是判例研究的主要目的。不过，虽说是对判例的预见、预测，如果是在与先例拘束性的关联上的"预见"，那么只要探讨作为先例性规范的射程便足够。

7-2 与当事人所主张之方法的关系——负责法律审的日本最高裁判所

■与上诉审争点的关系

从判决是针对具体案情所作的法律决定这一点来看，先例从案情与结论的对应关系中推导出来。可是同时，日本最高裁判所的审理是法律审，因此日本最高裁判所判决也具有就法律上的问题点作出上诉审判断的功能。

如果从与提取先例性规范这项作业的关系来讲，就意味着有时可以通过从什么才是上诉审的争点这种观点观察判旨，来评价其先例性的价值（一般朝着限定其作为先例之射程的方向发挥作用）。

在与什么才是上诉审的争点这一问题的关系上，与上诉理由中当事人之主张的关系可能成为问题。例如，尽管当事人在上诉理由中有特定的主张，日本最高裁判所却不予采纳，而是从别的观点展开法律论的情形。

■与到原审为止的诉讼过程的关系

此外，有时与当事人在到原审为止的诉讼过程中所采取的主张方法的关系，会成为问题。特别是由于当事人在原审中以某个法律构成为前提组建自己的主张，原审基于此作法律判断，因而日本最高裁判所以回应这一点的形式作判断的情形。不过，有时当事人所采用的法律构成究竟恰当与否也会成为问题。这时，判旨会在与该诉讼过程的关系上展开，可能会让人作这样的评价：应当在何种程度上承认判旨的先例性价值呢（以这种观点评析的例子，可参见星野英一：《法学协会杂志》[1] 第 80 卷第 5 号，第 155 页。同

---

[1] 原文为《法学協会雑誌》。——译者注

《民事判例研究第 2 卷·2 债权》，有斐阁 1972 年，第 439 页）。

7-3 与原审判决所作判断的对比

■撤销原判的情形

至于针对日本最高裁判所的"判旨"的判断，通过对比原审进行分析、探讨的方法常常行之有效。

尤其在日本最高裁判所撤销原审（自判或者发回重审）的情形下，要探究"日本最高裁判所认为原审的判断在哪一点上存在问题"，对比两个判决的判断构造必不可少。此外，在日本最高裁判所撤销原审判决，将案件发回或者移送原审裁判所的情形下，由于重审受到上级裁判所判决中构成撤销理由之判断的拘束（《日本裁判所法》第 4 条），确定拘束重审判断的是哪一部分，对于提取先例性规范来说是必要的。

■理由被替换的情形

再者，即便日本最高裁判所驳回上诉，作如下判示的情形，将其与原审对比的方法行之有效："原审的判断在结论上可以认可""原审所作的判断……结论正当，可以予以肯定"。这种形式的判示，意味着虽然原审的结论本身是正当的，但其法律判断存在某种问题而不被原封不动地认可，因此有必要探究其理由。

7-4 对调查官解说的利用

■调查官撰写的判例解说

日本最高裁判所调查官撰写的"判例解说"，是理解判旨时可以作为线索的有用资料。

案件被日本最高裁判所受理，分配到某个小法庭后，负责该案件的调查官便随之确定。负责该案件的调查官调查记录，明确论点，调查相关的判例和学说，将调查结果整理后书面报告给各位法官，法官有时也会征求负责该案件的调查官的意见（中野次雄编，前引书，第 99 页以下）。

因此，调查官的解说——尽管只是调查官站在个人立场撰写的，在推测日本最高裁判所作判决时的内部过程时可以提供重要的资料。在这个意义上，调查官撰写的"判例解说"，作为一般的学说所作判例评析的一种，将其在相同层级并列对待是有问题的，应当赋予其特别的定位。

日本昭和 28 年（1953 年）以后的判例开始有调查官的"判例解说"，在此按照时间顺序来说明其检索方法。通常，日本最高裁判所作出新判决后，首先《法学家》的"時の判例"栏目刊载调查官的解说（此外，附在《判例时报》《判例时刊》等判例杂志的判决上的匿名评论，多与之内容相同）。接下来，关于登载于正式判例集的日本最高裁判所判决，《法曹时报》的"最高裁判所判例解说"栏目会刊载内容详细的判例解说。不久后，收录于按年度汇编的日本《最高裁判所判例解说民事篇》刊行（鉴于其信息量大，引用时应当引用这个文献）。

此外，即便是未登载于正式判例集的判决，例如《诉讼月报》等有时也会刊载负责该案件的调查官的解说。

7-5　对以前下级裁判所案例、学说之影响的考虑

■法律解释之选项的提供

在日本最高裁判所裁判例作出前，下级审的裁判例或者学说中常常已经展开了一定的探讨。这种探讨的演变，有时会影响到日本最高裁判所的判决。这是因为，这种探讨状况通过调查官的调查报告有可能在日本最高裁判所的判断过程中被考虑，有时也会为日本最高裁判所提供法律解释的选项。

不过，多数情形下很难说日本最高裁判所原封不动地采纳了既有的学说，因此，特别是研究生和助手要注意，应当以此为前提来理解判旨。

8.　判例评析的结构

8-1　判例评析的"型"

■判例评析的典型"型"

这里，介绍一下判例评析的结构方法。判例评析的典型结构方法如下：

①绪论——本判决的意义

②本判决在判例法上的定位

③以往下级法院案例的动向

④以往的学说状况

⑤对判旨的评价

⑥判旨的射程

⑦遗留问题

■ "型"的改造

当然，没有必要原封不动地依照这种典型"型"。虽说如此，但对于刚开始撰写判例评析的研究生或者助手来说，还是遵从正统的结构为好。熟悉判例评析后，可以再通过各自的努力去尝试对"型"的改造。例如，在判旨的意义与射程密切关联的情形下，上述的⑤和⑥就没有必要分开论述。此外，先行的评析如果已经对以往下级法院裁判例的动向和学说状况的动向作了精准的整理，不妨对③和④只作归纳，以避免重复。质言之，只需要考虑通过何种结构可以在判例评析中明快地揭示出（评析者认为）应当捡拾的诸要素。在这个意义上，与论文中探讨的结构可以说没有多大的差异。

以下，就评析结构的各个部分，说明各自的留意点。

8-2　绪论

■ 本判决的意义

在判例评析开头的绪论中概括"本判决作为判例具有怎样的意义"，是通常的格式。在这里叙述本判决就什么问题确立了什么样的先例性规范，其在与以往判例的关系上就有什么意义，等等。不过，这些内容在正文部分将要具体论述，绪论的意义是对正文之全部分析的概要。因此，绪论最好简洁叙述，避免冗长。

8-3　该判决在判例法上的定位

■ 与先行判例的关系

如果有与作为评析对象之判决相关的先行判例，就有必要在与这些判例的关系上定位该判决。这时，从案情与结论的对应关系角度加以探讨尤其重要。例如，探讨如下的关联：以往有什么样的先例？本判决与这些先例彼此关系如何？本判决是否填补了以往判例法的漏洞？与以往的判例是否抵触？基于案情的差异作不抵触的理解是否可能？抑或可以认为它在实质上变更了以往的判例?

■**关联判例的选择**

在判例法上定位时,有时候困难的是选择关联判例的视角。这是因为,在确定与对象判决所确立的先例性规范应对共同问题的判例中应当选取何种范围的判例时,有必要从各种观点多角度地探究。

8-4 对判旨的评价

■**"对判旨的评价"的意义和方法**

虽说是对判旨的评价,但不是赞成或者反对的意思。在判例评析的正文部分,探讨该如何理解判旨,以及如何正当化。这时,会运用上述多种方法。

这里谈一下成为问题之规定的起草过程以及与之相对应的外国法的学说状况等素材的利用。从判例评析的目的看,起草过程的探究以及对外国法的探讨未必是必不可少的。因此,即使要利用这些素材,终归还是应当以在提取先例性规范之际能够为这样的探讨提供有意义的视角为限。

8-5 判旨的射程

■**先例性规范的射程距离**

通常所称的"判旨的射程",是指明确对象判决所确立之先例性规范的射程的做法。前文已经说明,这种做法可以预见、预测判例,被认为是判例评析的重要目的之一。

■**判旨的射程成为问题的情形**

一般而言,以下情形判旨的射程会成为问题。

首先,判旨以一般的形式展开了法律论,但从与该案件的对应关系来看,却是在限定性地理解构成先例的部分。这时,即使是案情不同的情形,是否还可以认为判旨中的一般论仍然具有妥当性,尚需进一步的探讨。

反之,有时判旨自身以限定性的判示方式展开法律命题。这时,仅仅依据判旨的表述,就应当限定性地理解其射程。但从结合理由支撑部分所理解的判旨逻辑推测,认为在判旨所表明之情形以外同样的旨趣仍具有妥当性时,判旨的射程会成为问题。

8-6　未解决的问题

■**关联问题**

在"遗留问题"部分讲述的,是评析者认为与对象判决相关而应当指出的各种问题点。至于什么是"遗留问题",视对关联性程度的评价而定。不过,由于这部分并非判例评析不可或缺的内容,如果判例评析的发表载体有篇幅限制,可以删除。

8-7　判旨结论自身的妥当性

■**妥当性评价的意义**

除了上文所述内容外,有时针对判例结论之妥当性的探讨可以设立单独的栏目。可是,有时真的不清楚这种探讨有什么意义(对于不以先例性规范的提取为目的的研究来说,另当别论)。

■**构成妥当性评价之基础的事实**

首先,在评价判旨结论的妥当性时,存在一个问题:构成其基础的事实是什么?依据对探讨判旨结论的妥当性持消极立场的见解,只有法官知道成为关键的"事件梗概",不了解此点的评论者仅仅依据原审的认定事实来谈论结论的妥当性是不合适的。针对这种见解,也有反对意见认为,法官通常会明示成为判决之关键的事实。例如,除了认为推导判决结论所必需的事实当然应当写入判决的见解,法官阵营也有意见指出,虽然不能否认判决所记载之事实以外的事实会无意识地发挥作用,但既然是在撰写判决书,法官会以仅仅从所记载的事实中就可以获得合理的说服力的心态撰写判决书(关于以上内容,参见小濑保郎等,前引座谈会,第229页以下)。

■**妥当性评价的方法**

其次,即便这一点顺利过关,还会有一个问题:脱离于推导出判旨结论的法律论(先例性规范)去探讨判旨结论自身的妥当性,有什么意义呢?所谓判旨结论自身的妥当性,归根结底难道不是在探讨推导出结论时作为前提之先例性规范的妥当性吗?若果真如此,只需在对判旨的评价中探讨。如果认为单独探讨判旨结论自身的妥当性只不过是评析者在谈论来自其直觉的"感想",或许就没有意义了。

Column⑥　研究报告

要想在研究者的世界里生存下去，就必须作研究报告。如果隶属于研究会，往往有作研究报告的义务。在学会里，或多或少会有机会对个人研究成果作报告，或者作为共同研究的一员作报告，这件事是不可避免的。仅仅因为这一点，能否成功地作研究报告就会在很大程度上左右学界对你作为研究者的评价。

可是，日本学界针对研究报告的方法并没有开展严格的教育。几乎所有的人都只是朦朦胧胧地按照自己的理解作报告。因此，自以为是的报告、不得要领的报告比比皆是。本来就很忙碌，却不得不去听这样的报告，实在让人受不了。作为报告人，仅因为这一点作为研究者的评价就会下降，也太遗憾了。那么，怎么做才好呢？

首先，严守报告的规矩。以下两点尤为重要。

①报告要与报告会的宗旨相吻合。研究会也罢，学会也罢，专门安排报告，一定有其宗旨。如果报告脱离宗旨，听众就不明白你为何而作报告了。明明是判例研究会，总不能喋喋不休地介绍德国学说吧。这是毋庸多言的规矩。

②遵守时限。报告不仅仅是为了自己，有时后面还有其他的安排，绝对要严守时间。为此，用多长时间说多大的量，自己有必要准确地把握，并认真地做相应的准备。概而言之，是心理准备的问题。

其次，报告要易懂。仅仅守规矩并不能保证报告优良。要作优良的报告，内容当然要好，易懂也是必要的，尤其是口头报告的情形，听众不能像阅读论文那样返回去阅读。要想让听众仅靠耳朵听便能明白，就需要下功夫减轻听众的负荷。例如，应当留意以下四点：

①通透性要好。事先知道将谈论什么以及以什么顺序谈论，听众会安心地跟上发言者。即使是报告的各个部分，如果一开始就说明那里有什么问题，叙述的核心是什么，所说的内容往往显著地易于理解。总而言之，要点是在作报告之初提供理解的线索。

②切分信息。多个信息如果没有间隔地倾倒出来，听众就必须去理解，经常就会跟不上。报告人有必要预先将信息切分成小的单元，整理后再说出来。

这一点也适用于一个一个的句子。不要在一句话中论述多个内容，而应只简洁地表达一个内容。将其串联汇总的话，听众才容易跟上。

③不要省略前提。即便自认为是当然的前提，听众未必也会这样想。虽说同是研究者，大家并不都是这个领域的专家，如果省略了说明，即使是同样的话语听众也有可能完全听不懂。需要根据听众的状况，恰到好处地提供前提性的知识。

④分发讲义。即使在①～③上付出了努力，对于听众来说仅仅凭耳朵听还是难以跟得上。如果有讲义，听漏的内容就会减少，更重要的是报告的全貌和内容可以用眼睛去追随。翔实地设立了各级标题、准确地整理了要点的讲义如果分发下去，听众会得到很大的帮助。至少，在报告后将要围绕报告展开讨论的情形下，有必要准备好翔实的讲义。

后记

始于"指引",超越"指引"

读者看完本书之后都有什么样的感想呢?本书设定的读者是年轻学者,其中有人会觉得:"看了这本书,会写论文了。不错不错。"我们的同事或长辈学者中,可能有人出于好奇心拿到这本书,看了之后可能会觉得:"这种书一出来,到处都是千篇一律的没有个性的论文。糟糕透了。"对于这些可能存在的误解或不同意见,本书应该是从整体上作了回答。不过,在此想重申一点,本书只是为首次撰写论文的研究生、助手等年轻学者准备的"指引"。

我们并不认为,按照本书的要求就能自动写好论文,或者应该按照本书的要求去写论文。实际上,我们自己都没有完全按照本书的内容去写论文。不过,我们以本书的内容为基础在写论文,这是事实。或许下面的说法更加准确。本书是我们自己写论文经验的总结,我们越过了这个阶段,正在尝试新的探索。如果把我们的第一篇论文与之后的论文作一下比较,就可以清楚地发现这一点(当然,第一篇论文之后的论文是否成功,则是另外的问题)。

我们写第一篇论文的时候,还没有本书这样的"指引"。但我们也并非是两手空空就开始写论文的。我们看了已有的各种各样的先行论文,这是前人奋斗的成果,我们从中汲取"论文的写法",并以此为范本去撰写第一篇论文。比如我们第一篇论文中对于学说和外国法的分析,很多都是借鉴前人的论文,甚至可以说跟前人的论文非常相似。不过,我们在学习已有方法的时候,一直在思考"能不能添加什么新的内容、独创性的东西"。如果说我们现在的论文中包含了什么新的路径或独创的方法,那一定是在撰写第一篇论文的过程中通过对已有方法的批判性的学习才从缝隙中发现的。

我们坚信，新的东西、独创性的东西，不会凭空产生，而是在批判性地继承传统的基础上产生出来的。因此，对于各位年轻学者，我们想说："《民法研究指引》不过是一个要通过的地标。你们快到这里来吧。然后我们一起前行。"对于各位同事、长辈们，我们想说："放心吧！他们，还有我们，会继续前行。"

2000 年 2 月

大村敦志
道垣内弘人
森田宏树
山本敬三